Guide-nous vers la Lumière

Recueil d'enseignements de Sri Mata Amritanandamayi

Recueillis par Swami Jnanamritananda Puri

M.A. Center, P.O. Box 613,
San Ramon, CA 94583, États-Unis

Guide-nous vers la Lumière
Recueil d'enseignements de Sri Mata Amritanandamayi
Propos recueillis par Swami Jnanamritananda

Publié par:
Mata Amritanandamayi Center
P.O. Box 613
San Ramon, CA 94583
États-Unis

——————————— *Lead us to the Light (French)* ———————————

En France :
www.ammafrance.org

En Inde :
inform@amritapuri.org
www.amritapuri.org

ॐ

असतो मा सद्गमय ।
तमसो मा ज्योतिर्गमय ।
मृत्योर्माऽमृतं गमय ॥

Asato ma sat gamaya
tamaso ma jyotir gamaya
mrityor ma amritam gamaya

Ô Être Suprême
Guide-nous de l'illusion à la vérité,
Des ténèbres vers la lumière,
Et de la mort à l'immortalité.

Brihadaranyaka Upanishad (1: 3: 28)

Table des matières

Préface   5

Scène de nuit au bord de la lagune   7

Conversations avec la Mère Divine   37

Le discours immortel   75

Le Seigneur du Yoga – Celui qui protège le Dharma   89

Les femmes et la société   119

Conversation avec un groupe d'occidentaux   139

Entretiens avec Amma   173

Glossaire   249

Préface

Ce livre est une traduction de l'original malayalam, *Jyotir-gamaya,* un recueil de messages mensuels d'Amma parus sous la forme de questions et de réponses dans le magazine *Matruvani* au cours des dix dernières années.

Chaque parole d'Amma répand la lumière de la connaissance et dissipe les nuages de confusion qui peuvent apparaître dans l'esprit de Ses enfants. Certaines conversations portent sur un sujet particulier. En d'autres occasions, les questions posées correspondent à des incertitudes que nourrissent les personnes présentes. Amma donne à chacun des réponses appropriées. Son seul but est le progrès spirituel de Ses enfants.

Le fait d'interroger, de mettre en question, est un signe de croissance intérieure. Mais si on laisse les doutes subsister, ils font obstacle au progrès de l'individu ; c'est pourquoi il est nécessaire de les clarifier aussitôt qu'ils surgissent. C'est seulement ensuite que nous pourrons avancer dans notre voyage. On peut avoir pleine confiance en la puissance des paroles d'une grande âme (*mahatma*) : elles libèrent de la confusion ceux qui ont soif de connaissance spirituelle.

Chaque parole prononcée par Amma illumine le chemin à suivre. Nous pouvons lire dans les pages qui suivent les réponses données par Amma aux questions et aux doutes qui tourmentent notre époque moderne ; elles jaillissent de la puissance d'un esprit parfait et de l'autorité de Son expérience.

Swami Jnanamritananda
Amritapuri, le 24 août 2000

Scène de nuit
au bord de la lagune

La conque résonna, marquant la fin du *Devi bhava darshan*.[1] Il était deux heures du matin. La veille, les résidents de l'ashram avaient transporté du sable toute la journée. Ils récupéraient du terrain en comblant la lagune. Le fait qu'Amma participât au travail avait rendu tout le monde enthousiaste. Aujourd'hui, elle avait donné le *darshan* dans la grande hutte et ensuite, au bout de deux heures à peine, elle était ressortie à cinq heures pour chanter des chants dévotionnels et donner le *Devi bhava darshan*. C'est seulement maintenant, après avoir reçu chacun pour le *darshan*, qu'elle se levait enfin.

Mais au lieu d'aller dans sa chambre, Amma se dirigea droit vers la rive de la lagune. Tout le sable apporté n'avait pas encore été utilisé et un autre bateau allait arriver dans la matinée avec une autre cargaison. Les résidents et les dévots arrivèrent en courant pour transporter du sable avec elle.

Pour ceux qui connaissent un petit peu Amma, ce dur labeur accompli en renonçant au sommeil et à la nourriture ne représente rien de nouveau. Mais Mark venait juste d'arriver d'Allemagne et c'était la première fois qu'il voyait Amma. Il ne put supporter de la voir trimer ainsi. Il essaya bien des fois de lui prendre des mains le sac de sable qu'elle portait. Mais allait-elle jamais céder ?

---

[1] Les programmes au cours desquels Amma reçoit et bénit individuellement tous ceux qui viennent à elle (souvent des milliers de gens en une journée) sont appelés *darshans* (voir glossaire).

Amma fit une petite pause pendant le travail et elle fit signe à Mark de venir près d'elle. Dès qu'il vit son glorieux visage, ses yeux se remplirent de larmes.

« Fils, Amma n'a pas eu l'occasion de te parler jusqu'à présent. Est-ce pour cela que tu es triste ? » lui demanda-t-elle. [2]

« Non, ce n'est pas cela. Je suis triste de te voir travailler si dur, toi et tes enfants. Amma, si tu me donnes ta bénédiction, je te ferai don de toute ma fortune. Mon seul souhait, c'est que tu te reposes au lieu de travailler ainsi jour et nuit ! »

La réponse de Mark fit rire Amma.

Amma : Fils, nous sommes dans un ashram, pas dans un village de vacances. Ce lieu est fait pour ceux qui pratiquent le sacrifice d'eux-mêmes. Pour atteindre leur idéal, les résidents de l'ashram doivent fournir de durs efforts. Pour ceux qui ont des tendances spirituelles, c'est ici un paradis. Ces enfants mènent une vie de dur labeur depuis des années, mais cela ne leur semble pas difficile. Amma leur a dit dès leur arrivée ici qu'ils devaient être pareils à des bougies. Une bougie n'hésite pas à fondre pour donner de la lumière aux autres. Ainsi, le sacrifice que nous faisons est la lumière du monde ; c'est la lumière du Soi.

Songe au nombre de gens qui souffrent en ce monde. Pense à tous les malades, aux pauvres qui vivent dans la douleur sans argent pour se soigner ou acheter des médicaments. Pense aux innombrables personnes qui vivent dans la misère et s'efforcent désespérément de survivre, sans pouvoir faire un seul repas. Et tant d'enfants contraints d'interrompre leur scolarité parce que leur famille ne peut pas payer pour leur éducation ! Avec ce que nous économisons, nous pouvons aider les nécessiteux. Il y a environ

---

[2] Amma parle souvent d'elle-même à la troisième personne

cinq cents enfants dans notre orphelinat. Nous devons être prêts à aider les autres, même si cela entraîne pour nous des difficultés.

Tout le monde aime faire un travail de bureau, confortablement assis sur une chaise. Personne ne veut faire ce genre de travail. Ne devons-nous pas servir de modèle aux autres ? Le Seigneur (Krishna) n'a-t-il pas déclaré dans la Bhagavad Gita : « L'équanimité, c'est le yoga. » Quel que soit le travail, nous devons le considérer comme une façon d'adorer Dieu. Si ses enfants voient aujourd'hui Amma travailler ainsi, ils n'hésiteront pas à faire demain n'importe quel travail. Le Soi est éternel. Pour Le connaître, il faut éliminer complètement la conscience du corps. Mais cela n'est possible que grâce au renoncement. Ceux qui vivent de manière désintéressée peuvent transformer n'importe quelle situation et la rendre favorable.

Fils, qui est capable d'accomplir des pratiques spirituelles vingt-quatre heures sur vingt-quatre ? Le temps qui nous reste après nos pratiques spirituelles, employons-le à faire de bonnes actions. Cela contribuera à réduire le nombre des pensées. Le monde que vous voyez est réellement le corps du *satguru* (maître spirituel réalisé). Aimer le maître, c'est travailler en suivant ses directives. Le travail désintéressé est aussi une forme de pratique spirituelle. Ceux qui mènent une vie parfaitement désintéressée n'ont pas besoin d'autre pratique spirituelle. Fils, c'est seulement grâce au renoncement que l'on peut atteindre l'immortalité.

Question : Dieu ne nous a-t-Il pas donné ce corps et n'a-t-Il pas créé les objets du monde afin que nous puissions en profiter et vivre heureux ?

Amma : Quand on conduit sa voiture au gré de sa fantaisie, sans respecter le code de la route, on a toutes les chances d'avoir un accident et même d'en mourir. Il existe des règles de la circulation et il faut les suivre. Ainsi, Dieu n'a pas seulement créé toute chose ; Il a également établi des règles pour tout et nous devons vivre en accord avec elles ou bien nous le regretterons.

Mangez uniquement ce qui est nécessaire. Ne parlez que quand c'est nécessaire. Dormez le temps qu'il vous faut mais pas plus. Consacrez le reste de votre temps à faire de bonnes actions. Ne gaspillez pas un seul instant de votre vie. Essayez de faire en sorte que celle-ci soit bénéfique pour les autres aussi.

Si vous mangez du chocolat sans restriction, vous aurez mal au ventre. Tout excès crée des problèmes. Comprenons que le bonheur que nous retirons du monde engendre la souffrance.

Question : N'est-ce pas Dieu qui nous fait tout faire ?

Amma : Dieu nous a donné l'intelligence, l'intelligence nécessaire pour employer notre discernement. Utilisons-la et agissons avec discernement. Dieu a aussi créé le poison, et il ne viendrait à l'idée de personne d'en avaler sans raison. Dans un tel cas, nous n'hésitons pas à employer notre discernement. C'est ainsi que nous devons peser chacune de nos actions.

Question : Ceux qui s'abandonnent à un maître spirituel ne sont-ils pas des esprits faibles ?

Amma : Quand vous appuyez sur un bouton, le parapluie s'ouvre. De même, lorsque vous inclinez la tête devant un maître spirituel, votre mental peut être transformé et se fondre dans la conscience universelle. Une telle obéissance, une telle humilité ne sont pas des signes de faiblesse. Comme un filtre purifie l'eau, le maître purifie votre mental et anéantit votre ego. En toute situation, nous sommes les esclaves impuissants de notre ego et nous agissons sans discernement.

Un voleur s'introduisit un jour dans une maison. Comme il entrait dans le bâtiment, les gens se réveillèrent et il s'enfuit. Il fut poursuivi par les gens du quartier qui criaient : « Au voleur ! Il est parti par-là ! Attrapez-le ! » Une foule s'assembla. Alors le voleur se joignit aux autres. Il courut avec la foule en criant de toutes ses forces « Au voleur ! Au voleur ! » Ainsi, notre ego nous tient compagnie à tout instant. Même quand Dieu nous fournit l'occasion de rejeter l'ego, nous préférons le cajoler et en faire notre compagnon. Il est rare que nous travaillions à nous libérer de l'ego en nous montrant humbles.

De nos jours le mental des gens est faible comme une plante en pot, qui dépérit si on néglige un seul jour de l'arroser. Il est impossible de maîtriser le mental sans discipline, sans observer certaines règles. Et tant que vous n'avez pas le contrôle du mental, il faut suivre les instructions du maître et observer certaines règles et restrictions. Une fois que vous avez acquis la maîtrise de votre mental, il n'y a plus rien à craindre car la faculté de discernement s'éveillera alors en vous et vous guidera.

Un homme partit un jour en quête d'un maître. Il voulait un *guru* qui puisse le guider à sa fantaisie. Mais aucun n'était prêt à le faire et il lui était impossible d'accepter les règles qu'ils imposaient. A la fin, fatigué, il s'allongea dans un champ pour se reposer. Il songea : « Il n'y a pas de maître qui puisse me guider comme je veux. Je refuse de devenir un esclave ! Tout ce que je choisis de faire, n'est-ce pas Dieu qui, de toutes façons, me le fait faire ? » En tournant la tête il vit un chameau qui approuvait de la tête. « Ah, oui, voilà quelqu'un qui est apte à devenir mon maître ! » pensa-t-il.

« Ô chameau, acceptes-tu de devenir mon maître ? » demanda-t-il. Le chameau fit « oui » d'un signe de tête.

Il prit donc le chameau pour maître spirituel. « Ô maître, puis-je t'emmener chez moi ? » demanda-t-il. De nouveau, le chameau donna son accord. Il le conduisit chez lui et l'attacha à un arbre. Quelques jours passèrent. « Ô maître, je suis amoureux d'une femme. Puis-je l'épouser ? » demanda-t-il. Le chameau fit « oui ». « Ô maître, je n'ai pas d'enfants » dit-il. Le chameau fit un signe de tête approbateur. Le couple eut des enfants.

« Puis-je boire un peu d'alcool avec mes amis ? » demanda-t-il. Le chameau fit « oui ». L'homme devint bientôt un ivrogne et se querella avec sa femme.

« Ô maître, ma femme m'agace. Puis-je la tuer ? » Le chameau approuva. Il tua sa femme, la police l'arrêta et il se retrouva en prison à vie.

Fils, si tu trouves un *guru* qui te laisse faire tout ce que tu veux ou bien si tu vis uniquement comme il te plaît, tu finiras dans la servitude. Dieu nous a donné à tous une intelligence capable de discerner. Nous devrions nous en servir avant d'agir et suivre l'enseignement du maître. Un vrai maître ne vit que pour ses disciples.

La non-dualité seule est réelle. Mais il est impossible de l'expliquer avec des mots. C'est la vie même. C'est une expérience. Il s'agit de quelque chose qui doit venir de l'intérieur. Quand la fleur s'épanouit, son parfum se répand spontanément.

Question : Je ne comprends pas ce qu'il y a de mal à profiter des objets des sens créés par Dieu. Ne nous a-t-Il pas donné les sens pour que nous puissions en jouir ?

Amma : Comme l'a dit Amma, il y a des règles et des limites à tout et nous devrions vivre en harmonie avec elles. Tout objet a sa nature intrinsèque. Dieu n'a pas donné aux humains uniquement les sens, mais aussi une intelligence capable de discerner.

Ceux qui cherchent le plaisir en courant après les objets des sens au lieu d'utiliser leur discernement ne trouveront jamais la paix ni le bonheur. Ils finiront toujours par souffrir.

Un voyageur arriva un jour dans un pays étranger. C'était sa première visite dans ce pays. Les gens lui étaient totalement étrangers. Il ignorait la langue du pays ; les coutumes locales et les habitudes alimentaires ne lui étaient pas familières non plus. Il se promena dans les rues, observant tout ce qu'il voyait, jusqu'à ce qu'il arrive à un grand marché avec une foule d'acheteurs. Il y avait toutes sortes de fruits, de taille et de couleur variées, qu'il n'avait pour la plupart jamais vus auparavant. Il remarqua que beaucoup de gens achetaient un certain fruit. Il pensa que ce fruit, puisqu'il était si apprécié, devait être sucré et juteux. Il en acheta un sac entier, alla s'asseoir sous un arbre, en sortit un et mordit dedans. Mais le fruit n'était pas sucré du tout ! Il lui brûla la bouche comme du feu ! Il en goûta le milieu, tout aussi épicé. Songeant que l'autre partie du fruit, au moins, était sans aucun doute sucrée, il y mordit aussi. Mais le résultat fut le même : il avait la bouche en feu. Il essaya un autre fruit qui le brûla comme du feu. Il pensa qu'au moins un des fruits, dans le lot, devait être sucré et il en essaya un autre, lui aussi épicé, sans la moindre saveur sucrée. Il refusa pourtant d'abandonner. Il versait des larmes en abondance mais il continua obstinément à manger les fruits, en s'attendant à en trouver au moins un qui soit sucré et juteux, jusqu'à ce qu'il les ait tous mangés. Le pauvre homme était à l'agonie ! Il recherchait la douceur du sucre mais il n'obtint que du feu brûlant. Ce qu'il avait pris pour des fruits sucrés, c'étaient des piments mûrs et très épicés ! Il n'y aurait pas eu de problème s'il en avait goûté un ou deux, et après avoir découvert à quel point ils le brûlaient, s'il avait laissé le reste. Il n'était pas obligé de souffrir ainsi. Mais dans l'espoir de trouver la douceur qu'il recherchait, il les mangea jusqu'au dernier. En conséquence, il connut la souffrance. La nature d'un piment est de brûler comme le feu. Le seul plaisir que ces fruits lui procurèrent, ce fut de les regarder.

Passant d'un objet à l'autre, les êtres humains recherchent le bonheur dans des objets dont ce n'est absolument pas la nature. Croire que vous pouvez retirer le bonheur d'un objet extérieur quel qu'il soit est une illusion du mental. En vérité, rien d'extérieur ne peut nous procurer le moindre bonheur. Le bonheur auquel vous aspirez existe à l'intérieur de vous. Dieu nous a donné un corps, des sens et une intelligence afin que nous apprenions cette leçon et recherchions la source réelle de la béatitude. Si nous utilisons nos sens sans discernement, nous ne connaîtrons que la souffrance au lieu du bonheur que nous espérons.

Le corps et les sens peuvent être employés de deux manières différentes. Si nous nous efforçons de connaître Dieu, nous goûterons la béatitude éternelle ; mais si nous courons après les plaisirs des sens, nous ferons la même expérience que le voyageur qui recherchait la douceur du sucre dans les piments brûlants.

Si nous courons après les plaisirs sensuels sans comprendre que leur nature intrinsèque est la souffrance, il nous faudra subir la misère qui en résulte. Si nous comprenons la nature essentielle des objets extérieurs, nous ne serons pas affaiblis par le chagrin.

Les vagues de l'océan se dressent pour s'écraser sur la plage un instant plus tard. Elles ne peuvent pas rester debout. Ainsi, la personne qui recherche ardemment les objets extérieurs, espérant ainsi trouver le bonheur, sombre dans la douleur. Le mental s'élance en quête de bonheur, mais au lieu de trouver le contentement, il ne trouve que la souffrance. Apprenons ainsi que le bonheur ne se trouve pas à l'extérieur.

C'est parce qu'ils recherchent le bonheur dans le monde matériel que les gens souffrent et ne sont pas en paix. Cela n'affecte pas seulement les individus mais l'ensemble de la société. Parce que l'humanité recherche le bonheur dans les choses extérieures, l'amour réel a disparu. La paix et la joie se sont évanouies de la vie de famille. Les gens ont perdu la capacité d'aimer et de servir les autres avec un cœur ouvert. Les époux désirent d'autres femmes et les épouses d'autres hommes. Ce désir excessif du plaisir va si loin que certains hommes oublient que leurs filles sont leurs propres filles. Même le concept de la relation frère-sœur s'écroule. On tue des quantités d'enfants. Et la cause de tout le mal que nous voyons aujourd'hui dans le monde, c'est l'idée complètement fausse qu'il est possible de trouver le bonheur dans le monde extérieur.

Amma ne dit pas que vous devez vous refuser tout plaisir, mais qu'il faut reconnaître leur nature réelle et ne jamais tomber dans l'excès. N'abandonnons jamais le *dharma* et évitons à tout prix l'*adharma*.

Ceux qui ne recherchent que les plaisirs égoïstes et s'y livrent sans limite courent à leur perte. Il est naturel que des désirs et des émotions surgissent dans le mental mais un certain contrôle est nécessaire. Il est normal d'avoir faim, mais nous ne mangeons pas tout ce que nous voyons de comestible. Si nous agissions ainsi, nous tomberions malades. La soif de plaisirs excessifs entraîne de même la souffrance. Les gens n'en ont pas conscience, mais le plaisir qu'ils retirent des sens vient en réalité de l'intérieur d'eux-mêmes. Ils courent frénétiquement après les plaisirs sensuels jusqu'au moment où ils s'écroulent dans un état de souffrance et de désespoir. Puis ils repartent dans leur course avant de s'effondrer à nouveau. Si vous ne recherchez que les plaisirs extérieurs, jamais vous ne trouverez la paix. Apprenez à regarder à l'intérieur, là où réside la vraie béatitude. Mais vous ne la découvrirez pas avant que le mental ne cesse de s'élancer vers l'extérieur, avant qu'il ne soit tranquille. Dans les profondeurs de l'océan, il n'y a pas de vagues. Vous découvrirez que quand vous entrez dans les profondeurs de votre mental, il se calme aussitôt. Alors il n'y a plus que la béatitude.

Question : Les maîtres spirituels semblent accorder plus d'importance au cœur qu'à l'intellect. Mais l'intellect n'est-il pas le plus important ? Comment est-il possible d'atteindre un but, quel qu'il soit, sans l'intellect ?

Amma : L'intellect est nécessaire. Amma n'a jamais dit qu'il était inutile. Mais bien souvent, quand l'occasion s'offre à nous de faire une bonne action, l'intellect ne fonctionne pas. C'est l'égoïsme qui prend alors le dessus au lieu de l'intellect doté de discernement.

Le cœur et l'intellect ne sont pas deux entités séparées. Quand votre intellect exerce sa faculté de discernement, tout naturellement, vous vous ouvrez. Et de cette ouverture jaillit spontanément un esprit d'innocence, de compromis, d'humilité et de coopération. Le mot « cœur » symbolise cette ouverture. A la simple mention de ce mot, nous éprouvons une douceur apaisante. Mais de nos jours, nous ne voyons chez les humains qu'une intelligence ordinaire, non cette faculté de discernement : en réalité, ce n'est pas l'intellect mais l'ego. L'ego est la cause de toutes les souffrances. A mesure qu'il grandit, l'ouverture de la personne se réduit et l'esprit de compromis disparaît. Qu'il s'agisse de la vie spirituelle ou de la vie dans le monde, ces vertus sont absolument indispensables.

Fils, Amma va te poser une question. Imagine que tu édictes des règles au sein de ta famille : « Ma femme doit vivre comme ceci, parler de telle façon et se comporter ainsi parce qu'elle m'appartient. » Crois-tu que la paix règnera dans ton foyer si tu l'obliges à se conformer à ces règles ? Non. Imagine qu'en rentrant chez toi, tu ailles directement dans ton bureau, sans dire une parole à ta femme et à tes enfants, et que tu te comportes comme le personnage officiel que tu es à l'extérieur. Est-ce que ta famille sera heureuse ? Et si tu déclares que c'est simplement ta manière d'être, pourront-ils l'accepter ? La paix règnera-t-elle ? Si, en revanche, à ton retour, tu échanges des paroles chaleureuses avec ton épouse et passes un moment avec les enfants, si tu es prêt à donner un peu de toi-même et à ne pas te montrer unilatéral, tout le monde sera content. Sachons faire preuve de tolérance et pardonnons-nous mutuellement nos fautes et nos faiblesses, et la paix et l'harmonie règneront dans la famille. Si tu n'accordes pas d'importance aux faiblesses de ton épouse, c'est bien parce que tu l'aimes. Tu continues à l'aimer, malgré ses erreurs. Est-ce que dans ce cas, tu n'accordes pas plus d'importance au cœur ? N'est-ce pas parce que vous avez tous deux le sentiment de ne faire qu'un que vous pouvez passer votre vie ensemble ? C'est cette attitude qu'Amma appelle « le cœur ».

Serait-il pratiquement réalisable de suivre des règles strictes dans notre comportement envers nos enfants ? Les enfants se conformeront-ils à nos désirs ? Ne réagiront-ils pas en se montrant obstinés ?

Par amour pour eux, nous tolérons leurs erreurs et les éduquons correctement. Le cœur a donc ici plus d'importance que l'intellect, n'est-ce pas ? Lorsqu'il en est ainsi, les moments que nous passons avec nos enfants sont des moments de bonheur et nous les rendons heureux.

La vie de famille ne peut nous rendre heureux que si nos cœurs sont ouverts les uns pour les autres. Si nous laissons l'intellect éclipser le cœur, nous n'y trouverons aucun bonheur. Que nous agissions avec notre intellect sur la place du marché ou bien au travail, soit : c'est ce qui est exigé de nous. Mais pas lorsque nous sommes en famille. Même au bureau d'ailleurs, nous avons besoin d'une bonne part de tolérance et d'ouverture du cœur. Si nous ignorons cette vérité, la discorde et le malheur règneront.

Si nous donnons au cœur toute sa place dans notre vie, cela engendre en nous une attitude de compromis, la flexibilité qui permet de donner et de prendre. En même temps que l'aptitude au discernement se développe naturellement en nous l'ouverture du cœur, une attitude de coopération et de compromis. Aujourd'hui, notre intellect reste confiné aux limites de notre égocentrisme, notre faculté de discernement n'a pas été développée. C'est là une grande déficience car sans coopération, il est difficile que la société progresse. C'est l'esprit de coopération qui mène à la paix.

Pour faire marcher correctement une machine rouillée, il faut la graisser. De même, l'humilité et l'esprit de coopération sont essentiels au déroulement harmonieux de notre vie. Mais ces vertus ne naîtront en nous que si nous développons notre cœur. Certes, dans certaines situations, l'intellect est nécessaire, mais il ne faut l'employer que dans ces cas-là. Et il ne faut pas manquer de donner la place essentielle au cœur dans toutes les situations où elle lui revient.

Quand on construit un bâtiment, plus les fondations sont profondes, plus vous pouvez monter d'étages. De même, l'humilité et l'ouverture de notre cœur sont le fondement de notre progrès. Lorsque nous accordons au cœur la place essentielle, l'humilité et l'esprit de coopération se développent en nous, et nos relations avec les autres sont bonnes et paisibles.

Le but de la spiritualité comprend aussi l'ouverture du cœur, parce que seuls ceux qui ont le cœur ouvert peuvent connaître Dieu. L'essence du Soi se situe au-delà de la logique et de l'intellect. On a beau manger quantité de sucre, il est impossible d'expliquer exactement la douceur du sucre à ceux qui ne l'ont jamais goûté. Pas plus que les mots ne peuvent décrire le ciel infini. De même, le parfum d'une fleur ne se mesure pas. La spiritualité est une expérience au-delà des mots. On ne peut en savourer la douceur sans transcender l'intellect pour arriver au cœur.

On rapporte l'histoire d'un pauvre paysan qui vit un jour une foule passer devant sa hutte. Il demanda où allaient tous ces gens et on lui répondit : « Pendant trois jours il y aura non loin d'ici un discours sur la Bhagavad Gita. C'est là que nous allons tous. » Le fermier voulait lui aussi entendre la conférence. Il se joignit donc à la foule. Quand il arriva, il y avait déjà beaucoup de monde. La plupart des auditeurs étaient riches et portaient des habits et des bijoux de prix. Comme notre homme, lui, était en tenue de travail, de vieux vêtements sales et en lambeaux, on refusa de le laisser entrer. Très malheureux, il pria : « Seigneur, je suis venu ici pour entendre parler de Toi. Mais ces gens ne me laissent pas entrer. Suis-je si indigne que je ne mérite même pas d'entendre Ton histoire ? Suis-je un tel pécheur ? Eh bien ! si cela est Ta volonté, ainsi soit-il. Je vais m'asseoir dehors et écouter le récit d'ici. » Et il alla s'asseoir sous un manguier pour écouter la conférence, qu'il pouvait entendre grâce aux haut-parleurs placés dans le hall. Mais il ne comprenait rien parce que tout était en sanscrit. Le pauvre homme en eut le cœur brisé. Il appela : « Ô Seigneur, je ne comprends même pas Ta langue ! Suis-je un tel pécheur ! » A cet instant, il vit un grand tableau placé devant le hall qui représentait Sri Krishna, tenant les rênes d'une main tandis qu'il exposait la Bhagavad Gita à Arjouna, assis derrière Lui sur le char. Le paysan resta assis là, à regarder le visage du Seigneur. Ses yeux se remplirent de larmes, et il perdit la notion du temps. Quand il revint à lui, la conférence était terminée et les auditeurs partaient. Il rentra chez lui. Le lendemain, il revint. Il pensait constamment au visage du Seigneur. Il n'avait qu'un désir, c'était de s'asseoir sous l'arbre pour regarder le tableau. Le troisième jour du discours, il alla de nouveau s'asseoir sous l'arbre et contempla le tableau, transporté. Ses yeux se remplirent de larmes. La forme du Seigneur lui apparut intérieurement, brillant avec éclat. Il ferma les yeux et resta assis-là, contemplant Sri Krishna, oublieux de sa propre existence.

Ce jour-là, la foule se dispersa après la conférence et quand l'érudit qui avait parlé sortit, il vit le paysan qui était assis, sans bouger, sous le manguier. Des larmes roulaient sur ses joues.

L'érudit s'étonna : « Pourquoi cet homme reste-t-il assis là à pleurer bien que la conférence soit terminée ? Mes paroles l'ont-elles ému à ce point ? » Il s'approcha du paysan parfaitement immobile. A l'expression de son visage, on voyait qu'il débordait de béatitude. Il était entouré d'une paix parfaite. L'érudit ramena le fermier à la conscience ordinaire et lui demanda : « As-tu apprécié mon discours à ce point ? »

« Monsieur, répondit-il, je n'ai pas compris un mot de ce que vous avez dit pendant ces trois jours ! Je ne connais pas le sanscrit. Mais quand je pense à la situation du Seigneur, je suis rempli de chagrin. Le Seigneur n'a-t-Il pas prononcé toutes ces paroles en regardant en arrière ? Il a dû avoir tellement mal à l'épaule à force de tourner la tête ainsi ! C'est pourquoi je pleure ainsi. » C'est au moment où il prononçait ces mots, dit-on, que le paysan parvint à l'illumination.

Ce sont la compassion et l'innocence qui le rendirent apte à la réalisation du Soi. Quand il entendit ses paroles, les yeux de l'érudit se remplirent de larmes et il éprouva une paix qu'il n'avait encore jamais éprouvée.

L'homme qui avait tenu le discours était extrêmement intelligent. Les personnes qui composaient l'auditoire possédaient également une éducation supérieure. Ce fut pourtant le pauvre paysan innocent qui goûta la douceur de la dévotion et qui devint mûr pour la réalisation, lui, l'exemple de la compassion désintéressée. Il ne pleurait pas sur lui-même mais sur la souffrance du Seigneur, qu'il percevait.

Lorsque les gens se rendent au temple, ils prient souvent : « Seigneur, je T'en prie, donne-moi ceci ou cela. » La compassion que le paysan éprouvait allait bien au-delà . Il n'y avait pas d'ego en lui. Il est normalement difficile de se débarrasser du sens de l'ego, mais grâce à son innocence, il perdit son individualité. Il baignait dans la dévotion suprême (*parabhakti*). C'est l'état suprême. Il était mûr pour cela parce que contrairement aux autres qui fonctionnaient à partir de leur intellect, il fonctionnait à partir du cœur. En conséquence, il se retrouva plongé dans la béatitude, spontanément et sans effort ; ceux qui l'entouraient reçurent un peu de cette paix. C'est par le cœur que nous devrions essayer de connaître Dieu, car c'est là qu'Il brille. Dieu vit dans notre cœur.

Le flot des paroles d'Amma ralentit pour se fondre dans une mer de silence. Ses yeux, maintenant remplis de larmes de béatitude, se fermèrent lentement. Les larmes roulèrent sur les joues de cette incarnation de la compassion. Un petit groupe de dévots était assis autour d'elle. Personne ne disait mot. Mark était silencieux et ferma les yeux en méditation. Tous ceux qui travaillaient non loin de là s'arrêtèrent pour venir rejoindre le petit groupe et s'asseoir près d'Amma. Dans cette atmosphère de pure béatitude, leur pensées s'apaisèrent et disparurent. Le mental fut dissout dans une expérience ineffable et sublime.

La conversation reprit plus tard.

Question : Si une personne désire servir le maître spirituel plus qu'elle ne désire réaliser Dieu, le maître sera-t-il avec elle au cours de toutes ses vies futures ?

Amma : Si tel est le désir d'un disciple qui s'est complètement abandonné au maître, celui-ci sera sans aucun doute avec lui. Mais le disciple ne doit jamais perdre une seule seconde. Un tel disciple doit être comme un bâton d'encens qui brûle pour que les autres jouissent de son parfum. Chaque souffle du disciple devrait être consacré au monde. Il devrait accomplir toute action comme un service envers le maître. Celui qui a pris totalement refuge en un maître spirituel n'a plus à renaître, à moins que ce ne soit la volonté du maître pour cette âme.

Il y a bien des sortes d'enseignants. Il y a ceux qui donnent des instructions après avoir étudié les Ecritures et les *Puranas*. Ce sont des *gurus*. Mais de nos jours, sont également considérés comme *gurus* des gens qui ont lu n'importe quel livre et professent n'importe quoi. Un *satguru* est cependant différent. C'est un être qui a réalisé la vérité grâce aux austérités et au renoncement et qui a l'expérience directe de l'état suprême décrit dans les Ecritures. Extérieurement, son apparence n'a rien de spécial si on le compare aux autres, mais aucun prétendu *guru* ne peut vous apporter les bienfaits que vous obtenez d'un tel maître. Ceux qui affichent beaucoup de pompe et de splendeur n'ont peut-être pas grand-chose à l'intérieur. Si vous dépendez d'eux, cela ne vous apportera pas grand chose. La différence entre de tels maîtres et un *satguru* est comparable à celle qui existe entre une ampoule de dix watts et une de mille watts. La simple présence d'un maître authentique vous remplit de béatitude et affaiblit vos *vasanas*.

L'enseignement des *satgurus* ne se limite pas à leurs paroles. Celles-ci se reflètent dans leurs actions et leur vie, ce sont les paroles vivantes des Ecritures. Si vous l'étudiez, il n'est pas vraiment nécessaire d'étudier les textes. Les *satgurus* sont des êtres totalement désintéressés. On peut les comparer à une image en chocolat ou en sucre candi parce qu'il n'émane d'eux que de la douceur pure ; il n'y a rien à rejeter. Les *satgurus* choisissent de naître uniquement dans le but d'élever le monde. Ce ne sont pas des individus ; ils représentent un idéal. Il nous suffit de suivre le chemin qu'ils indiquent. Les grands maîtres ouvrent nos yeux à la sagesse et dissipent les ténèbres. Dieu est présent en tout. Mais c'est le *satguru* qui corrige nos erreurs et nous élève jusqu'au monde de Dieu. C'est pourquoi on dit que le maître est Brahma, Vishnou et Maheshvara[3]. Pour le disciple, le *satguru* est plus important que Dieu Lui-même. Une fois que vous avez trouvé un *satguru*, vous n'avez plus besoin de songer à la réalisation ni

---

[3] Dans l'Hindouisme ils correspondent à trois aspects du Divin : Brahma est le Créateur, Vishnou celui qui préserve la création et Shiva (ou Maheshvara) celui qui la détruit.

de vous inquiéter au sujet de naissances futures. La seule chose à faire, c'est de suivre la voie tracée par le maître. Comme une mare ayant rejoint une rivière qui se jette dans la mer, une fois que vous êtes auprès du maître, vous avez trouvé le lieu qu'il vous faut. Le maître s'occupera du reste et vous guidera jusqu'au but. Une seule chose est nécessaire pour le disciple, c'est de s'abandonner au maître de tout son cœur. Celui-ci ne l'abandonnera jamais.

Question : Amma, à notre époque, quelle est la voie la mieux adaptée pour parvenir à la réalisation du Soi ?

Amma : La réalisation ne se trouve pas quelque part là-bas, dehors. Selon Sri Krishna, le yoga est équanimité. Tout ce que nous percevons, il nous faut le percevoir comme étant la conscience divine. C'est seulement ainsi que nous atteindrons la perfection. Il faut encore ne voir que le bien en tout. L'abeille se concentre uniquement sur le nectar de la fleur et en savoure la douceur. Seuls ceux qui voient le bien en tout sont mûrs pour la réalisation.

Si nous désirons vraiment la réalisation, nous devons être capables d'oublier complètement le corps. Il nous faut être absolument convaincus que nous sommes le Soi. Dieu ne réside en aucun lieu particulier ; Il demeure dans notre cœur. Il s'agit de nous libérer de tout attachement et de la conscience du corps. Voilà tout ce qui est nécessaire. Alors une compréhension profonde grandira en nous : nous comprendrons que le Soi ne connaît ni la naissance ni la mort, ni le bonheur ni la souffrance. Toute peur de la mort s'envolera et nous serons remplis de béatitude.

Un chercheur spirituel devrait accueillir toute situation avec patience. Si le miel est mélangé avec du sel, on peut faire disparaître le goût salé en rajoutant sans cesse du miel. Nous devons ainsi nous purifier intérieurement de toute trace d'animosité et du sens de l'ego. C'est possible en entretenant de bonnes pensées. Lorsque le mental est ainsi purifié nous sommes capables d'accueillir toute situation dans la joie. C'est ainsi que nous progresserons spirituellement, même si nous n'avons pas conscience de nos progrès.

Dans l'état de réalisation nous voyons les autres comme notre propre Soi. Si vous glissez et qu'en tombant, vous vous faites mal au pied, vous n'allez pas blâmer vos yeux et vous les arracher pour les punir de leur négligence ! Vous essayez de soigner le pied. Quand nous nous blessons à la main gauche, notre main droite s'occupe de la réconforter. De même, pardonner à ceux qui commettent des erreurs parce que nous voyons en eux notre propre Soi, c'est la réalisation.

Pour les êtres réalisés, rien n'est séparé du Soi. Mais tant que nous n'avons pas atteint cet état, tout discours au sujet de la réalisation reste au niveau des mots et ces mots ne sont pas imprégnés de la puissance de l'expérience. Sans l'aide d'un *satguru*, il est impossible d'atteindre ce niveau de conscience, ce niveau d'expérience. Tout ce que vous avez à faire, c'est de suivre les paroles du maître.

La réalisation du Soi ne s'achète pas. Une transformation doit se produire dans votre attitude, voilà tout. Les gens se méprennent et croient que leurs liens sont réels. Une vache était habituellement attachée la nuit dans son étable. Un jour, au lieu de l'attacher, on se contenta de la rentrer et de fermer la porte. La corde gisait sur le sol. Le lendemain, quand le propriétaire ouvrit la porte pour la faire sortir, la vache ne bougea pas. Il eut beau la pousser, elle refusa d'avancer. Il employa le bâton, sans résultat. « D'habitude, j'attache la vache mais je ne l'ai pas fait hier soir. Et si je faisais semblant de la détacher ? » songea-t-il. Il prit le bout de la corde et fit le geste de délier. La vache quitta aussitôt l'étable.

Les êtres humains sont ainsi. Ils ne sont pas liés et pourtant ils croient l'être. Il faut faire disparaître cette illusion. Comprenez simplement que vous n'êtes absolument pas enchaîné. Mais sans l'aide d'un vrai maître, vous ne parviendrez pas à changer cette conception erronée. Cela ne signifie pas que le maître vous apporte la réalisation du Soi. Sa tâche est de vous convaincre que vous n'êtes pas attaché. Pour qu'il y ait des liens à dénouer, il faudrait d'abord qu'ils existent.

Pour voir le soleil se refléter dans l'eau, il faut que les vagues s'apaisent. De même, pour que nous puissions voir le Soi, les vagues du mental doivent se calmer. Il n'est pas nécessaire de créer une image. Si les vagues s'apaisent, elle apparaîtra.

On ne peut voir un reflet sur du verre clair, transparent. Il faut peindre un côté du verre avec une peinture spéciale. Ainsi, c'est seulement quand la peinture du désintéressement est appliquée en nous que nous pouvons voir Dieu.

Tant que nous avons un ego, nous ne pouvons pas être désintéressés. Le maître fait passer le disciple par les situations nécessaires pour détruire l'ego. Le disciple apprend à s'en libérer, comme une pierre qui se laisse ciseler par le sculpteur. Etant proche du maître et recevant ses conseils, il développe de la patience sans même en avoir conscience. Le maître le fait passer par des situations qui mettent sa patience à l'épreuve et feront peut-être monter sa colère. On donne par exemple au disciple un travail qu'il n'aime pas. Cela le met en colère et il désobéit. Le maître l'encourage alors à réfléchir. Il trouve en lui-même la force nécessaire pour transcender les situations difficiles. Le maître utilise ainsi des situations variées pour éliminer les faiblesses du disciple et le rendre fort, ce qui lui permet de transcender l'ego. C'est dans le but d'éliminer l'ego que nous prenons refuge en un maître.

Pour qu'une conque puisse résonner quand on souffle dedans, elle doit être vidée de sa chair. Ainsi, quand nous sommes libres de l'ego, nous pouvons atteindre notre but spirituel. Quand l'abandon de soi est total, le sentiment du « moi » n'existe plus, alors il n'y a plus que Dieu. Les mots ne peuvent pas décrire cet état.

Une fois que vous avez pris refuge auprès d'un maître, si vous vous préoccupez encore de savoir quand vous parviendrez à la réalisation, cela signifie que vous ne vous êtes pas encore totalement abandonné au maître, que votre foi en lui n'est pas entière. Une fois que vous êtes auprès du maître, votre seul souci devrait être de suivre ses instructions à la lettre en oubliant toute autre pensée. C'est tout ce que le disciple doit faire. Un vrai disciple abandonne au maître même le désir de la réalisation. Son seul but est l'obéissance complète au maître. Le maître est la perfection même. Il n'y a pas de mots pour décrire l'amour et le respect que le disciple éprouve envers le maître.

Question : Si nous chutons après avoir vécu auprès d'un maître, sera-t-il là pour nous sauver dans notre vie suivante ?

Amma : Obéissez toujours aux paroles du maître. Consacrez-vous totalement à ses pieds et considérez tout ce qui arrive ensuite comme la volonté du maître. En tant que disciple, vous ne devriez pas même songer à la possibilité d'une chute. Cette manière de penser indique une faiblesse ; elle signifie que vous n'avez pas vraiment foi en vous-même. Et si vous ne croyez pas en vous-mêmes, comment pouvez-vous avoir foi dans le maître ? Le maître n'abandonnera pas le disciple qui le prie sincèrement. Le disciple doit prendre totalement refuge en lui.

Question : Que signifie le véritable service du maître ?

Amma : Quand nous parlons d'un maître authentique, nous ne parlons pas d'un individu, mais de la Conscience divine, de la vérité. Le maître est présent dans tout l'univers. Comprenons-le, car c'est ainsi seulement que nous progresserons spirituellement. Un disciple ne devrait jamais être attaché au corps physique du maître. Elargissons notre point de vue afin de considérer tout être, animé ou inanimé, comme étant le maître et de servir les autres avec dévotion. C'est grâce à notre lien avec le maître que nous acquerrons cette ouverture d'esprit. Le mental d'un disciple qui mûrit en écoutant les paroles du maître et en observant ses actions s'élève à ce niveau sans même qu'il s'en aperçoive. Par contre le service effectué par quelqu'un qui désire être physiquement proche du maître pour des raisons égoïstes n'est pas le vrai service du maître.

Le lien du disciple avec le maître devrait être si fort qu'il lui soit impossible de supporter un seul moment de séparation. En même temps, il devrait avoir le cœur assez ouvert pour servir les autres au point de s'oublier lui-même. Servez autrui en pensant que vous servez ainsi le maître. Tel est le disciple authentique, qui a assimilé l'essence réelle du maître. Le maître sera toujours avec un tel disciple.

Lorsque nous voyons un manguier, notre attention se porte sur les fruits, non sur l'arbre. Nous ne négligeons cependant pas de prendre soin de l'arbre. Ainsi, bien que le disciple sache parfaitement que le maître n'est pas le corps mais en réalité la Conscience omniprésente, le corps du maître lui est précieux et le service personnel du maître lui est plus cher que la vie. Un vrai disciple, découvre qu'il est prêt à donner sa vie pour le maître. Et pourtant il ne considère pas le maître comme un individu limité. Il voit le maître en tous les êtres vivants. Et il comprend ainsi que servir n'importe qui, c'est servir le maître. Et un disciple authentique retire de ce service la joie et le contentement.

Question : Si le maître n'est pas réalisé, quel est le bienfait de s'abandonner à lui ? Le disciple n'est-il pas dupé ? Comment déterminer si un maître spirituel est réalisé ou pas ?

Amma : C'est difficile à dire. Chacun rêve d'être la plus grande star de cinéma du moment, de s'identifier à elle. Pour cela, les gens sont prêts à faire n'importe quoi et ils essayent de l'imiter de toutes les manières. De même, quand ils voient le respect et les égards que l'on accorde à un maître spirituel, bien des gens veulent se poser en maître. Si nous faisions la liste de tout ce qui indique un maître parfait, cela rendrait les choses plus faciles pour les imposteurs. Les gens ordinaires se laisseraient berner par leurs tours. Mieux vaut donc ne pas trop théoriser au sujet de la nature d'un satguru. Il ne faut pas en discuter publiquement.

Les Écritures ont donné certaines descriptions des caractéristiques d'un maître. Il est toutefois difficile d'employer ce que l'on observe chez un maître comme critère pour déterminer si une autre personne est un vrai maître ou pas. Chaque maître agit à sa manière. Vous aurez beau lire et étudier, si votre cœur n'est pas pur, il vous sera difficile de trouver un maître parfait. Le renoncement, l'amour, la compassion et le sacrifice de soi, ces vertus sont en général présentes chez tous les maîtres. Mais pour éprouver ses disciples, un maître joue différents rôles. Seul un disciple au cœur pur est capable de l'accepter. Quand un chercheur part en quête, si son désir est sincère et son cœur pur, il rencontre un vrai maître. Mais ce dernier met aussi le disciple à l'épreuve.

Même si un chercheur tombe entre les mains d'un faux maître, si son cœur est pur, son innocence le mènera néanmoins au but. Dieu lui frayera le chemin.

Au lieu de perdre du temps à comparer les maîtres et à les tester, mieux vaut prier Dieu de vous aider à devenir un disciple parfait et de vous guider vers un maître parfait. Un disciple ne peut vraiment reconnaître un maître authentique que quand l'intellect et le cœur se fondent.

Question : De quelle manière le maître met-il ses disciples à l'épreuve ?

Amma : On ne peut pas dresser une liste de règles générales, comme des recettes de succès à un examen. Le maître guide le disciple selon les vasanas qu'il a acquises au cours de nombreuses vies. Dans une situation identique, le maître peut se comporter de manière très différente. Vous ne comprendrez pas forcément pourquoi. Lui seul en connaît la raison. Le maître décide de la procédure à suivre pour affaiblir les vasanas d'un individu particulier et pour le conduire vers le but. Le facteur qui aide le disciple à progresser spirituellement, c'est de céder à la décision du maître.

Si deux disciples commettent la même erreur, le maître peut se mettre en colère contre l'un et se montrer plein d'amour envers l'autre, faisant comme s'il ne s'était rien passé. Le maître connaît le degré de maturité et de force mentale de chaque disciple. A cause de leur ignorance, il se peut que des témoins le critiquent. Ils ne voient que ce qui se passe à l'extérieur. Leur vision n'est pas assez perçante pour voir les changements qui se produisent chez le disciple.

Tant que l'enveloppe de la graine n'est pas brisée, l'arbre ne peut pas se développer. Il est de même impossible de connaître la vérité sans détruire totalement l'ego. Le maître soumet le disciple à différentes épreuves pour voir s'il est venu dans un bref élan d'enthousiasme ou bien par amour pour le but spirituel. Ces épreuves sont comparables aux interrogations surprises en classe. Les élèves ne sont pas prévenus à l'avance. C'est le devoir du maître de mesurer la patience, le renoncement et la compassion du disciple et de voir s'il faiblit devant certaines situations ou s'il a la force de les surmonter. Les disciples sont censés être à l'avenir des guides pour le monde. Des milliers de gens viendront peut-être à eux en leur faisant totalement confiance. Ils doivent avoir assez de force intérieure, de maturité et de compassion pour ne pas décevoir cette confiance. Si un disciple part servir le monde sans ces qualités, s'il manque de pureté intérieure, il commet la pire des trahisons. Celui qui était supposé protéger le monde en devient alors l'ennemi destructeur.

Le maître soumet donc le disciple à de nombreux tests pour le former correctement.

Un maître donna un jour une pierre à son disciple en lui ordonnant d'en faire une statue. Le disciple obéissant renonça à manger et à dormir et se mit au travail. La statue terminée, il l'apporta au maître et la déposa à ses pieds. Il s'assit humblement sur le côté, les mains jointes et la tête baissée. Le maître jeta un regard à la sculpture, l'attrapa et la jeta sur le sol. Elle se brisa en morceaux. « Est-ce ainsi qu'on fait une statue ? » dit-il avec colère. Le disciple regarda les morceaux et songea : « J'ai travaillé dur pendant des jours sans manger ni dormir et pourtant il n'a pas eu un seul mot gentil ! » Le maître connaissait ses pensées ; il lui donna une autre pierre et lui demanda d'exécuter une autre sculpture. Le disciple partit et fit une autre statue, encore plus belle que la première. Il alla de nouveau voir le maître en son-geant que cette fois, il serait sûrement satisfait. Mais dès que le maître vit son oeuvre, il devint rouge de colère. « Est-ce que tu te moques de moi ? » dit-il « Celle-ci est encore pire que la pre-mière ! » Et il la brisa aussi. Il regarda le disciple qui se tenait là, humblement, tête baissée. Cette fois, il n'éprouva envers le maître aucun ressentiment, mais il était un peu triste. Le maître lui donna encore une pierre et lui demanda de se remettre à l'ouvrage. Le disciple sculpta la nouvelle statue avec grand soin. C'était un chef-d'œuvre qu'il déposa aux pieds du maître. Mais celui-ci s'en saisit et le fracassa en un instant, disputant sévèrement le disciple. Cette fois, ce dernier n'éprouva ni colère ni tristesse. Il pensa : « Si tel est le désir de mon maître, qu'il en soit ainsi. Tout ce qu'il fait est pour mon bien. » Tel était son degré d'abandon de lui-même à ce moment-là. Le maître lui donna encore une autre pierre. Le disciple l'accepta avec joie et revint avec une autre statue, d'une beauté exceptionnelle. Le maître la brisa aussi. Mais il n'y eut pas le moindre changement dans l'humeur du disciple. Le maître était très content. Il posa les mains sur la tête du disciple et le bénit. Observant les actions du maître, un témoin aurait pu penser qu'il était cruel ou même fou. Seuls le maître et le disciple savaient ce qui se produisait réellement. Chaque fois que le maître brisait une des statues, il en sculptait une autre, réelle, dans le cœur du disciple. C'est l'ego du disciple qu'il brisait. Seul un *satguru* peut accomplir cela et seul un vrai disciple peut savourer la béatitude qui en découle.

Le disciple doit comprendre que le maître sait bien mieux que lui ce qui est bon ou mauvais pour lui, ce dont il a besoin ou pas. Jamais on ne devrait approcher un maître pour rechercher une position élevée ou la renommée. On va le trouver avec la volonté de s'abandonner à lui. Si vous éprouvez de la colère ou du ressentiment quand le maître ne vous loue pas, vous ou vos actions, vous n'êtes pas qualifié pour être un disciple. Priez pour que votre colère disparaisse. Comprenez que toutes les actions du maître sont pour votre bien.

Certains pensent : « Combien d'années ai-je passées auprès du maître ! Et pourtant il continue à me traiter de cette manière ! »

Cela démontre simplement leur manque d'abandon d'eux-mêmes. Seuls ceux qui déposent entièrement aux pieds du maître non seulement quelques années, mais toute leur vie, sont de vrais disciples. Tant que l'attitude « je suis le corps, le mental et l'intellect » perdure, la colère, l'aversion et l'égoïsme surgissent dans le mental. C'est pour se libérer de ces tendances négatives qu'un chercheur prend refuge auprès d'un maître spirituel. A moins de s'abandonner complètement au maître, il est impossible de surmonter ces traits négatifs. La conviction que tout ce que fait le maître est pour notre bien doit être fermement établie dans notre mental. Nous ne devrions jamais laisser l'intellect juger aucune des actions du maître.

Mes enfants, nul ne peut prédire quelle forme prendront les épreuves imposées par le maître. La seule manière de les passer, c'est de s'abandonner totalement. Elles sont en réalité des preuves de la compassion du maître envers le disciple, dont elles affaiblissent les *vasanas*. C'est seulement par l'abandon de soi que l'on peut obtenir la grâce du maître.

Un jeune homme vint trouver un maître et lui demanda de l'accepter comme disciple. Le maître répondit : « Fils, tu n'as pas la maturité mentale nécessaire pour mener une vie complètement spirituelle. Tu as encore du *prarabdha* à épuiser. Attends encore un peu. »

Mais le jeune homme refusa de repartir. Il insista tant que le maître finit par l'accepter comme disciple. Peu après, le maître initia tous ses disciples à *sannyasa* sauf celui-là. Il ne put le supporter. Il était en colère contre le maître. Extérieurement il ne montra rien mais il se mit à dire du mal de lui aux visiteurs qui venaient à l'ashram. Le maître le savait, mais il ne dit rien. Au bout d'un moment, le disciple exprima ses critiques en sa présence. Le maître connaissait très bien sa nature, il savait qu'aucun conseil ne le changerait et qu'il n'apprendrait que par l'expérience. Il garda donc le silence.

Au même moment, il décida d'organiser un grand sacrifice (*yagna*) pour le bien du monde, ce qui nécessitait de nombreux ingrédients que l'on offrait ensuite au feu sacré. Une famille du voisinage proposa de fournir tout le nécessaire. Pendant le déroulement du *yagna*, le jeune homme fut chargé d'aller chaque jour chercher les offrandes, qu'une jeune femme de la famille lui remettait. Dès qu'il la vit, le jeune homme se sentit attiré par elle. Ses sentiments devenaient chaque jour plus forts. Un jour, incapable de maîtriser son mental, il lui prit la main. Sans hésiter un instant, elle ramassa un bâton qui gisait sur le sol et le frappa au visage.

Voyant le disciple revenir le visage voilé, le maître comprit aussitôt ce qui était arrivé. Il lui dit : « Comprends-tu maintenant pourquoi je ne voulais pas t'accepter comme disciple au départ et pourquoi je n'ai pas fait de toi un *sannyasi* ? Quelle honte si tu avais agi ainsi en portant la robe ocre des moines ! Cela aurait été une grande trahison du monde et de la lignée des *sannyasis*. Va vivre dans le monde pendant un certain temps, fils. Je t'appellerai quand le moment sera venu. » C'est seulement alors que le disciple comprit enfin son erreur ; il se prosterna aux pieds du maître.

On ne devient pas un médecin expert simplement en passant des examens universitaires. Il faut encore servir comme interne auprès d'un médecin expérimenté et acquérir de l'expérience dans le traitement de maladies variées. Devenir un bon médecin exige un dur travail et une pratique constante. Vous aurez beau étudier les textes spirituels, il y a de même des leçons inestimables à apprendre en allant dans le monde et en travaillant constamment avec les gens. Le *satguru* arrange toutes les circonstances nécessaires pour le progrès du disciple qui lui demande des instructions spirituelles. Pour que vos *vasanas* meurent, il ne suffit pas de rester assis les yeux fermés et de méditer. Les impuretés de votre mental ne disparaîtront que si vous avez une foi entière dans le maître, si vous avez l'humilité et l'ouverture d'esprit nécessaires pour vous abandonner. L'abandon de soi est comparable au détachant que nous utilisons sur les vêtements. Il efface les impuretés mentales et les *vasanas*. Contrairement à ce que pensent certains, le fait de s'abandonner à un *satguru* n'est pas une forme d'esclavage ; c'est la porte qui donne accès à l'indépendance et à la liberté réelles.

Quelles que soient les tentations, le mental du disciple doit rester ferme ; c'est là le véritable abandon de soi. Aucune somme d'argent ne peut acheter cette attitude ; il faut qu'elle se développe naturellement. Quand le disciple possède ce degré d'abandon de lui-même, il est parfait à tous points de vue.

Question : Le maître spirituel ne comprend-il pas la nature du disciple dès qu'il le voit ? Alors à quoi servent ces épreuves ?

Amma : Le maître connaît la nature du disciple mieux que ce dernier, qui doit prendre conscience de ses propres faiblesses. C'est indispensable pour qu'il puisse les transcender et progresser. De nos jours, il est difficile de trouver des disciples qui obéissent vraiment à leur maître spirituel et soient réellement conscients du but. A notre époque on blâme et on critique les maîtres spirituels s'ils ne cèdent pas à l'égoïsme des disciples. Leur compassion étant infinie, ils s'efforcent cependant de les guider vers la voie juste. Autrefois, c'était le disciple qui attendait patiemment devant le maître ; aujourd'hui c'est le maître qui attend devant le disciple. Son seul but est de l'emmener vers l'état suprême, par n'importe quel moyen, et pour cela, il est prêt à tous les sacrifices.

Vous objecterez peut-être : « Mais n'est-ce pas de l'esclavage d'obéir à toutes les paroles du maître ? » Cet esclavage ne fait pourtant aucun mal au disciple ; il le libère au contraire pour l'éternité ! Il contribue à éveiller le Soi à l'intérieur de lui. Pour qu'une graine devienne un arbre majestueux, elle doit s'enfoncer dans le sol.

Si nous gaspillons les graines en les mangeant, nous apaiserons notre faim pendant un petit moment. Mais il est bien plus profitable de les planter et de leur permettre de devenir des arbres. Ils donneront des fruits pendant des années et offriront une ombre rafraîchissante aux passants fatigués par la chaleur brûlante du soleil. Un arbre donne de l'ombre même à celui qui le coupe.

Au lieu de céder à notre ego, mieux vaut s'abandonner au maître. Si nous le faisons, nous serons ensuite capables de soulager les souffrances d'innombrables personnes. Le fait de s'abandonner au maître et de lui obéir n'est jamais de l'esclavage, c'est un signe de courage. Un être vraiment courageux s'abandonne au maître spirituel pour éliminer l'ego.

Nous nous accrochons à un petit morceau de terrain, l'entourons d'une clôture et déclarons qu'il nous appartient. Nous renonçons ainsi par attachement à la souveraineté de l'univers. Débarrassons-nous simplement du sens de l'ego. Les trois mondes s'agenouilleront alors devant nous. De nos jours, la plus grande difficulté pour un maître, c'est de trouver des disciples dignes de ce nom. Beaucoup de ceux que l'on trouve aujourd'hui sont des gens qui passent un peu de temps auprès du maître pour ensuite aller eux-mêmes fonder un ashram et se poser en maître. Si deux personnes se prosternent devant eux, ils affichent de grands airs. Le maître en est conscient et il s'efforce de détruire complètement l'ego du disciple. Rappelez-vous que toute situation créée par le maître parfait est un don de la grâce, destiné à anéantir l'ego qui défigure la personnalité du disciple et à révéler la beauté du Soi qui demeure en lui. C'est le chemin qui mène à la liberté ultime, au Divin et à la paix éternelle.

Conversations avec
la Mère Divine

Interview donnée à un magazine de langue anglaise

Question : Quel est le message de la vie d'Amma ?

Amma : La vie d'Amma est son message, et ce message est l'amour.

Question : Ceux qui t'ont rencontrée célèbrent ton amour sans jamais se lasser. Pourquoi ?

Amma : Amma ne témoigne pas délibérément d'amour spécial à qui que ce soit. L'amour s'écoule simplement, naturellement et spontanément. Amma ne peut rejeter personne. Elle ne connaît qu'un seul langage, c'est le langage de l'amour. C'est celui que tout le monde comprend. La plus grande pauvreté dans le monde actuel, c'est l'absence d'amour désintéressé.

Tous les gens parlent d'amour et disent qu'ils s'aiment. Mais on ne peut pas vraiment appeler cela de l'amour. Ce que les gens prennent aujourd'hui pour de l'amour est entaché d'égoïsme ; cela ressemble à un bijou bon marché, plaqué or : il fait bel effet mais il est de mauvaise qualité et ne dure pas longtemps.

Il était une fois une petite fille qui tomba malade et se retrouva à l'hôpital. Quand vint le moment de rentrer chez elle, elle déclara à son père : « Papa, les gens ici sont si gentils avec moi ! Est-ce que tu m'aimes autant qu'eux ? Les médecins et les infirmières se sont occupés de moi, tous m'aiment tant ! Ils me demandent comment je vais. Ils s'occupent de tous mes besoins ;

ils font mon lit, ils m'apportent à manger à l'heure et jamais ils ne me disputent. Maman et toi, vous me disputez toujours ! » Au même moment, le réceptionniste donna au père un papier. La petite fille demanda ce que c'était. Le père répondit : « N'étais-tu pas en train de me dire à quel point ces gens t'aiment ? Eh bien, voilà l'addition, c'est le prix de cet amour ! »

Mes enfants, telle est la nature de l'amour que l'on rencontre aujourd'hui. Derrière l'amour que nous voyons se cache toujours une forme d'égoïsme ou une autre. La mentalité du troc, autrefois cantonnée au marché, s'est introduite dans les relations humaines. Lorsqu'ils rencontrent quelqu'un, la première pensée qui vient à l'esprit des gens est : « Que puis-je obtenir de cette personne ? » S'il n'y a rien à gagner, ils ne se soucient pas d'établir une relation. Et une fois engagés dans une relation, si le bénéfice qu'ils en retirent vient à diminuer, la relation s'affaiblit elle aussi. Tel est l'égoïsme qui règne dans le mental des gens. Le résultat, c'est que l'humanité souffre.

De nos jours, les trois membres d'une même famille constituent trois îles séparées. Le monde a dégénéré au point que les gens ne savent plus ce que sont la paix et l'harmonie réelles. Il faut que cela change. C'est l'altruisme qui doit fleurir au lieu de l'égoïsme. Cessons de marchander sous couvert d'établir des relations. L'amour ne devrait pas être une chaîne qui lie, mais le souffle même de la vie. Tel est le souhait d'Amma.

Une fois que nous avons l'attitude « Je suis amour, je suis l'incarnation de l'amour » il est inutile de partir en quête de la paix, car c'est la paix qui vient à notre recherche. Dans cet état, quand le mental est devenu aussi vaste, tous les conflits se dissolvent, comme la brume s'évanouit au lever du soleil.

Question : Quelqu'un a dit : « Si vous voulez savoir à quoi ressemblerait l'amour s'il prenait une forme humaine, il vous suffit de regarder Amma ! » Amma pourrait-elle dire quelque chose à ce sujet ?

Amma (en riant) : Si vous avez cent roupies et que vous en donnez dix à quelqu'un, il ne vous en reste que quatre-vingt-dix. Mais l'amour, c'est différent. Peu importe combien d'amour vous donnez, vous n'en verrez jamais la fin. Plus vous en donnez, plus vous en avez, comme si une source inépuisable remplissait le puits à mesure que vous tirez de l'eau. Amma ne sait qu'une chose, c'est que sa vie devrait être un message d'amour. Tel est le seul souci d'Amma. Les gens naissent pour être aimés. Ils vivent pour l'amour. Mais c'est la seule chose introuvable aujourd'hui. Le monde souffre d'une famine d'amour.

Question : Amma réconforte tous ceux qui viennent à elle en prenant chacun dans Ses bras. N'est-ce pas contraire aux conventions, en Inde ?

Amma : Les mères prennent bien leur bébé dans leurs bras et le cajolent, n'est-ce pas ? Notre pays a toujours célébré la relation mère-enfant. Amma ne perçoit pas ceux qui viennent à elle comme différents, comme séparés d'elle. Si vous avez mal quelque part, instinctivement, votre main se pose à cet endroit pour soulager la douleur. Pour Amma, le chagrin et les souffrances des autres sont les siennes. Une mère qui voit son enfant pleurer de douleur peut-elle se contenter de le regarder sans rien faire ?

Question : Amma, aimes-tu ceux qui sont pauvres et abandonnés plus que les autres ?

Amma : Amma est incapable d'être partiale, son amour est égal pour tous. Quand une lampe brûle devant une maison, tous ceux qui s'en approchent reçoivent la même quantité de lumière, il n'y a pas plus de lumière pour certains et moins pour d'autres. Mais si vous gardez les portes fermées et restez à l'intérieur, vous resterez dans les ténèbres. Il est inutile de rester dans le noir pour blâmer ensuite la lumière. Si vous voulez la lumière, ouvrez les portes de votre cœur et sortez.

Le soleil n'a pas besoin d'une bougie pour éclairer sa route. Certains croient que Dieu trône quelque part dans les cieux et dépensent de l'argent à profusion pour Lui plaire. Mais la grâce de Dieu ne s'obtient pas à prix d'argent. Le service des pauvres, voilà ce que Dieu apprécie plus que tout. Si un pauvre reçoit aide et réconfort, cela plaît à Dieu beaucoup plus que des millions dépensés pour organiser une fête religieuse ostentatoire. Lorsque Dieu vous voit essuyer les larmes d'une âme qui souffre, Sa grâce descend sur vous à flots. Dieu se précipite dans un cœur aussi pur et en fait Sa demeure. Un cœur compatissant est pour Dieu un siège plus précieux qu'un divan recouvert de soie ou un trône en or.

Amma ne regarde que le cœur de ses enfants. Elle ne les juge pas d'après leur situation financière ni d'après leur position sociale. Aucune mère digne de ce nom ne penserait à des choses pareilles. Mais quand une personne qui souffre s'approche d'Amma, son cœur se remplit de compassion en voyant sa peine. Amma ressent son chagrin comme si c'était le sien et elle fait tout ce qu'elle peut pour réconforter la personne.

Question : Amma n'est-t-elle pas fatiguée parfois, à force de consacrer tant de temps à ses dévots ?

Amma : L'amour ne connaît pas la fatigue. Une mère porte son enfant pendant des heures. Considère-t-elle l'enfant comme un fardeau ?

Question : Amma s'est autrefois heurtée à beaucoup d'opposition. Pourrait-elle dire quelque chose à ce sujet ?

Amma : Cela n'avait pas tant d'importance aux yeux d'Amma. Elle connaissait la nature du monde. Imaginez que vous alliez assister à un feu d'artifice. Quand vous savez qu'un pétard est sur le point d'exploser à grand bruit, vous ne sursautez pas au moment de l'explosion. Celui qui sait nager aime jouer avec les vagues de la mer et ne se laisse pas affaiblir par la peur. Amma connaissait déjà la nature du monde et les obstacles qui surgissaient dans sa vie n'entachaient pas sa joie intérieure. Ceux qui s'opposaient à elle, elle les considérait comme des miroirs. Ils l'incitaient à regarder à l'intérieur. Telle était l'attitude d'Amma envers eux. Les plaintes et le chagrin n'existent que quand vous pensez être le corps. Dans le domaine du Soi, il n'y a pas de place pour la douleur. Contemplant la nature du Soi, Amma vit clairement qu'elle n'était pas une mare stagnante, mais une rivière coulant librement.

Beaucoup de gens viennent à la rivière, malades ou bien portants. Certains en boivent l'eau, d'autres y prennent leur bain, y lavent leurs vêtements ou même crachent dedans. La rivière ne se soucie pas de la manière dont les gens la traitent, elle continue à couler. Elle ne se plaint jamais, que l'on utilise son eau pour les rituels d'adoration ou pour s'y baigner. Elle coule, caressant et purifiant ceux qui entrent dans ses eaux. Mais l'eau d'une mare est stagnante et sale, elle sent forcément mauvais.

Une fois qu'Amma eût reconnu ce fait, ni l'opposition qu'il lui fallait affronter ni l'amour qu'elle recevait ne l'affectèrent le moins du monde. Ni l'un ni l'autre n'avait d'importance. La souffrance naît de l'idée « Je suis le corps ». Dans le domaine du Soi, il n'y a pas de place pour la douleur. Amma ne percevait personne comme séparé d'elle-même. Elle considérait les faiblesses des autres comme les siennes. Elle ne ressentait donc pas ces épreuves comme des difficultés. Les gens jetaient du fumier contre cet arbre, mais pour Amma, il s'est transformé en engrais. Et tout cela s'avéra finalement bénéfique.

Question : Amma, n'es-tu pas établie dans l'expérience du Soi ? Alors pourquoi pries-tu ? Dans le cas d'Amma, quelle est la nécessité de se livrer à des pratiques spirituelles ?

Amma : C'est pour le monde, non pour elle-même, qu'Amma a pris ce corps. Amma n'est pas venue en ce monde pour s'asseoir et déclarer : « Je suis une incarnation divine ». A quoi bon naître si c'est pour rester oisif ? Le but d'Amma est de guider les gens et d'élever ainsi le monde. Amma est venue dans le but de montrer aux gens la voie juste.

Pour communiquer avec les sourds, nous utilisons le langage des signes, n'est-ce pas ? Si nous pensons : « Je ne suis pas sourd, moi, alors pourquoi ferais-je tous ces signes avec les mains ? », la personne sourde ne comprend rien à ce que nous disons. Pour elle, les signes sont nécessaires. De même, pour élever ceux qui sont ignorants de leur vraie nature, il faut se mettre à leur niveau. En vivant parmi eux et en leur donnant l'exemple, on leur montre qu'ils doivent chanter des chants dévotionnels, méditer, servir de manière désintéressée, bref, tout. Dans le but d'élever le monde, Amma assume bien des rôles. Tous ces rôles sont pour le bien du monde. Les gens viennent à l'ashram en voiture, en bus, en avion ou en bateau. Amma ne leur demande pas comment ils sont arrivés et ne déclare pas qu'ils ne doivent venir que par avion. Chacun prend le moyen de transport qui lui convient. Ainsi, de nombreuses voies mènent à la réalisation du Soi. Amma indique à chacun la voie qui correspond à ses dispositions mentales. Un élève doué en mathématiques doit opter pour des études scientifiques. Il apprendra ces matières plus facilement que d'autres et progressera rapidement dans ses études. Ceux qui possèdent les facultés intellectuelles nécessaires pour saisir le sens des Ecritures sont peut-être capables de méditer sur les paroles : « Ni ceci, ni cela » (*neti, neti*) au niveau de l'intellect et de progresser ainsi. Une telle pratique exige toutefois un intellect subtil et une connaissance considérable des Écritures. Une personne ordinaire ne réussira pas dans cette voie.

Un grand nombre de ceux qui viennent à l'ashram pour la première fois connaissent à peine le mot spiritualité. Que vont donc faire ces enfants-là ? Pour comprendre réellement des livres sacrés tels que la Bhagavad Gita, un certain niveau d'éducation ou bien le contact d'un maître spirituel sont nécessaires. Il faut bien que ceux qui n'ont rien de tout cela progressent également, n'est-ce pas ? Seuls ceux qui ont véritablement la faculté de discerner peuvent suivre la voie du « *neti, neti* ». Et seuls ceux qui ont étudié les Ecritures sont capables d'y trouver les paroles adaptées à chaque situation et de méditer profondément sur elles. Comment Amma pourrait-elle rejeter ceux qui ne le peuvent pas ? Ne faut-il pas les élever eux-aussi ? Pour cela, il faut connaître le niveau de chaque personne et descendre à ce niveau.

Parmi les visiteurs, beaucoup sont illettrés, d'autres, bien qu'ils sachent lire, sont trop pauvres pour acheter des livres. Certains ont acquis des connaissances grâce à la lecture. D'autres encore ont beaucoup lu mais sont incapables de mettre en pratique ce qu'ils ont lu. Il faut aussi guider chacun selon la culture au sein de laquelle il a grandi. *Brahman* (la Réalité absolue, l'Etre suprême) ne peut être exprimé par des mots. *Brahman* est pure expérience,

Brahman est la vie. C'est un état dans lequel on perçoit chacun comme étant son propre Soi. Cet état devrait devenir notre nature même. Nous *devenons* la fleur, au lieu de la contempler. Efforçons-nous de nous épanouir. C'est à cela que nous devrions employer notre vie, c'est à cela que nos études devraient servir. Apprendre par cœur n'est pas difficile ; il est en revanche difficile de mettre en pratique ce que nous avons appris. Les *rishis* (sages) d'autrefois illustraient les grandes vérités spirituelles par l'exemple de leur vie. De nos jours, les gens engagent des disputes verbales après avoir lu et mémorisé les paroles des sages.

Les *pujas* ((rituels sacrés) et la prière, ce sont là différents aspects de Brahman.

Question : Amma, dans ton ashram on accorde une grande importance au service. L'action n'est-elle pas un obstacle à la vraie contemplation du Soi ?

Amma : Les escaliers qui mènent aux étages supérieurs sont faits de briques et de ciment. Le dernier étage est fait lui aussi de briques et de ciment. C'est seulement en accédant au dernier étage que vous saurez qu'il n'y a aucune différence entre les deux. Et pourtant, les escaliers sont nécessaires pour y arriver. Ainsi, pour atteindre la réalisation du Soi, certains moyens sont nécessaires.

Un homme loua un jour un immeuble princier et y vécut comme s'il était le roi de la région. Il se trouva qu'un saint homme vint lui rendre visite et qu'il se comporta envers lui avec beaucoup d'arrogance, affichant des allures de roi. Le saint homme lui dit : « Vous dites que ce palais vous appartient. Je suggère que vous demandiez la vérité à votre conscience. Vous savez bien vous-même qu'il ne s'agit que d'un immeuble loué. Il n'y a rien ici que vous puissiez appeler vôtre. Pas un seul objet dans cette maison ne vous appartient. Et pourtant vous imaginez que c'est à vous et que vous êtes un roi ! » Nombreux sont aujourd'hui ceux qui se comportent ainsi. Ils lisent quantité de livres et papotent au sujet de leurs lectures, comme des corbeaux qui coassent sur la plage.

Leur discours ne ressemble en rien à la vie qu'ils mènent. Ceux qui ont la moindre compréhension des Ecritures ne perdent pas leur temps à argumenter. Ils conseillent ceux qui viennent à eux et s'efforcent de les aider à progresser. Chacun a besoin de suivre une voie qui convienne à ses dispositions mentales. C'est pourquoi le *Sanatana Dharma*, la religion éternelle (*Sanatana Dharma* est le nom traditionnel de l'Hindouisme) propose tant de voies différentes. Les voies prennent chaque personne à son niveau et sont conçues pour l'élever. Il ne s'agit pas de se bourrer le crâne d'*advaïta* (non-dualité), il s'agit de le *vivre*. C'est ainsi seulement que l'on peut en faire l'expérience.

Certains viennent ici et se proclament experts en Védanta. Ils déclarent qu'ils sont pure Conscience. « Existe-t-il un autre Soi que le Soi puisse servir ? Quelle est l'utilité du service dans un ashram où des chercheurs spirituels s'efforcent de réaliser le Soi ? L'étude et la contemplation suffisent, cela ne fait aucun doute ! » tels sont leurs propos. Dans les temps védiques, même les *mahatmas* ne se consacraient à *vanaprashta*[4] et à *sannyas* qu'après être passés par *grihasthashrama* (une vie de famille orientée vers la spiritualité). La plus grande partie de leur *prarabdha* (le travail que l'on doit faire pour épuiser ses dettes karmiques) était alors épuisée et il ne leur restait plus qu'un nombre limité de jours à vivre. Dans les ashrams où ils se rendaient, on accomplissait beaucoup de service désintéressé. Les disciples qui étudiaient le

[4] *Vanaprastha* est traditionnellement la troisième étape de la vie ; le couple quitte le monde pour se retirer dans la forêt et accomplir des pratiques spirituelles.

Védanta y servaient le maître avec un abandon complet d'eux-mêmes. Ils allaient ramasser du bois et s'occupaient des vaches.

Ignorez-vous l'histoire d'Aruni, qui protégea les champs ? Pour empêcher que l'eau inonde les champs par la brèche d'un muret, détruisant ainsi les récoltes, il s'allongea contre le muret brisé et arrêta l'écoulement de l'eau. Pour ces disciples, rien n'était séparé du Védanta. Aruni ne songea pas : « Cela n'est qu'un champ, ce n'est que de la boue et de la terre. Moi, en revanche, je suis le Soi. » Pour lui, tout était le Soi.

Voilà comment étaient les disciples en ce temps-là. Le *karma yoga* existait déjà alors. A l'époque, trois ou quatre disciples seulement vivaient auprès d'un maître spirituel.

Cet ashram a près de mille résidents. Sont-ils capables de méditer tout le temps ? Non ; des pensées se lèvent dans leur mental. Qu'ils travaillent ou non, de nombreuses pensées surgissent dans leur mental. Alors pourquoi ne pas diriger ces pensées dans la bonne direction, employant nos bras et nos jambes à faire du service désintéressé pour le bien d'autrui ?

Sri Krishna dit à Arjouna : « Ô Arjouna, dans les trois mondes il n'y a rien que j'aie besoin d'accomplir ni d'atteindre, et pourtant, jamais je ne cesse d'agir. » Mes enfants, votre mental est prisonnier du niveau de la conscience du corps. Il doit transcender ce niveau pour devenir plus vaste, pour devenir le mental universel. C'est la compassion envers le monde qui produira les premières pousses de ce développement.

Ceux qui se proclament fièrement adeptes du Védanta croient qu'eux seuls sont *Brahman* et que tout le reste est *maya*, illusion. Mais sont-ils capables de garder cette attitude ? Absolument pas ! Ils veulent que le déjeuner soit prêt à midi ou à une heure exactement. Quand ils ont faim, ils ne considèrent pas que la nourriture est *maya*. Et quand ils sont malades, ils veulent qu'on les emmène à l'hôpital. A ce moment-là, l'hôpital n'est pas *maya* ; c'est une nécessité, et ils ont alors besoin du service rendu par autrui.

Ceux qui parlent de *maya* et de la pure conscience devraient comprendre que s'ils ont besoin de certaines choses, ces mêmes choses sont essentielles pour autrui. Ces soi-disant adeptes du Védanta ont besoin du service d'autrui. Attendre des autres qu'ils vous servent et se mettre à méditer sur *Brahman* quand vient le moment de les servir n'est qu'un signe de paresse.

Des médecins, des ingénieurs et des gens issus de professions variées vivent dans cet ashram. Chacun travaille selon ses capacités. Mais les résidents méditent également et étudient les Ecritures. Ils s'entraînent à agir sans attachement. Le fait de travailler sans attachement nous aide à nous libérer de l'égoïsme et de la conscience du corps. Quand une action est accomplie sans attachement, elle ne nous lie pas. Telle est la voie qui mène à la libération.

Aucun des résidents de l'ashram ne veut le Ciel. Quatre-vingt-dix pour cent d'entre eux veulent servir le monde. Même si on leur offrait le Ciel, ils lui diraient « au revoir » parce qu'ils l'ont déjà dans leur cœur. Ils n'ont pas besoin d'autre Ciel. Leur Ciel, c'est leur propre cœur rempli de compassion. Telle est l'attitude de la plupart des enfants d'Amma.

Dans le passé, beaucoup de gens se sont retirés de la société en proclamant qu'ils étaient pure Conscience. Ils n'étaient pas prêts à se mêler aux autres et à les servir. Cela explique pourquoi notre culture a dégénéré à ce point. Nous souffrons aujourd'hui de la misère engendrée par toute cette indifférence. Voulez-vous dire par votre question que nous devrions permettre que notre culture s'appauvrisse encore davantage ?

L'*advaita* doit être *vécu*. C'est un état dans lequel nous considérons tous les êtres comme notre propre Soi.

Que représente la guerre du Mahabharata ? Quand des pierres brutes sont placées dans un tambour en rotation, elles perdent leurs arêtes aiguisées et deviennent lisses. Ainsi, en servant le monde, le mental perd sa difformité et atteint la nature du Soi : la conscience individuelle s'unit à la conscience universelle. En servant le monde, vous luttez contre les négativités que vous portez en vous, telles que l'ego et l'égoïsme. Tel est le véritable sens de la guerre du Mahabharata ; c'est pourquoi le Seigneur demanda à Arjuna de combattre pour le *dharma*.

Si vous exprimez cet enseignement au travers de vos actions, les autres le comprendront plus clairement que si vous essayez de l'expliquer par des paroles. Tel est le but d'Amma.

Question : Amma, dans ton ashram, est-ce à la dévotion que tu accordes la plus grande importance ? Quand je regarde les prières et les chants dévotionnels, cela ressemble presque à un spectacle.

Amma : Fils, si tu as une petite amie et que tu lui parles, s'agit-il pour toi d'une représentation ? Quand on aime vraiment, on ne voit jamais les choses de cette façon. Mais aux yeux d'un étranger, cela peut apparaître comme un spectacle. C'est la même chose dans ce cas. Pour nous, il ne s'agit jamais d'un spectacle. Nos prières sont l'expression de notre lien avec Dieu. A chaque instant de nos prières, nous sommes plongés dans la béatitude. Lorsque l'amant parle à sa bien-aimée ou bien qu'elle lui parle, cela les rend heureux. Ils sont comblés. Même s'ils parlent pendant des heures, ils n'éprouvent aucun ennui. La prière nous procure une joie comparable. La prière est un dialogue avec le Bien-Aimé en nous, avec notre véritable Soi.

Tu es ce Soi, l'*atman*. Tu n'es pas fait pour être malheureux, jamais. Tu n'es pas l'âme individuelle. Tu es l'Etre suprême. Ta nature est béatitude. Tel est le but de la prière. La vraie prière ne consiste pas en paroles creuses.

Fils, si par dévotion tu entends la prière et les chants dévotionnels, ce sont des pratiques que l'on retrouve dans toutes les religions. Les Musulmans prient et se prosternent en direction de la Mecque. Les Chrétiens prient devant une image du Christ, une croix ou une bougie allumée. Les Jains, les Boudhistes et les Hindous prient également. Toutes ces religions, ont aussi en commun la relation entre maître et disciple. De temps à autre apparaissent parmi nous des prophètes et des maîtres grandement révérés. Ne s'agit-il pas-là de différentes formes de dévotion ? Ceux qui ont appris les Écritures méditent sur les principes du Védanta et avancent ainsi sur la voie spirituelle. N'est-ce pas à cause de leur dévotion envers ces principes qu'ils en sont capables ?

Fils, la véritable dévotion consiste à voir Dieu en chacun et à respecter chacun. Telle est l'attitude que nous devrions cultiver. Notre niveau de conscience devrait être suffisamment élevé pour nous permettre de voir le Divin en tout. Ici en Inde nous n'imaginons pas que Dieu réside dans un paradis. Dieu est partout. Il n'y a rien de plus important dans la vie que de connaître Dieu. Entendre les vérités contenues dans les Écritures, les contempler et les assimiler, c'est réaliser la nature de l'Être suprême. La dévotion est une voie spirituelle qui mène au même but.

Il n'est pas si facile de tourner le mental vers l'intérieur, car il aime vagabonder dans toutes les directions. Ceux qui ont étudié les Écritures préfèrent peut-être la voie du *neti, neti* (pas ceci, pas cela) rejetant leur identification avec tout excepté le Soi. Mais il y a tant de gens qui n'ont rien étudié. Il faut bien qu'eux aussi connaissent le Soi, n'est-ce pas ? Pour eux, la dévotion est la voie la plus pratique.

Certains sont allergiques aux vaccins. Ils pourraient même mourir si on les vaccinait. Quand ils sont malades, ils doivent prendre des médicaments par voie orale. Rien d'autre ne leur convient. Ainsi, Amma prescrit différentes pratiques spirituelles à différentes personnes, selon le *samskara* de chacun. Il est impossible de soutenir que telle ou telle méthode est plus importante que telle autre. Nous pouvons en revanche affirmer que tout ici est fait pour le bien des gens.

Tant que l'eau remplit le lit de la rivière, nous voyons deux rives et nous distinguons entre « ce côté-ci » et « ce côté-là ». Mais si la rivière est à sec, nous ne voyons qu'une étendue continue de sable ; les deux rives et le lit de la rivière font partie du même sol. De même, la notion de « je » et de « toi » ne surgit que parce que nous continuons à avoir le sentiment de l'individualité. Quand l'individualité disparaît, tout est un, complet et parfait (*purnam*). Les deux voies, « pas ceci, pas cela » et la dévotion, mènent toutes deux à l'expérience du Soi.

On peut décrire l'expérience du *neti, neti* de la manière suivante : Un enfant apporte des médicaments à son père alité. Au moment où il entre dans la chambre, il y a une coupure d'électricité. Il se retrouve tout-à-coup dans le noir, il n'y voit rien. Il touche le mur « ce n'est pas cela » ; il touche la porte « pas cela » ; il touche la table « pas cela » ; il touche le lit « pas cela ». Enfin il touche son père. « Oui, c'est bien lui ! » C'est ainsi, en rejetant tout ce qui n'était pas son père, qu'il arrive jusqu'à lui.

Il en va de même pour la dévotion. L'attention d'un vrai dévot n'est fixée que sur Dieu. Il se soucie uniquement de Dieu. Le dévot n'accepte rien d'autre que Dieu. Il n'a qu'une seule pensée, celle du Bien-Aimé.

Un groupe de chercheurs dit : « Je ne suis ni le corps, ni le mental, ni l'intellect ; je suis le Soi. Le mental et le corps sont les causes de la souffrance et du bonheur. » D'autres ont l'attitude « J'appartiens à Dieu. Je n'ai besoin que de Dieu. Dieu est tout. » C'est la seule différence. Commençons à voir qu'il n'y a rien d'autre que Dieu. Telle devrait être notre vie. Nous devrions percevoir Dieu en tout. C'est cela, la vraie dévotion. Lorsque nous voyons Dieu en tout, nous nous oublions nous-mêmes, notre individualité se dissout.

Notre dévotion ne consiste pas à chercher un Dieu assis quelque part dans les cieux. Il nous faut plutôt apprendre à voir Dieu en tout. Un tel dévot n'a pas besoin d'errer en quête de Dieu. Dieu brille en lui, parce qu'il ne perçoit rien comme différent de Dieu. Le but de la prière est d'atteindre cet état. A travers nos prières, nous glorifions la Vérité. Il s'agit d'élever le mental du niveau du corps, du mental et de l'intellect jusqu'au niveau du Soi. Imaginons une ampoule de cent Watts accrochée dans la cuisine et tellement recouverte de suie qu'elle n'a même pas l'éclat d'une ampoule de dix Watts. Enlevons la suie, et l'ampoule brille à nouveau de tout son éclat. De même, les pratiques spirituelles sont le processus qui consiste à enlever nos impuretés. En ôtant le voile qui obscurcit notre divinité innée, nous ferons l'expérience du pouvoir infini qui est en nous. Nous comprendrons que nous ne sommes pas nés pour souffrir, que notre nature réelle est béatitude. Quoi qu'il en soit, il ne suffit pas de parler de ces vérités, il est nécessaire d'effectuer des pratiques spirituelles. Tout le monde a la capacité innée de nager mais c'est seulement en entrant dans l'eau et en s'exerçant que l'on apprend à nager. La dévotion et la prière sont des moyens grâce auxquels nous éveillons le Divin qui est en nous.

Question : On dit que si un chercheur spirituel touche quelqu'un, il perd son pouvoir spirituel. Est-ce vrai ?

Amma : Une petite pile ne contient qu'une quantité d'énergie limitée et s'affaiblit quand on l'utilise. Mais un fil relié au secteur contient toujours de l'énergie. Vous perdrez de même votre pouvoir si vous vous imaginez être l'ego limité, comme une petite pile. Mais si vous êtes relié à Dieu, la source de puissance infinie, comment pouvez-vous perdre votre pouvoir ? L'Infini n'engendre rien d'autre que l'Infini. Si vous allumez mille mèches à partir d'une même flamme, l'éclat de la première flamme ne décroît pas. Il est pourtant vrai qu'un chercheur spirituel peut perdre son pouvoir. Il faut vous montrer très vigilant, parce que vous êtes encore sur le plan du corps, du mental et de l'intellect. Tant que vous êtes sur ce plan, il s'agit de faire très attention. Tant que l'on n'a pas acquis la maîtrise du mental, il est nécessaire de se conformer aux yamas et aux niyamas (les obligations et les interdits sur la voie spirituelle). Ensuite, vous n'avez pas besoin de vous inquiéter s'il vous arrive de toucher quelqu'un. Considérez que ceux que vous touchez sont Dieu, et non des personnes ; ainsi, vous ne perdrez pas votre force ; vous en gagnerez au contraire.

Question : Amma, tu as beaucoup souffert dans ton enfance. Quand tu vois des gens souffrir, est-ce que cela te rappelle ce temps-là ?

Amma : Y a-t-il quelqu'un qui n'ait jamais souffert en ce monde ? Il est vrai qu'Amma a dû traverser beaucoup d'épreuves quand elle était jeune, mais elle ne les a jamais considérées comme des épreuves réelles. La mère d'Amma, Damayanti, tomba malade au point d'être incapable de faire le travail domestique. Dans de telles circonstances, Amma se consola en disant que même si sa propre éducation était interrompue, ses frères et sœurs pourraient terminer leurs études. Elle cessa donc de fréquenter l'école et assuma la responsabilité entière de tous les travaux domestiques.

Elle cuisinait pour toute la famille, préparait le déjeuner à emporter pour ses frères et sœurs, lavait les vêtements de toute la famille, s'occupait des vaches, des chèvres, des canards, des poules et autres animaux et ramassait de l'herbe pour les vaches. Elle soignait également sa mère, Damayanti. Elle passait d'une tâche à l'autre de quatre heures du matin jusqu'à minuit. Grâce à de telles expériences, Amma acquit une connaissance de première main de ce que signifie la souffrance.

Afin de recueillir les épluchures de tapioca pour les vaches, Amma allait dans au moins cinquante maisons. Quand elle venait, dans l'une de ces maisons, les gens étaient en train de manger alors que dans la suivante, les gens n'avaient rien et souffraient de la faim. Les enfants étaient allongés par terre, affaiblis par la faim. Dans une maison, les enfants priaient pour que leurs parents vivent longtemps tandis que chez les voisins, la grand-mère était totalement négligée et plongée dans le désespoir. « Personne ne s'occupe de moi » gémissait la vieille femme, « ils me nourrissent comme on nourrirait un chien. Personne ne m'aide à laver mes vêtements ; tout le monde me crie dessus et me frappe. »

Telle était l'histoire de beaucoup de personnes âgées. Toute leur vie, ils avaient trimé pour leurs enfants. Ils s'étaient usé la santé dans leurs efforts pour fournir ce qu'il fallait à leurs enfants. Mais la vieillesse venue, quand ils se retrouvaient alités et désemparés, il n'y avait plus personne pour s'occuper d'eux. Personne ne se souciait de leur donner même un peu d'eau quand ils avaient soif. Voyant leur souffrance, Amma leur apportait à manger ce qu'elle pouvait trouver dans la maison de ses parents.

Une fois que les enfants ont leur propre famille, leurs propres responsabilités, les mêmes enfants qui priaient pour que Dieu accorde une longue vie à leurs parents les considèrent comme un fardeau, maintenant qu'ils sont âgés. Ils souhaitent s'en débarrasser.

Ils n'aiment autrui que s'ils peuvent en attendre quelque chose en échange. La vache est aimée pour son lait. Si elle cesse de donner du lait, le propriétaire l'envoie à l'abattoir. Amma a ainsi compris qu'il y a toujours un motif égoïste à l'amour profane.

Il y avait un étang près de notre maison. Amma avait l'habitude d'y emmener les vieilles femmes. Elle leur donnait un bain et lavait leurs vêtements. Elle prenait les enfants qui pleuraient de faim, les emmenait chez elle et leur donnait à manger. Son père n'aimait pas cela. Il la disputait en disant : « Pourquoi amènes-tu ici ces enfants sales au nez morveux ? »

En étant témoin direct de la souffrance et des épreuves que traversent les gens, Amma a appris la nature de la vie dans le monde. Quand les gens tombent malades et vont à l'hôpital, ils attendent pendant des heures. Ils finissent peut-être par voir le docteur qui leur fait une ordonnance. Mais où trouver l'argent pour acheter les médicaments ? Amma a vu tant de pauvres gens qui n'avaient pas assez d'argent pour acheter un seul calmant. Dans ce district, les villageois parviennent tout juste à vivre au jour le jour sur leurs maigres gages. S'ils ne travaillent pas pendant une journée, toute la famille a faim. S'ils tombent malades, ils n'ont pas d'argent pour acheter nourriture et médicaments. On voit des malades se tordre de douleur parce qu'ils n'ont pas d'argent pour acheter des calmants. Une seule pilule suffirait pour faire cesser la douleur en quelques minutes. Mais comme ils n'ont même pas assez d'argent pour cela, ils souffrent l'agonie pendant toute la journée.

Amma a vu beaucoup d'enfants en larmes parce qu'ils ne pouvaient pas acheter les feuilles de papier nécessaires pour leurs examens[5]. Certains enfants vont à l'école avec des épines pour

---

[5] Dans certaines écoles gratuites en Inde, les élèves doivent fournir les feuilles de papier pour les examens. Ce n'est pas le cas dans les écoles d'Amma.

fermer leur chemise parce qu'ils n'ont pas les moyens de remplacer les boutons cassés. Amma a vu, entendu et ressenti les souffrances des gens. Elle a ainsi compris la nature du monde. Cela l'a incitée à regarder à l'intérieur. Tout, dans la création, est devenu son *guru*. Même une petite fourmi était son *guru*.

Ayant partagé les chagrins et les soucis des pauvres alors qu'elle était encore enfant, Amma comprend leur douleur et leur souffrance sans qu'ils aient besoin de les lui expliquer. Aujourd'hui, innombrables sont ceux qui traversent des épreuves semblables et viennent voir Amma. Si ceux qui en ont les moyens décidaient d'agir, ils pourraient alléger la souffrance de ces personnes dans une grande mesure. Amma souhaite exhorter ceux de ses enfants qui jouissent d'une certaine fortune à faire preuve de compassion et à servir les pauvres, ceux qui souffrent.

Question : Comment Amma, qui n'a jamais donné naissance à un enfant, peut-elle être considérée comme une mère ?

Amma : Mes enfants, la mère est le symbole du sacrifice de soi. Une mère connaît le cœur de son enfant ; elle connaît ses sentiments. Elle consacre sa vie entière à cet enfant. Une mère pardonne toutes les erreurs de son enfant, parce qu'elle sait bien qu'il ne faute que par ignorance. C'est cela, le véritable amour maternel. Et c'est toute la vie d'Amma. Amma considère chacun comme son enfant.

La culture indienne enseigne aux enfants dès leur plus jeune âge que leur mère est Dieu, l'incarnation de Dieu. Notre culture considère la maternité comme l'apogée de la féminité. Selon la coutume, un homme considère toute femme, à l'exception de son épouse, comme une mère. Une femme aussi s'adresse aux femmes plus âgées qu'elle et à celles qui méritent son respect en employant le mot « mère ». Tel était le statut élevé traditionnellement accordé aux femmes dans notre société. A cause de l'influence d'autres cultures, cette attitude a aujourd'hui en partie disparu. Vous pouvez constater le déclin qui en a résulté dans notre société.

La fibre maternelle est innée en toute femme. Elle devrait être prédominante chez toutes les femmes. Comme les ténèbres s'évanouissent devant les rayons du soleil, toutes les tendances indésirables s'effacent devant la nature maternelle, tant elle est pure. L'amour, le désintéressement et le sacrifice de soi sont les caractéristiques de la nature maternelle. Nous ne pourrons maintenir en vie notre noble culture qu'en développant ces nobles vertus en nous-mêmes.

Amma a le sentiment que sa manière d'être est adaptée à ce but. Vous demandez comment Amma peut être une mère sans avoir jamais enfanté. Mais l'ingénieur qui a conçu le moteur d'un avion ne le connaît-il pas mieux que le pilote ? Une femme n'est pas mère simplement parce qu'elle met un enfant au monde. Il faut que la nature maternelle s'épanouisse en elle. Ainsi, une femme qui a développé la mère intérieure dans toute sa plénitude n'est pas moins une mère qu'une femme qui a donné naissance à un bébé. Et ne considérons-nous pas notre pays natal, notre langue maternelle et notre mère la Terre comme des mères ?

Question : Amma, oeuvres-tu dans notre société en vue d'atteindre un but particulier ?

Amma : Amma n'a qu'un désir : que sa vie soit comme un bâton d'encens. En brûlant, le bâton d'encens répand son parfum et ce sont les autres qui en profitent. Ainsi, c'est en consacrant chaque instant de sa vie à ses enfants qu'Amma veut faire du bien au monde. Elle ne considère pas que le but soit différent des moyens. La vie d'Amma s'écoule en accord avec la volonté divine, voilà tout.

Question : On dit qu'un maître spirituel est essentiel sur le chemin de la spiritualité. Qui fut le guru d'Amma ?

Amma : Tout, en ce monde est le guru d'Amma. Dieu et le guru sont présents en chacun. Mais tant que l'ego persiste, nous n'en avons pas conscience. L'ego agit comme un voile et cache le guru intérieur. Une fois que vous avez découvert le maître intérieur, vous le percevez en tout objet de l'univers. Amma ayant trouvé le guru en elle-même, tout, y compris le moindre grain de sable, devint son guru. Vous pouvez bien, étonné, demander si même une épine était le guru d'Amma. Eh bien oui, chaque épine était son guru ; car si vous vous rentrez une épine dans le pied, vous faites ensuite plus attention en marchant. Cette épine vous permet ainsi d'en éviter d'autres, de ne pas tomber dans un fossé profond. Amma considère également son propre corps comme un guru ; parce que si nous méditons sur la nature impermanente du corps, nous comprenons que le Soi est la seule réalité éternelle. Tout ce qui entourait Amma la conduisait vers le bien, c'est pourquoi elle éprouve un sentiment de respect envers tout ce qui existe.

Question : Amma veut-elle dire que nous n'avons pas besoin d'un maître pour atteindre la réalisation du Soi ?

Amma : Amma ne dit pas cela. Celui qui possède un don inné pour la musique est peut-être capable de chanter toutes les variations mélodiques traditionnelles, les ragas, sans faire aucun exercice particulier. Mais si tout le monde se mettait à chanter des ragas sans entraînement préalable, imaginez le résultat ! Amma ne veut donc pas dire qu'un maître spirituel n'est pas nécessaire ; seuls quelques rares individus dotés d'un degré inhabituel de conscience et d'attention n'ont pas besoin de guru extérieur.

Considérez tout ce que vous rencontrez avec discernement et attention. N'entretenez ni attachement ni aversion envers quoi que ce soit. Alors tout aura quelque chose à vous enseigner. Mais combien d'entre nous possèdent un tel degré de détachement, de patience et de concentration ? Pour ceux qui n'ont pas encore développé ces qualités, il serait extrêmement difficile d'atteindre le but sans prendre refuge en un *guru* extérieur. Le maître authentique éveille votre connaissance intérieure. De nos jours, les gens sont aveuglés par leur ignorance et donc incapables de percevoir le *guru* intérieur. Pour voir la lumière de la connaissance, nous avons besoin de transformer notre vision des choses. Adopter l'attitude d'un disciple, une attitude d'abandon de soi-même, nous aide à y parvenir.

Nous devrions avoir l'attitude d'un débutant. Seul un débutant a la patience nécessaire pour tout apprendre. Le fait que notre corps ait grandi ne signifie pas que notre esprit soit mûr. Si vous souhaitez que votre esprit s'ouvre et devienne aussi vaste que l'univers, il faut que vous ayez l'attitude d'un enfant, parce que seul un enfant peut grandir et se développer. Mais la plupart des gens ont adopté l'attitude de l'ego, du corps, du mental et de l'intellect. C'est seulement quand nous abandonnons cette attitude pour adopter celle d'un enfant innocent que nous avons l'attention nécessaire pour absorber ce que l'on nous enseigne.

Quelle que soit la quantité d'eau qui tombe au sommet d'une montagne, elle n'y reste pas. Elle s'écoule naturellement et remplit un trou dans le sol. De même, si nous avons l'attitude que nous ne sommes rien, tout viendra à nous.

La patience, la conscience et l'attention sont les véritables richesses en ce monde. Elles sont si importantes qu'une personne qui a acquis ces vertus peut réussir n'importe où. Lorsque vous développez ces qualités, votre miroir intérieur, qui vous aide à voir vos impuretés intérieures et à les éliminer, devient spontanément limpide. Vous devenez alors votre propre miroir et vous savez comment éliminer vos impuretés sans avoir besoin de l'aide de personne. Vous obtenez la capacité de vous purifier. Quand vous parvenez à ce stade, vous voyez le *guru* en tout. Vous ne considérez personne comme inférieur. Vous ne discutez pas inutilement. Vous n'avez pas recours à des paroles creuses. Votre grandeur se reflète dans vos actions.

Question : Cela signifie-t-il qu'il est inutile d'étudier les textes spirituels ?

Amma : Il est bon d'étudier le Védanta. La voie qui mène à Dieu vous apparaîtra alors rapidement et clairement. Ceux qui étudient le Védanta comprennent à quel point Dieu est proche, comprennent que Dieu est en eux. Mais de nos jours, la plupart des gens limitent le Védanta à de simples paroles. Nous ne le voyons absolument pas se refléter dans leurs actions. Le Védanta n'est pas un fardeau que l'on transporte avec soi. Il s'agit d'un principe qui doit être implanté dans le cœur et pratiqué par le mental. La plupart des gens ne le comprennent pas et deviennent arrogants. Au fur et à mesure que notre compréhension du Védanta augmente, l'humilité se développe naturellement en nous. Le Védanta nous aide à comprendre que nous sommes l'essence de Dieu. Mais pour que cela devienne notre véritable expérience, il nous faut vivre selon les principes du Védanta. Ecrire le mot « sucre » sur un bout de papier pour le lécher ensuite ne permet pas de savourer le goût du sucre. Pour cela, il faut le goûter. Le simple fait de lire des livres qui parlent de Brahman ou d'en discuter ne nous donnera pas l'expérience de Brahman. Nos actions devraient refléter ce que nous avons lu et étudié. C'est alors seulement que notre connaissance se transforme en expérience. Mais nous avons besoin d'être encouragés dans nos efforts. La vie de ceux qui ont réellement appris et intériorisé le Védanta encourage les autres à suivre la même voie.

Certains restent assis oisifs et déclarent : « Je suis *Brahman*. » Dans ce cas, pourquoi ce *Brahman* (la personne en question) a-t-il pris un corps ? Ne lui suffisait-il pas de rester sans forme ? Maintenant que nous avons ce corps, il nous faut manifester cette vérité (le Védanta) au travers de nos actions. Une fois que nous aurons compris cela, nous serons tout naturellement humbles.

Amma parle de sa propre vie. Elle n'insiste pas pour que les autres l'acceptent ou l'imitent. Avancez en vous fondant sur vos propres expériences. Connaissez-vous vous-mêmes ! C'est tout ce qu'Amma veut dire.

Voici une interview publiée dans le Times of India ; elle a eu lieu pendant la visite d'Amma à New Delhi en mars 1999.

Question : Amma a fondé AIMS[6], l'hôpital super-spécialisé, le projet de maisons gratuites pour les pauvres, Amrita Kutiram, ainsi que beaucoup d'autres activités de service pour les pauvres. Qu'est-ce qui a poussé Amma à lancer tout cela ?

Amma : Amma rencontre chaque jour beaucoup de pauvres. Ils lui confient leurs peines. Amma comprend donc leurs difficultés et leurs besoins et ressent le désir intense d'alléger leurs souffrances. C'est ainsi que chaque projet a démarré. Jamais nous n'avons établi de plan ni recueilli d'argent avant de commencer.

---

[6] Amrita Institute of Medical Sciences (Institut Amrita de Sciences Médicales) à Cochin, Kérala.

A mesure que les projets sont créés, Dieu nous envoie tout ce dont nous avons besoin.

Comprenons que Dieu n'est pas confiné au temple ou à l'église. Dieu est en chacun de nous. Lorsque nous partageons ce que nous avons avec autrui et nous entraidons, nous adorons Dieu.

Aller dans les lieux de culte et prier Dieu pour ensuite se détourner de l'affamé dans la rue, ce n'est pas de la vraie dévotion.

Question : Les déclarations faites par certains philosophes au sujet de l'âme individuelle et de l'Etre suprême ont créé l'impression qu'il n'existait pas de différence entre Dieu et les êtres humains. A les entendre, il semble même qu'il n'y ait pas de différence entre le bien et le mal, le pur et l'impur, le paradis et l'enfer. Est-ce que cela ne contribue pas à effacer la distinction entre ce qui est juste et ce qui ne l'est pas ?

Amma : Tout cela provient d'un malentendu. Si l'on enseigne aux gens le principe de la non-dualité (l'unité de l'âme individuelle et de l'Etre suprême), c'est dans le but d'éveiller la force innée qui demeure en eux et de les guider vers la Vérité. Le Védanta nous dit : « Tu es le Roi des rois, tu n'es pas un mendiant ! » Le fait d'en avoir conscience nous aide à éveiller la puissance infinie qui est en nous. Mais tant que nous n'avons pas réalisé cette unité par l'expérience directe, il nous faut discerner entre le bien et le mal et avancer en suivant la voie juste. Une fois que l'on a réalisé la Vérité ultime, le monde de la dualité cesse d'exister ; il ne reste plus alors que la Vérité et il n'y a plus rien à rejeter comme erroné.

Toute parole et toute action d'une telle âme bénéficient à la société. Le simple fait d'être en contact avec le souffle d'une telle personne contribue à déraciner les tendances négatives que nous portons en nous. Une personne qui a conscience de sa nature divine ne sera jamais troublée par les problèmes qu'elle doit affronter en ce monde. Un véritable adepte du Védanta est celui qui vit réellement dans cet état de non-dualité, et non celui qui se contente d'en parler. Un adepte authentique du Védanta est un exemple pour le monde.

Ceux qui boivent de l'alcool et commettent d'autres actions erronées tout en citant les Ecritures et en déclarant que tout est *Brahman* ne peuvent être considérés comme des êtres spirituels. Nous devons être capables de reconnaître de tels hypocrites. C'est parce que nous en avons été incapables que notre culture est tombée si bas. La spiritualité n'est pas une chose dont on se contente de parler ; il s'agit de la *vivre*.

Question : Une personne égoïste peut-elle par son propre effort devenir désintéressée ? Pouvons-nous changer notre propre nature ?

Amma : Certainement. Si vous comprenez correctement les principes spirituels, votre égoïsme diminue. Une manière très efficace de faire décroître notre égoïsme est d'accomplir des actions sans en désirer le fruit. Nous ne devrions jamais oublier que nous ne sommes que des instruments entre les mains de Dieu. Sachons que nous ne sommes pas les auteurs de nos actions, mais que c'est Dieu qui nous fait tout faire. Si nous cultivons sincèrement cette attitude, l'orgueil et l'égoïsme nous quitteront.

Quelqu'un crie du haut de l'escalier « Je descends tout de suite ! » Mais il n'a pas descendu plus de cinq marches qu'il s'effondre, victime d'une crise cardiaque. Même l'instant qui vient n'est pas entre nos mains. Une fois que nous avons vraiment compris cela, comment pourrions-nous être orgueilleux ? Lorsque nous expirons, il n'y a aucune garantie que nous allons inspirer à nouveau. C'est la puissance de Dieu qui nous porte à chaque instant. Lorsque nous en prenons conscience, nous éprouvons naturellement un sentiment d'humilité et nous commençons à vénérer Dieu. Nous pensons à Dieu à chaque pas. Mais outre cette attitude, il nous faut encore faire un effort. La grâce de Dieu se répandra alors sur nous et nos efforts seront couronnés de succès.

Question : On dit que les épreuves et la souffrance font de nous des êtres meilleurs. Alors pourquoi devrions-nous prier pour être libérés de nos souffrances et de nos maladies ?

Amma : Quand vous êtes malade, vous prenez bien des remèdes, n'est-ce pas ? Même les mahatmas ne rejettent pas l'usage des médicaments. Quand ils tombent malades, eux aussi font le nécessaire pour se rétablir. Cela prouve l'importance de l'effort personnel. La culture indienne ne nous a jamais enseigné à rester oisif, abandonnant tout à Dieu. Efforçons-nous de résoudre nos problèmes et de réduire notre souffrance. Mais nous devrions agir en gardant une attitude d'adoration, sans perdre notre humilité, sachant que Dieu est la puissance qui nous permet d'accomplir toute action. C'est ce que nous enseignent les mahatmas comme les Écritures. Ceux qui accomplissent des pratiques spirituelles en comprenant ces principes, ayant tout abandonné à Dieu, ne se soucient pas de pujas ni de prières pour les soulager de leurs maladies ; ils acceptent aussi bien le bonheur que la souffrance comme la volonté de Dieu. Mais pour les gens ordinaires, qui n'ont pas atteint ce degré d'abandon d'eux-mêmes, il n'y a aucun mal à prier et à faire des pujas, cherchant ainsi un soulagement à leurs souffrances. Ces pratiques leur permettront peu à peu d'atteindre eux aussi le stade de la dévotion désintéressée.

Faisons tout notre possible. Si néanmoins les difficultés persistent, acceptons-les comme la volonté de Dieu, sachant qu'elles sont pour notre bien. Peu importe les difficultés qu'il nous faut affronter, nous devrions toujours savoir que nous reposons dans le giron de Dieu. Cette attitude nous donnera la force nécessaire pour surmonter toutes les situations hostiles.

Certaines personnes traversent de terribles souffrances au cours de périodes définies. Il s'agit parfois d'une longue série de calamités. Il se peut qu'elles soient critiquées pour quelque chose qu'elles n'ont pas fait, qu'on les envoie en prison pour un crime qu'elles n'ont pas commis. Il y a le cas de cet homme qui a eu un accident en allant voir son père à l'hôpital. Il y a beaucoup d'histoires semblables. Pour la plupart des gens, c'est au cours de certaines périodes que les difficultés se produisent. Quoi qu'ils entreprennent alors, ils échouent. Dans certaines familles, toutes les femmes se retrouvent veuves à un âge encore jeune.

Il nous faut étudier ces situations et essayer de les comprendre. La seule explication que l'on peut trouver à de telles tragédies, c'est qu'elles sont le résultat d'actions effectuées par la personne au cours de vies antérieures. Ces résultats se manifestent habituellement au cours de certaines périodes ou de certains transits planétaires. Si les gens consacrent plus de temps à la prière et à l'adoration de Dieu au cours de ces périodes, ils en retireront beaucoup de réconfort. Cela leur donnera également la force mentale nécessaire pour surmonter les obstacles qu'ils doivent affronter.

Les *pujas* accomplies dans les temples *Brahmasthanam* ne sont pas de simples rituels effectués pour mettre fin aux difficultés engendrées par des influences planétaires néfastes ; elles sont aussi une forme de méditation. En outre, grâce aux discours spirituels tenus dans ces temples pendant les *pujas*, les dévots entendent parler des principes spirituels. Cela les incite à mener une vie conforme au *dharma* et à pratiquer la méditation. Et comme les rituels accomplis dans les temples apportent un soulagement à leurs problèmes, leur foi et leur dévotion grandissent.

Question : Est-il nécessaire d'adorer des images ou des statues ? Pourquoi certains textes religieux sont-ils opposés à la vénération des images ?

Amma : Ce n'est pas l'image elle-même que nous adorons. Au travers de l'image, nous vénérons Dieu, qui est omniprésent. L'image est un symbole de Dieu ; c'est un moyen que nous utilisons pour concentrer notre mental. Nous montrons aux enfants des images d'un perroquet et d'un oiseau mynah en leur disant : « Voici un perroquet et voilà un oiseau mynah » C'est nécessaire tant que les enfants sont encore petits. Une fois qu'ils ont un peu grandi, ils n'ont plus besoin d'images pour reconnaître ces oiseaux. Ainsi, au début, certains outils sont nécessaires pour aider le mental de gens ordinaires à se concentrer sur la Conscience divine. A mesure que l'on progresse dans ses pratiques spirituelles, le mental apprend à se concentrer sans recourir à de tels supports. Mais le fait de se concentrer sur une image est un bon moyen d'entraîner le mental à la concentration. En outre, il est impossible de dire que Dieu n'est pas présent dans l'image. Dieu est présent en tout objet, vivant ou inerte. Dieu est donc également présent dans l'image. L'adoration des images est une façon d'entraîner les gens à voir Dieu en tous les êtres, animés ou inanimés, et à développer une attitude d'amour et de service envers le monde.

Imaginez qu'un homme fasse un cadeau à la femme qu'il aime. L'objet ne vaut peut-être que cinq paise[7] mais pour cette femme, il a une valeur infiniment plus grande. Pour elle, il représente l'amour de son bien-aimé.

Nous ne permettons à personne de cracher sur le drapeau de notre nation ou de notre parti politique, même si le tissu ne vaut que quelques euros. Un drapeau n'est pas un simple morceau de

---

[7] Il y a cent paise dans une roupie, qui est la monnaie indienne.

tissu ; une fois qu'on lui a donné le statut de drapeau, il représente un grand idéal. Nous honorons le drapeau à cause de notre amour et de notre respect pour l'idéal qu'il symbolise.

Ainsi, c'est Dieu Lui-même que nous voyons dans l'image que nous vénérons. Elle sert de miroir à la Conscience divine en nous. Nous prions devant l'image les yeux fermés. Elle nous aide à tourner notre mental vers l'intérieur, vers le Dieu qui demeure en nous.

Même les religions qui s'opposent à la vénération des images la pratiquent en réalité sous une forme ou sous une autre. Quand un Chrétien adore la forme de Jésus sur la croix ou quand un Musulman prie en se tournant vers la Kaaba, d'une certaine manière, ils vénèrent une image.

Cette pratique présente un inconvénient, c'est que le dévot s'attache parfois uniquement à l'image, sans comprendre le principe qu'elle représente. Mais une fois que les gens ont compris le principe en écoutant des discours spirituels et en étudiant les Ecritures, il n'y a pas de problème.

Dans nos temples, nous devrions essayer d'offrir aux gens la possibilité de recevoir une éducation spirituelle.

Question : Amma a beaucoup de dévots qui viennent des pays étrangers. Les Occidentaux semblent en général plus orientés vers le service de la société que nous ne le sommes en Inde. Quelle en est la raison ?

Amma : Dans les pays occidentaux, il existe des organisations qui s'occupent de différents problèmes. Quand il se produit une crise ou un désastre, ces organisations prennent la responsabilité de s'occuper des victimes. Les gens leur apportent leur soutien et participent aux activités de service. En outre, les dons effectués peuvent être déduits du montant soumis à l'impôt. Cela encourage les citoyens à faire des dons financiers pour les activités de service. Ces organisations charitables jouent un grand rôle, elles encouragent les gens à cultiver l'habitude de donner. Il y a bien longtemps, la vie des habitants de l'Inde était fondée sur la charité (dana) et sur les offrandes sacrées accomplies pour le bien commun (yagna). De nos jours, les structures et les programmes disponibles pour enseigner ces idéaux ne sont pas assez nombreux.

Question : Le paradis et l'enfer existent-ils réellement ?

Amma : Le paradis et l'enfer existent ici même, en chacun de nous. Ce sont nos propres actions qui créent le paradis et l'enfer. Quand quelqu'un fait une mauvaise action, il doit en accepter les fruits, c'est certain. Voilà ce qu'est l'enfer.

Question : Comment progresser sur la voie spirituelle ?

Amma : Il nous faut d'abord et avant tout purifier notre caractère. Si nous versons du lait dans un récipient malpropre, il tournera. Avant de transvaser le lait, nous devons nettoyer le récipient. Purifier le mental consiste à éliminer toutes les pensées négatives et inutiles ainsi qu'à réduire l'égoïsme et les désirs. Pour y parvenir, il faut faire un effort. Plus que tout, c'est la grâce de Dieu qui nous est nécessaire. Et pour que la grâce de Dieu se répande sur nous, il nous faut certainement être humbles. La dévotion et la méditation nous y préparent.

La méditation nous apporte non seulement la paix intérieure mais aussi la prospérité matérielle. La méditation fondée sur la compréhension des principes spirituels nous ouvre la voie vers l'illumination.

*Voici des extraits d'une interview d'Amma
faite par Michael Tobias, américain et
auteur de films documentaires.*

Question : Amma, qu'est-ce qui, dans ta vie, t'a semblé le plus miraculeux ?

Amma : Rien n'a semblé particulièrement miraculeux à Amma. Pourquoi s'émerveiller de la splendeur extérieure ? Si nous comprenons en revanche que tout est Dieu, tout objet et tout instant de notre vie devient miraculeux. Existe-t-il un miracle plus grand que Dieu ?

Question : On dit que notre amour devrait s'exprimer au travers de nos actions. Que peuvent faire des individus pour mettre cela en pratique et propager la non-violence et la compassion ?

Amma : Nous devons abandonner la notion que nous sommes des individus et agir en ayant conscience du fait que nous sommes des parcelles de la Conscience universelle. C'est alors seulement que nous pourrons pleinement mettre en pratique la compassion et la non-violence. Vous vous demandez si cela est possible ? Mais même si nous n'atteignons pas complètement cet état, ne devrions-nous pas nous efforcer autant que possible d'aimer et de servir autrui, en nous rappelant que tel est notre but ?

Question : Quelle est la réaction d'Amma aux problèmes d'environnement qui se posent actuellement ?

Amma : Il ne sera possible de préserver la nature que le jour où les êtres humains reconnaîtront clairement qu'ils en font partie. L'attitude qui prévaut aujourd'hui nous autorise à exploiter la nature sans discernement. Si nous continuons ainsi, cela aboutira à la destruction de l'humanité elle-même. Les gens d'autrefois étaient prospères parce qu'ils vivaient en harmonie avec la nature.

Les *Puranas* décrivent la Terre comme une vache que l'on trait pour satisfaire tous les besoins. Quand nous trayons une vache, nous devons faire attention à laisser assez de lait pour le veau avant d'en prendre pour nous-mêmes. A cette époque, les gens aimaient et protégeaient la vache. Ils la considéraient comme leur propre mère. Ils avaient la même attitude envers l'ensemble de la nature. Ce qu'il faut aujourd'hui, c'est que nous commencions à honorer Mère Nature autant que nous honorons notre propre mère, celle qui nous a donné naissance. Lorsque notre vision des choses s'améliorera, l'état de l'environnement s'améliorera lui-aussi. Les problèmes écologiques ne peuvent être résolus sans un changement fondamental dans l'attitude intérieure des gens.

Question : Quelle est l'opinion d'Amma au sujet de la protection des poissons et des animaux ?

Amma : L'humanité et la nature sont interdépendantes. Les populations qui vivent dans des zones impropres à la culture, par exemple sur les côtes ou dans des zones glaciaires, dépendent du poisson pour se nourrir. Et il faut bien que les gens abattent des arbres pour construire des maisons et fabriquer différents objets. Tout cela est nécessaire, mais cela devrait être fait uniquement pour répondre aux besoins des humains. A cause de l'avidité excessive des êtres humains, certaines espèces d'animaux, de plantes et d'arbres sont aujourd'hui en voie d'extinction. Beaucoup de formes de vie qui existaient sur terre ont maintenant disparu. Ces espèces ont péri parce qu'elles n'ont pas pu résister aux changements qui se sont produits dans la nature. Quand on l'exploite, la nature perd son harmonie. Si nous continuons à l'exploiter, l'humanité sera détruite, exactement comme d'autres espèces qui se sont éteintes.

Le genre humain fait partie de la nature et de tous les êtres vivants sur la terre. Il nous est permis de puiser dans la nature ce dont nous avons besoin pour survivre, mais nous avons la responsabilité de faire en sorte qu'en profitant de sa générosité, nous ne détruisions pas son rythme et son harmonie.

Vous cueillez par exemple une feuille de jacquier pour en faire une cuillère et manger le *kanji* (gruau de riz que mangent les villageois dans le Kérala). Mais si au lieu de prendre une seule feuille vous arrachez toute une branche de l'arbre, quel sera le résultat ? Une fois que vous l'aurez fait dix fois, l'arbre aura perdu toutes ses branches et il mourra rapidement. En revanche, si vous cueillez quelques feuilles, c'est une petite perte que l'arbre peut facilement surmonter. C'est ainsi que nous devrions considérer les choses quand nous prenons quelque chose dans la nature.

Dieu a créé tous les êtres de la nature de manière à ce qu'ils soient utiles à d'autres. Un petit poisson est dévoré par un gros poisson, lui-même chassé par un poisson encore plus gros. Il n'y a rien de mal à ce que les humains prennent dans la nature ce dont ils ont besoin. Mais dès que l'on prend quelque chose en excès, c'est une forme de violence (*himsa*) contre la nature qui amènera la chute de l'humanité.

Question : Comment réagir aux problèmes sociaux qui se posent à notre époque ?

Amma : Les problèmes actuels sont un grave sujet de préoccupation. Il est essentiel que nous cherchions les causes de ces problèmes et que nous nous en occupions. Mais le changement doit commencer chez l'individu. Quand un individu est transformé, toute sa famille en bénéficie et la société prospère. Essayons donc tout d'abord nous-mêmes de faire le bien. Lorsque nous nous améliorons, cela influence tous ceux qui sont autour de nous ; il se produira aussi des changements en eux. C'est à nous de montrer l'exemple. Nous devrions manifester de la gentillesse et de l'amour envers tous. Seul l'amour désintéressé peut transformer autrui. Nous ne verrons peut-être pas de changement immédiat, mais nous ne devrions jamais perdre espoir ni abandonner nos efforts. Ils auront au moins pour résultat de créer une transformation bienvenue en nous.

Si nous essayons avec persévérance de redresser la queue d'un chien en la mettant dans un tube, la queue ne se redressera pas mais nos biceps se développeront ! Ainsi, si nous faisons un effort dans le but d'agir sur les autres, c'est nous-mêmes qui nous améliorons. Des changements se produiront aussi chez les autres, même si nous ne le voyons pas directement. Et nos tentatives contribueront au moins à empêcher que la société ne dégénère encore plus. C'est grâce à de tels efforts que nous parvenons à garder une certaine harmonie dans la société.

Quelqu'un qui nage à contre-courant n'avance peut-être pas d'un centimètre ; mais ses efforts lui permettent de se maintenir à flot, sans être emporté par le courant. S'il abandonne, il se noie. Ainsi, il est essentiel de persévérer dans nos efforts.

Vous vous demandez peut-être : « A quoi cela sert-il qu'une personne lutte seule dans la société, dans un monde si rempli de ténèbres ? » Chacun de nous a une bougie, la bougie de l'esprit (*manas*). Allumez cette bougie avec la flamme de la foi. Ne vous inquiétez pas de savoir comment vous pourrez bien parcourir une si longue distance avec une si petite lumière. Faites un pas à la fois. Vous découvrirez qu'il y a assez de lumière pour vous éclairer à chaque pas le long du chemin.

Un homme se trouvait sur le bord de la route, complètement abattu. Un passant le vit et lui sourit. Ce sourire eut un effet immense sur cet homme qui avait perdu tout espoir. Le simple fait que quelqu'un se soucie assez de lui pour le regarder et lui sourire lui donna un regain d'énergie. A ce moment-là, il se rappela un ami qu'il n'avait pas vu depuis longtemps et il lui écrivit une lettre. Son ami fut si heureux de recevoir cette lettre qu'il donna dix Euros à une femme pauvre. Avec cet argent, la femme acheta un billet de loterie. Et O miracle, elle gagna le gros lot ! En rentrant chez elle avec l'argent du prix, elle vit un mendiant malade qui gisait sur le trottoir. Elle pensa : « C'est grâce à Dieu que j'ai eu cette bonne fortune. Je vais en utiliser une partie pour aider ce pauvre homme. » Elle l'emmena à l'hôpital et fit le nécessaire pour qu'on le soigne. Quand le mendiant sortit de l'hôpital, il vit un petit chiot abandonné et affamé qui tremblait de froid, trop faible pour marcher. Le chiot gémissait misérablement et il fit fondre le cœur du mendiant qui le ramassa, l'enveloppa dans un morceau de tissu et alluma un petit feu au bord de la route pour le réchauffer. Il partagea sa nourriture avec le chiot qui grâce à tout cet amour et à ces soins, retrouva vite son énergie. Le chiot suivit le mendiant qui s'arrêta ce soir-là devant une maison et demanda s'il pouvait passer la nuit sous le porche avec le petit chien. La famille qui demeurait là le leur permit. Au cours de la nuit, le mendiant et tous les habitants de la maison furent réveillés par les aboiements incessants du chiot. Ils découvrirent que la maison était en feu, juste à côté de la chambre de leur enfant ! Ils réussirent de justesse à sauver l'enfant et, unissant leurs efforts, à éteindre le feu. Un bien en amena donc un autre. C'est parce qu'elle avait donné asile au mendiant et au petit chien que cette famille fut sauvée. L'enfant devint plus tard un saint. D'innombrables personnes trouvèrent la paix et la joie en sa compagnie.

Si nous analysons cette histoire, nous voyons que toutes ces bonnes actions découlent d'un sourire. La personne qui a souri n'a pas dépensé un seul centime, elle a simplement souri à un homme dans la rue. Et ce sourire a transformé la vie d'un grand nombre de personnes. Ce simple sourire a illuminé leur vie.

Le plus petit geste que nous avons pour autrui peut apporter une transformation dans la société. Nous n'en prendrons peut-être pas conscience tout de suite, mais toute bonne action porte infailliblement des fruits. Assurons-nous donc que nous agissons toujours d'une manière bénéfique pour les autres. Un simple sourire a une valeur énorme. Et il ne nous coûte rien. Malheureusement, il est courant de nos jours de rire en se moquant des autres. Ce n'est pas ce qu'il nous faut. Nous devrions en revanche être capables de rire de nos propres défauts et faiblesses.

Nul n'est une île solitaire. Nous sommes tous reliés les uns aux autres comme les maillons d'une chaîne. Que nous en ayons conscience ou pas, nous influençons les autres au travers de nos actions. Les changements qui se produisent chez un individu se reflètent chez les autres.

Il est vain de déclarer que nous n'essaierons de nous améliorer qu'une fois que les autres auront changé. Si nous sommes prêts à changer, même si les autres s'y refusent, nous verrons des changements se produire également dans la société. Ne vous découragez pas si vous ne voyez pas de résultat tangible en vous-même. La transformation se produit à l'intérieur. Tout changement salutaire qui se produit en nous ne manquera pas d'entraîner une transformation au sein de la société.

Question : Le sourire d'Amma semble avoir quelque chose de spécial. Quelle en est la raison ?

Amma : Amma ne sourit pas délibérément, ce sourire est naturel. Lorsque l'on connaît le Soi, il n'y a que la béatitude. Après tout, un sourire est l'expression spontanée de cette béatitude. L'éclat de la pleine lune qui brille au firmament a-t-il besoin d'explication ?

Question : Mais nous voyons parfois des larmes dans tes yeux, surtout quand tu réconfortes des gens qui souffrent. Ta béatitude naturelle est-elle affectée par les situations extérieures ?

Amma : Le mental d'Amma agit comme un miroir. Un miroir reflète tout ce qui apparaît devant lui. Quand les enfants d'Amma pleurent, leur chagrin se reflète en elle et les larmes viennent. Amma souhaite qu'ils trouvent la paix intérieure. Amma paraît peut-être souffrir mais dans son Soi profond, elle ne ressent aucune souffrance.

Le discours immortel

C'était en mars 1995, alors qu'Amma et les autres résidents de l'ashram rentraient à Amritapuri après les cérémonies d'installation du temple Brahmasthanam à Delhi. Le voyage dura une semaine. Même en voyage, Amma veillait à ce que les pratiques spirituelles de Ses enfants ne soient pas interrompues. On roulait toute la journée mais, à l'approche du crépuscule, tout le groupe s'arrêtait près d'une rivière ou d'un lac. Après la baignade, tous se rassemblaient autour d'Amma pour méditer et chanter des bhajans.

Au soir du troisième jour, malgré tous les efforts, il s'avéra impossible de trouver une rivière ou un étang. Amma, remarquant que tous étaient inquiets, craignant qu'il n'y ait pas baignade ce soir-là, déclara : « Nous allons nager, mes enfants ! Nous n'en serons pas privés. Il y a bien de l'eau quelque part. » Amma fit arrêter le bus à un certain endroit. On interrogea les gens du coin, qui répondirent : « Il n'y a ni lac ni rivière par ici, l'eau est rare. » Lorsqu'on Lui rapporta cette réponse, Amma consola tout le monde en disant : « Non, non, le mental d'Amma dit qu'il y a de l'eau non loin d'ici. Allez leur poser de nouveau la question ! » Les brahmacharis repartirent donc pour interroger les habitants. L'un d'entre eux se rappela soudain : « Ah oui ! Il y a une carrière pas loin d'ici. On l'a exploitée, puis elle s'est remplie d'eau pour former comme un petit lac. »

Amma et le groupe suivirent leurs indications. Après une courte marche, ils arrivèrent au bord de deux petits lacs d'eau claire. Tous nagèrent avec Amma autant qu'ils le désiraient. Puis ils se rassemblèrent autour d'Elle pour méditer et se joignirent à Elle pour chanter des bhajans. C'est alors qu'Amma entra en extase. Elle leva les bras vers le ciel et s'écria, « Venez vite, mes enfants chéris ! Venez en courant ! » Tout le monde resta assis un moment en silence, plongé dans la béatitude. Puis un Français nommé Daniel rompit le profond silence. « Amma, lorsque nous nageons avec Toi, nous éprouvons une grande joie. C'est un peu comme si nous étions allés dans l'Himalaya et que nous ayons pris un bain dans le Gange. Lorsqu'Amma a annulé Sa visite à Rishikesh, nous avons été déçus à l'idée que nous n'aurions pas l'occasion de nous baigner dans le Gange. Maintenant, nous n'avons plus ce sentiment. »

Amma : Mes enfants, les temples, les eaux sacrées, contribuent à guider les gens ordinaires vers la spiritualité, mais seulement jusqu'à ce qu'ils trouvent un satguru . Celui qui s'est abandonné à un satguru n'a pas besoin de partir en quête d'une rivière sacrée. Un mahatma est le confluent de toutes les eaux saintes. S'abandonner totalement à un maître revient à se baigner dans toutes les rivières sacrées.

Un proverbe dit que le *guru* demeure à Bénarès[8] et que l'eau utilisée pour lui laver les pieds est le Gange. Et il est vrai que l'eau qui touche les pieds d'un *mahatma* est « l'eau du Gange ». L'eau de la *pada puja*[9] est remplie de l'énergie du *mahatma*. Il est inutile d'aller à Bénarès ou ailleurs si l'on boit l'eau de la *pada puja*. Il n'y a rien de plus purifiant que l'eau de la *pada puja* ; c'est le véritable Gange.

Question : Amma, d'où vient la sainteté et la pureté des rivières sacrées ?

---

[8] Bénarès est considéré comme un des lieux les plus sacrés de l'Inde.
[9] La pada puja est un rituel au cours duquel on lave les pieds du guru.

Amma : Toutes les rivières ont leur source dans les montagnes. Il n'y a pas de différence entre les eaux qui s'écoulent des montagnes pour aller former les différentes rivières. Comment alors expliquer que l'on n'attrape pas de maladies lorsqu'on se baigne dans le Gange ? [10]

Bien des *mahatmas* se baignent dans les rivières telles que la Narmada et le Gange et de nombreux ascètes méditent sur leurs rives. C'est ce qui les sanctifie. Une rivière devient sacrée lorsque des *mahatmas* s'y baignent. Leurs pures vibrations se dissolvent dans l'eau. Quand on se baigne en compagnie d'un *mahatma*, c'est comme si on goûtait un peu de la béatitude de *Brahman* (la Réalité absolue, l'Être suprême). Se baigner où que ce soit en présence d'un *mahatma* revient à se baigner dans le Gange.

Quoi qu'il en soit, c'est la foi qui est le fondement de tout. Pour celui qui possède amour et foi, toutes les eaux peuvent devenir saintes. Connaissez-vous l'histoire de Pakkanar ? Un brahmane s'apprêtait à partir en pèlerinage à Bénarès. Il invita Pakkanar à venir se baigner avec lui dans le Gange et à se rendre au temple pour avoir le *darshan* du Seigneur Vishvanath de Bénarès. Mais Pakkanar ne pouvait pas partir avec lui. Il lui dit : « Puisque tu y vas de toutes façons, je te serais extrêmement reconnaissant si tu pouvais plonger mon bâton de marche dans le Gange sacré et me le rapporter. » Le brahmane accepta et prit donc le bâton. Mais à Bénarès, pendant qu'il se baignait dans le Gange, celui-ci fut emporté par le courant. A son retour, le brahmane expliqua à Pakkanar comment il avait perdu le bâton. Pakkanar lui dit : « Ne t'inquiète pas, je vais le récupérer. » Il plongea alors profondément dans un étang qui se trouvait près de chez lui et remonta à la

---

[10] Amma fait ici référence à la pollution actuelle du Gange, aux égouts qui s'y déversent, aux millions de gens qui s'y baignent et à tous les cadavres que l'on abandonne dans le fleuve.

surface avec le même bâton qu'il avait confié au brahmane ! Il dit alors à celui-ci : « Si tu as assez de foi, n'importe quelle eau peut devenir l'eau du Gange sacré ; et si tu n'as pas la foi, le Gange et la Yamuna ne sont que des rivières tout à fait ordinaires. »

Question : Donc, quand Amma est avec nous, toutes les eaux sacrées sont présentes. Certains sont cependant allés à Rishikesh et à Haridvar[11].

Amma : Leur abandon d'eux-mêmes est limité. Une fois que l'on a rencontré un mahatma, il faut avoir la foi innocente d'un enfant, s'abandonner au mahatma comme un enfant. Si quelqu'un part en quête des eaux sacrées après avoir rencontré un maître spirituel, cela signifie que sa foi n'est pas encore ferme. Vous pouvez tout obtenir d'un satguru, il est inutile d'aller où que ce soit, en quête de quoi que ce soit.

Connaissez-vous l'histoire de Ganesh ? Ganesh et Muruga virent que leur mère Dévi Parvati (la Mère divine) tenait un fruit splendide. Ils allèrent tous les deux le Lui demander. La Mère divine promit de donner le fruit à celui qui parviendrait le premier à faire le tour du monde. Muruga enfourcha son paon et partit aussitôt. Mais Ganesh, sachant que l'univers entier demeurait à l'intérieur de ses divins parents, ne partit pas. Il tourna autour de ses parents et demanda le fruit à sa mère. La déesse le lui donna avec joie. C'est celui qui savait que la création entière était contenue à l'intérieur de Shiva et de Parvati qui reçut le fruit de l'immortalité. De même, si vous prenez refuge en un *satguru*, tout vous sera donné. Les pieds sacrés du *guru* contiennent toutes les divinités, tous les mondes. Une fois que vous avez foi en un maître

---

[11] Quand Amma annula son voyage dans l'Himalaya, certains dévots occidentaux allèrent par eux-mêmes dans ces deux endroits, siués sur les contreforts de l'Himalaya.

spirituel, rien ne devrait plus ébranler cette foi. Elle devrait être immuable et constante.

Il n'est pas toujours facile de vivre auprès d'Amma. Il vous faudra peut-être affronter de la souffrance et des difficultés. Dès que vous rencontrerez quelques difficultés mineures, il se peut que vous ayez envie de partir ; l'un aura envie d'aller à Bénarès, l'autre à Haridvar ou bien dans l'Himalaya pour s'adonner à des pratiques spirituelles. Mais, mes enfants, vous n'avez pas conscience de la manière dont un *mahatma* travaille sur vous. Vous ne comprenez pas et vous êtes désarçonnés. Amma opère de l'intérieur, très profondément, sans faire aucune incision extérieure. Elle opère et crée de profondes transformations. De manière subtile, elle enlève vos *vasanas*. Vous ne le voyez pas. Il est peut-être nécessaire de retirer beaucoup de choses. Amma fait sortir le pus des blessures que vous portez en vous et c'est parfois douloureux. Il y a beaucoup de choses à extraire. C'est un peu comme si on déplaçait un aimant sous une table sur laquelle seraient disposées des particules de fer. Vous ne voyez que les particules, l'aimant reste caché. Quand il se déplace, les particules sur la table bougent et changent de disposition, sans que vous compreniez pourquoi ni comment. Vous ne comprenez pas, et comme le processus est douloureux, vous avez peut-être envie de fuir.

En présence d'un *mahatma*, vos *vasanas* meurent rapidement. Quand elles sont toutes mortes, la réalisation se produit.

Mes enfants, si vous accomplissez des pratiques spirituelles seuls, vous ne réussirez peut-être pas à annuler le *prarabdha* de cent vies. Mais si vous restez en présence d'un *satguru* et faites des pratiques spirituelles, il est possible d'annuler le *prarabdha* de mille vies.

Si vous faites des pratiques spirituelles en présence d'un *satguru*, c'est comme si vous creusiez un petit trou près d'une rivière : vous trouverez de l'eau à coup sûr. Faire des pratiques spirituelles seul revient à creuser dans du roc.

Un disciple qui s'est complètement abandonné au maître ne le quittera jamais. L'idée de partir ne lui viendra même pas à l'esprit. Même si Dieu apparaît, le disciple préférera rester avec le maître plutôt que de suivre Dieu ; entre Dieu et le maître, il choisira le maître.

Il était une fois un grand sage qui avait de nombreux disciples. Il les convoqua tous un jour et leur déclara : « A cause des fruits de mes actions passées, ce corps va bientôt être affligé de la lèpre et de la cécité. Je vais partir demeurer à Bénarès. L'un d'entre vous est-il prêt à me suivre pour me servir pendant les jours de souffrance à venir ? »

Les disciples se regardèrent mutuellement ; leur visage exprimait le saisissement et la crainte. Mais personne ne dit rien. Alors le plus jeune des disciples se leva en disant : « Maître révéré, je viendrai avec vous. »

Mais le maître répliqua : « Non, non, tu es trop jeune, tu ne sais pas ce que signifie servir. »

Le jeune répondit : « Maître vénéré, je suis prêt, je ne manquerai pas de vous accompagner ! » Le maître s'efforça de l'en dissuader, mais le disciple ne céda pas, tant son désir de servir le maître était intense. Le maître et son jeune disciple voyagèrent donc jusqu'à Bénarès. Peu après leur arrivée, le maître contracta la terrible maladie et perdit la vue. Jour et nuit, le disciple servit son maître avec dévotion. Jamais il ne le laissait seul, sinon pour aller mendier leur nourriture ou laver les vêtements du maître. Il s'occupait constamment de lui et faisait tous les efforts possibles pour satisfaire ses moindres besoins. En dépit de la dévotion inébranlable du jeune et de son complet dévouement, le maître le disputait souvent sévèrement et l'accusait de fautes qu'il n'avait pas commises. Il le réprimandait en lui disant que les vêtements étaient mal lavés ou que la nourriture était pourrie. A d'autres moments, il se montrait cependant tendre et aimant, disant qu'il lui donnait beaucoup de mal.

Le dieu Shiva apparut un jour au disciple et dit : « Je suis très satisfait de ta dévotion et de ton dévouement envers ton maître, tu peux me demander une faveur. » Mais le disciple ne voulait rien demander sans obtenir tout d'abord la permission de son maître. Il courut donc trouver le maître et lui dit : « Mon *guru* révéré, puis-je demander au dieu Shiva la faveur de guérir votre maladie ? »

Le maître répondit avec colère : « Tu n'es pas mon disciple mais mon ennemi ! Désires-tu me faire souffrir encore plus en m'obligeant à renaître ? Ne souhaites-tu pas que j'épuise mon *prarabdha* maintenant et que je sois libéré en cette vie ? »

Le disciple revint tout triste dire à Shiva : « Seigneur, pardonne-moi mais mon maître ne m'autorise pas à demander la seule chose que je désire. Quant à moi, je ne désire rien pour moi-même. »

Les années passèrent et le disciple, incarnation de la dévotion, continua à servir le maître avec le même amour, le même abandon inébranlable de lui-même. Un jour, alors qu'il se rendait en ville pour mendier de la nourriture, le dieu Vishnou lui apparut et dit : « Mon enfant, je suis très satisfait de ta dévotion et de ton dévouement envers ton maître. Je suis prêt à t'accorder n'importe quelle faveur. Tu n'as rien demandé au Seigneur Shiva. Ne me déçois pas, moi aussi. »

Le disciple demanda au Seigneur : « Je ne T'ai pas servi, je ne me suis même pas souvenu de Toi chaque jour et pourtant, Tu es content de mon service. Comment est-ce possible ? »

Le dieu Vishnou lui sourit et répondit : Il n'y a pas de différence entre le maître et Dieu. Dieu et le *guru* ne font qu'un. C'est la manière dont tu sers ton maître qui me satisfait. »

De nouveau, le disciple alla demander à son maître la permission de demander une grâce. Le maître déclara : « Si tu désires quelque chose, demande. Mais ne demande rien pour moi. » Le disciple retourna auprès du dieu Vishnou et dit : « O Seigneur, donne-moi plus de connaissance et de sagesse, afin que je comprenne mieux comment servir mon maître selon son désir. La plupart du temps, à cause de mon ignorance, je ne parviens pas à saisir ce qu'il souhaite. Ô Seigneur, accorde-moi la connaissance nécessaire pour servir mon maître comme il convient. » Sa requête plut au dieu Vishnou qui dit : « Qu'il en soit ainsi. »

Quand le disciple retourna près de son maître, celui-ci l'interrogea pour savoir quelle faveur il avait demandé au Seigneur. Le disciple lui raconta ce qui s'était passé.

Soudain, tous les symptômes de la lèpre disparurent du corps du maître et il retrouva la vue. Il sourit à son disciple ébahi et le serra dans ses bras.

Le *mahatma* s'était volontairement infligé la lèpre et la cécité pour mettre à l'épreuve la dévotion et le dévouement du plus jeune de ses disciples. Etabli dans la vérité suprême, il n'avait aucun *prarabdha* à épuiser. Il bénit son disciple en lui accordant la connaissance suprême et déclara : « Je suis très satisfait de ta dévotion. Les disciples qui servent leur maître avec autant de dévotion et de dévouement que toi sont à l'abri de tout danger. Que tous les disciples à venir et leurs disciples soient bénis à cause de toi. »

Mes enfants, vous êtes actuellement comme des petits bébés : vous jouez et vous riez avec Amma en jouissant de sa compagnie. Mais vous ne comprenez pas ce que fait Amma ni qui elle est réellement. Vous ne regardez que la Mère extérieure ; presque personne ne s'intéresse à la Conscience suprême, à la Mère intérieure. Le désir brûlant de connaître le Soi qui demeure à l'intérieur n'existe pas chez vous. Vous ne voulez pas réellement la véritable Mère.

Quand un bébé pleure, sa mère lui met une tétine dans la bouche et le bébé la suce. Mais en réalité, un bébé qui a faim a besoin de lait. Ici les bébés se contentent de sucer des tétines qui ne donnent pas de lait. Le monde extérieur est comme une tétine. Vous, les enfants, vous vous contentez de rire et de jouer. Vous vous amusez avec les objets des sens. Amma vient à l'endroit où vous êtes en train de jouer et vous met de la nourriture dans la bouche. Mais vous êtes si absorbés par votre jeu que vous n'appréciez pas la valeur de la nourriture qu'Amma vous donne. Vous ne progresserez pas si vous vous contentez de vous promener et d'aller visiter les temples et les lieux sacrés.

Mes enfants, cultivez l'innocence. Votre innocence et la pureté de votre cœur vous sauveront. Tout est possible avec la foi et la confiance d'un enfant.

Question : Mais nous n'avons pas cette innocence, Amma. N'avons-nous pas perdu notre cœur d'enfant ?

Amma : Non, vous n'avez pas perdu cette innocence. Elle est encore présente en vous. Lorsque vous jouez avec un petit enfant, est-ce que vous ne devenez pas comme un enfant ? Vous vous mettez à son niveau. Quand vous mettez de la nourriture dans la bouche d'un enfant, vous ouvrez aussi la bouche pour vous faire nourrir, comme un enfant, n'est-ce pas ? Quand nous jouons avec les enfants, nous oublions tout pour devenir comme eux. Nous partageons leur joie. Nous oublions notre égoïsme parce que nous ne faisons plus qu'un avec le cœur innocent des enfants.

Mais la tête fait souvent obstacle au cœur. Il nous faut délaisser le mental rationnel et plonger profondément dans le cœur.

Choisissez le cœur, mes enfants. Si on laisse traîner un mélange de sucre et de sable, les fourmis viennent et grignotent le sucre. Elles savourent la douceur du sucre. Mais un être humain qui fonctionne à partir de l'intellect en est incapable. Il ne fait qu'égratigner toute chose avec l'intellect. Pour que nous puissions goûter le sucre, il nous faut ouvrir notre cœur.

Question : Amma, sans que nous en ayons conscience, nous nous laissons entraîner par le mental. Que pouvons-nous y faire ?

Amma : Mes enfants, jusqu'à présent vous avez placé votre confiance dans le mental. Mais celui-ci ressemble à un singe qui saute de branche en branche, d'une pensée à l'autre, et il continuera jusqu'au dernier moment. Le mental sera présent jusqu'au dernier moment. Si vous faites de lui votre compagnon, c'est comme si vous preniez pour ami un imbécile : il vous causera toujours des ennuis. Vous n'aurez jamais aucune paix. La compagnie des sots nous rendra sot. Il est stupide de placer sa confiance dans le mental et de faire ce qu'il veut. Ne vous laissez pas piéger par le mental. Rappelons-nous toujours le but : la réalisation du Soi. Veillons à ne pas nous laisser égarer par les distractions qui apparaissent le long du chemin.

Vous portez avec vous tous vos *samskaras*, il vous faut donc avancer peu à peu, pas à pas. C'est un processus lent qui requiert la foi et la confiance. Il est important que vous vous détachiez de vos pensées et que vous refusiez de vous laisser entraîner par le mental.

Question : Amma, j'ai beau faire beaucoup d'efforts pour éviter d'avoir de mauvaises pensées, elles continuent à surgir dans mon mental.

Amma : Ne crains rien ! N'accordez aucune importance à de telles pensées lorsqu'elles apparaissent. Imaginez que vous soyez en train de faire un pèlerinage en bus. Par la fenêtre, vous regardez le paysage. Parfois la vue est belle, parfois elle ne l'est pas. Mais aussi fascinant que soit le paysage, nous l'oublions dès qu'il est passé. Nous n'arrêtons pas le bus chaque fois que nous voyons quelque chose de beau. Nous en apprécions la beauté mais nous continuons notre voyage, en gardant notre but à l'esprit. Sinon, jamais nous n'arriverons. Il faut que nous restions concentrés sur notre destination. Que les pensées et les vasanas qui se lèvent dans votre mental passent comme le paysage qui défile à travers la fenêtre du bus. Ne vous laissez pas captiver par elles et elles ne vous affecteront plus beaucoup.

Le mental a deux aspects. D'un côté, il regarde avec intensité en direction du but et aspire ardemment à la réalisation. De l'autre côté, il regarde vers le monde extérieur. Et la bataille fait rage entre ces deux aspects. Tant que vous n'accordez aucune importance aux pensées qui surgissent dans le mental, il n'y a aucun problème.

Votre mental ressemble actuellement à un miroir placé au bord de la route : il reflète tout ce qui passe. De même, le mental suit tout ce que nous voyons ou entendons. Il nous manque cependant une des qualités que possède le miroir : bien qu'il reflète tout avec netteté, rien ne l'affecte. Tout objet disparaît dès qu'il est hors de portée du miroir. Le miroir n'est attaché à rien. C'est ainsi que devrait être notre mental. Tout ce que nous voyons, entendons ou pensons, nous devrions pouvoir l'oublier aussitôt, comme nous oublions le paysage qui défile par la fenêtre du bus. Nous ne devrions être attachés à rien. Sachant que les pensées qui apparaissent et disparaissent appartiennent au mental et n'affectent pas le Soi, vivez comme un simple témoin.

Si vous désirez savourer la beauté d'une rivière au flot rapide, admirer non seulement ses eaux mais aussi les poissons ainsi que les autres créatures et objets qui se trouvent dans l'eau et qui composent une rivière, mieux vaut rester sur la berge pour tout regarder. Si vous sautez dans l'eau, le courant pourrait bien vous emporter et vous pourriez même vous noyer sans pouvoir savourer la beauté de la rivière. Vivez ainsi, comme un témoin, sans vous laisser emporter par le flot du mental. Apprenez à vous en détacher.

Nous devons être capables de contrôler notre mental et avoir la force de l'arrêter, exactement comme les freins d'une voiture neuve contrôlent la vitesse et arrêtent le véhicule si c'est nécessaire.

Les gens ont foi en leur mental au lieu d'avoir foi dans le maître spirituel. Mais faire confiance au mental revient à se mettre à la merci d'un imbécile. Le mental est stupide. Il ne reflète que la surface de tout ce qu'il voit, sans jamais accéder à la vérité plus profonde.

Le *satsang* est très important. Ces activités vous aideront à développer votre faculté de discernement et vous apporteront la paix. L'effort personnel est également nécessaire.

Le chemin qu'il nous faut emprunter est plein d'obstacles. Une vigilance constante est nécessaire, comme si nous traversions un pont resté inutilisé pendant longtemps et couvert de boue glissante : nous risquons la chute à tout instant, et il nous faut donc faire très attention à chaque pas. Si jamais il nous arrive de tomber, nous devons nous relever. Si la chute se produit, c'est en fait pour que nous apprenions à nous relever. Le succès et l'échec constituent la nature même de la vie. A partir de maintenant, soyez plus attentifs à chaque pas. Il n'est pas bon de rester passif lorsqu'on se trouve dans une situation difficile, négative. Sachez que le risque d'une chute demeure jusqu'au dernier moment, jusqu'à la veille de la libération.

Lorsque les désirs, la colère et la jalousie naissent dans le mental, à nous d'utiliser notre discernement. Soyez vigilants en avançant, mes enfants, car une chute est possible à tout instant.

Question : Dans le cas d'une chute, Amma nous aidera-t-Elle à nous relever ?

Amma : Sachez qu'Amma est toujours avec vous. Ayez foi. Mes enfants, il est inutile d'avoir peur. Mais de votre part, l'effort et la persévérance sont nécessaires. Si vous appelez Amma avec innocence et foi, Elle est toujours prête à vous aider. Si vous tombez, relevez-vous. Transformez la chute en ascension.

Question : Les mahatmas qui ont réalisé le Soi connaissent-ils l'attraction ou la répulsion ?

Amma : Non, dans cet état tout est identique ; il n'y a pas de préférences. Il n'y a que le témoin qui observe tout. Un mahatma maîtrise son mental et peut toujours dire non. Si le mahatma désire jouer le jeu, il utilise son mental pour le faire, mais il peut le maîtriser et interrompre le jeu à tout instant. Le mental d'un mahatma est pareil aux freins d'une voiture de luxe : un coup de frein, et la voiture, même lancée à grande vitesse, s'arrête aussitôt sans déraper. Les gens ordinaires sont esclaves de leur mental ; ils font seulement ce qu'il leur dicte. Mais un mahatma contrôle son mental fermement ; ce dernier n'a aucun pouvoir sur le mahatma, qui se contente d'être le témoin de tout. Amma parle des mahatmas authentiques, non de ceux qui se promènent partout en proclamant qu'ils sont libres de tous liens alors qu'ils ont encore en eux des désirs et de la colère.

Le Seigneur du Yoga – Celui qui protège le Dharma

Question : La personnalité du Seigneur Krishna imprègne toute l'histoire de la culture indienne. Beaucoup de Ses actions sont toutefois difficilement explicables. Certaines pourraient même nous paraître injustes. Que répondez-vous à cela ?

Amma : Quiconque a réellement compris l'Être Suprême, Sri Krishna, ne nourrit aucun doute au sujet de Ses actions. Sa vie continuera à être un modèle pour les générations à venir, comme elle l'a été dans le passé. Sa gloire est insurpassable. L'histoire de sa vie constitue une source de joie et d'inspiration pour tous, quel que soit leur milieu social.

Si un restaurant n'offre qu'un seul plat au menu, il n'attire que les clients qui aiment ce plat précis. Mais s'il propose une grande variété de mets, toutes sortes de gens y viendront. L'enseignement de Krishna convient à tous. Il n'est pas venu pour une section particulière de la société. Il a montré la voie du progrès spirituel à tous, même aux prostituées, aux voleurs et aux assassins.

Le Seigneur nous invite à suivre notre *dharma*. Il ne nous incite ni à commettre des actions injustes ni à persister à nous livrer à des actes contraires au *dharma*. Il nous exhorte à vivre en accord avec notre vrai *dharma* et à lui rester fidèle en toutes circonstances, pour progresser vers le but ultime de la vie.

Le Seigneur ne nous demande pas de perdre notre temps à ruminer nos erreurs passées et à nous lamenter sur elles. Il nous enseigne à corriger nos erreurs et à avancer. Il n'existe aucun péché qui ne puisse être lavé par les larmes du remords. Mais une fois que nous savons distinguer entre ce qui est juste et ce qui ne l'est pas, veillons à ne pas répéter notre erreur. Il s'agit de développer assez de force mentale pour rester sur la bonne voie. Le Seigneur nous a enseigné comment y parvenir. Il a enseigné à chacun une voie appropriée. Il a enseigné à chacun comment s'élever à partir du niveau où il se trouve. Il nous a montré la manière de le faire. La voie qui convient à une personne ne convient pas nécessairement à une autre. Cela ne reflète aucune imperfection chez le Seigneur ou bien dans Son enseignement. Il prend simplement en compte le fait que les gens ont des *samskaras* différents.

L'Etre suprême, Sri Krishna, est venu pour élever tous les êtres. Si les gens mettent en question certaines de Ses actions, c'est uniquement parce qu'ils n'essayent pas réellement de Le comprendre. Si nous contemplons un paysage depuis le sol, nous voyons des collines et des vallées, des champs et des forêts. Mais si nous le regardons du haut du ciel, nous ne voyons qu'une seule étendue de verdure. En réalité, tout dépend donc de notre point de vue.

Si nous survolons les actes du Seigneur dans la perspective adéquate, nous voyons clairement que chacun d'entre eux avait pour but d'élever les gens spirituellement. Quoi qu'il en soit, avec des yeux teintés par le doute, nous ne verrons que des erreurs. Ceux qui contemplent le monde ainsi ne peuvent rien voir de bon en personne. Ce n'est pas la faute de Dieu ; c'est dû à un défaut de leur *samskara* intérieur. Mais le Seigneur Krishna a enseigné même à de telles gens le moyen de s'élever. C'est parce que les enseignements du Seigneur n'ont pas été assimilés correctement que l'Inde est tombée aussi bas.

Une petite fille reçoit pour son anniversaire un cadeau magnifiquement enveloppé dans un papier brillant et coloré. Fascinée par l'emballage, elle ne se préoccupe pas d'ouvrir le paquet et ne trouve pas le cadeau précieux qu'il contient. C'est ce qui nous est arrivé avec Sri Krishna. Certains ont été fascinés par les miracles qu'Il avait accomplis ; d'autres n'ont vu que des erreurs dans

Ses actions et L'ont critiqué. Ni les uns ni les autres n'ont saisi la véritable essence ; c'est pour cela qu'ils sont passés à côté du Seigneur Lui-même. Ils ont délaissé le fruit et se sont disputé les épluchures ! Ils n'étaient pas prêts à comprendre le message de Sa vie. Au lieu d'entasser sur les *mahatmas* les louanges ou la critique, assimilons le message que contient leur vie bénie. Nous pourrons ainsi nous aussi mener une vie paisible, remplie de béatitude, et devenir à notre tour des modèles pour le monde.

Question : Le Seigneur ne s'est-Il pas écarté à plusieurs reprises du chemin de la vérité lors de la guerre de Kurukshetra ?

Amma : Il nous est impossible de comprendre ou d'assimiler les actions du Seigneur avec notre mental étriqué. Chacun de Ses actes, chacun de Ses mouvements était fermement enraciné dans le dharma. Il n'est pas possible de comprendre les actions d'un mahatma à partir d'un point de vue ordinaire. C'est seulement grâce à une contemplation profonde et à la pureté de notre cœur que nous pourrons comprendre un iota du sens des actions d'un mahatma.

Un *mahatma* n'a pas d'ego. Il ou Elle est semblable à un oiseau ; le code de la route ne s'applique pas aux oiseaux du ciel. Mais ceux qui ont encore le sens de l'ego doivent mener leur vie en suivant les règles. Le Seigneur a toujours agi en accord avec les circonstances. Il n'avait qu'un seul but : rétablir le *dharma*. Il acceptait le point de vue de l'individu, mais dans Ses rapports avec la société, Il donnait priorité à la société par rapport à l'individu. Voyez Sri Krishna tel que la Bhagavad Gita nous Le montre. Ce n'est pas dans Son propre intérêt qu'Il a participé à la guerre, Lui dont l'enseignement traitait du Soi divin.

Question : Lors d'une guerre, des milliers de personnes meurent.

En pressant Arjouna de combattre, Le Seigneur Krishna ne cautionnait-Il pas la violence ?

Amma : Sri Krishna n'a jamais désiré la guerre. Sa voie était celle d'une tolérance extrême. Mais quand l'indulgence d'un être puissant encourage quelqu'un à faire du mal aux autres et à se livrer sans retenue à la violence, cette indulgence devient elle-même une forme de violence encore plus grande. Si notre tolérance renforce la vanité, l'ego d'une autre personne, alors mieux vaut la mettre de côté. Soyons cependant attentifs à n'éprouver aucun sentiment de vengeance, aucun ressentiment envers cette personne. Il ne s'agit pas de s'opposer à un individu, mais uniquement aux actions erronées qu'il commet.

Le Seigneur n'éprouvait aucune haine envers Douryodhana. Il voulait simplement qu'il abandonne ses mauvaises voies. C'était nécessaire pour le bien-être du peuple et du pays. C'est uniquement parce qu'il n'y avait pas d'autre moyen d'atteindre ce but que l'Etre suprême, Sri Krishna, a donné son consentement à la guerre. Lui qui avait le pouvoir de détruire le monde entier, Il a fait le serment de ne pas toucher une arme pendant la guerre et de jouer le rôle d'un simple conducteur de char. Cela ne prouve-t-il pas que combattre ne L'intéressait pas ?

Si Douryodhana avait offert aux Pandavas ne fût-ce qu'une maison où ils auraient pu vivre, Sri Krishna les aurait apaisés et les aurait incités à s'en contenter. Mais les Kauravas refusèrent de montrer assez de compassion pour leur accorder même une maison.

Ce furent les Kauravas, en particulier Douryodhana, qui obligèrent les autres à faire la guerre[12].

---

[12] La moitié du royaume appartenait aux Pandavas. Rentrant de douze années d'exil, les Pandavas s'attendaient à ce que les Kauravas leur rendent

Si un pays se trouve entre les mains d'un dirigeant qui est l'incarnation de l'injustice, cela peut entraîner la destruction du monde. De telles gens doivent être écartés du pouvoir au plus vite, par n'importe quel moyen. C'est là faire preuve de compassion envers la société. En coupant un arbre vénéneux, nous détruisons peut-être aussi quelques petites plantes qui avaient poussé tout autour. Si vous plantez un arbre fruitier, vous arrachez peut-être quelques petites plantes afin de dégager l'espace nécessaire pour l'arbuste. Mais une fois que celui-ci aura grandi et sera devenu un arbre, songez aux bienfaits qu'il apportera. Et à l'ombre de cet arbre, de nombreuses petites plantes prospèreront. Si nous considérons les choses sous cet angle, la destruction initiale de quelques petites plantes est une perte acceptable, bien que regrettable ; ce n'est pas vraiment de la violence. Si Douryodhana était resté en vie, il aurait envahi d'autres royaumes et tué plus de victimes que n'en a fait la guerre du Mahabarata. Ses actes eux aussi auraient été encore plus nuisibles à l'évolution future de la société et de la civilisation. Il est beaucoup plus souhaitable de protéger le *dharma*, même au prix de quelques vies, plutôt que de permettre à des êtres adharmiques de régner indéfiniment, ce qui coûterait beaucoup plus de morts et engendrerait la dégénérescence totale du *dharma*. C'est ce qu'a fait Sri Krishna : Il a protégé le *dharma*. La guerre était la seule solution pour sauver le *dharma*. Le Seigneur a agi de manière totalement adéquate. S'Il avait agi pour Son bien personnel, on pourrait peut-être Le critiquer. Mais aucun de Ses actes n'était égoïste. Il n'a pas agi pour Lui-même ni pour Sa famille. Le motif de tous Ses actes était de protéger et de préserver le *dharma*, afin que les gens vivent dans la joie et le contentement.

---

la moitié du royaume qui leur appartenait. Mais leur cousin Douryodhana refusa.

Question : Etait-il juste de la part du Seigneur d'inciter Arjouna à se battre ?

Amma : Le Seigneur nous a enseigné à vivre en discernant entre le dharma et l'adharma. Il nous a enseigné que même la guerre était acceptable s'il n'existait pas d'autre moyen de soutenir le dharma. Mais jamais Il n'a agi de manière impulsive. Il a montré par Son exemple qu'il ne faut prendre les armes que si l'ennemi refuse d'adopter la voie du dharma, alors qu'on lui a donné maintes fois l'occasion de corriger ses erreurs.

Chaque individu a son propre *dharma* et il doit être prêt à vivre en accord avec ce *dharma* ; sinon, il en sera affecté de manière négative, et tout l'ordre social avec lui. Un *mahatma* ne désire faire de mal à personne, et il n'est pas non plus attaché à qui que ce soit. Le seul désir des grandes âmes est de maintenir le *dharma* dans la société. C'est dans ce but qu'ils oeuvrent, en accord avec les circonstances.

Imaginez qu'un incendie se déclare dans une maison. Allez-vous conseiller aux habitants de rester assis à côté du feu et de méditer ? Non. Vous les encouragerez à verser de l'eau sur le feu et à l'éteindre au plus vite. Vous n'hésiterez pas, au besoin, à couper des plantes ou des branches d'arbres et à vous en servir pour éteindre le feu en le frappant. Dans une telle situation, ce serait la conduite adéquate. C'est ce qu'a fait Sri Krishna. Un être courageux, qui a adopté une conduite juste après mûre réflexion, ne fait jamais demi-tour car s'il agissait ainsi, ce serait contraire au *dharma*.

Un *mahatma* accorde plus d'importance au bien-être de la société qu'au bonheur ou au malheur d'un individu quel qu'il soit. Si on avait laissé Douryodhana et ses partisans prospérer, la société aurait été infestée par le mal. Le Seigneur Krishna savait que la seule manière de sauver le *dharma* était de détruire ces individus. C'est pourquoi Il poussa Arjouna à combattre. Regarder passivement le mal croître et se développer sans rien faire, sans s'en préoccuper le moins du monde, constitue le plus grave des crimes.

C'est Douryodhana qui a provoqué la guerre. Sri Krishna lui indiqua bien des moyens de l'éviter, mais il refusa d'accepter Ses suggestions.

C'est par des moyens déshonnêtes que les Kauravas s'étaient emparés de tous les biens qu'ils possédaient. C'est en trichant au jeu de dés qu'ils avaient dépouillé les Pandavas de toutes leurs possessions. Les Pandavas, en revanche, avaient fermement adhéré au principe de la vérité, sans jamais s'en écarter. Le Seigneur tenta de négocier en leur nom, mais les Kauravas refusèrent de céder. Sri Krishna expliqua aux Kauravas que les Pandavas ne voulaient pas le royaume entier, qu'ils se contenteraient de la moitié. Les Kauravas n'étaient pas d'accord. Il demanda alors s'ils donneraient à chacun des Pandavas une maison pour y vivre. Ils répondirent que non. Leur donneraient-ils alors au moins une maison ? Le Seigneur était prêt à se contenter de cela. C'est seulement quand les Kauravas eurent l'arrogance de déclarer qu'ils ne donneraient pas aux Pandavas assez de terre pour y enfoncer une aiguille que Sri Krishna accepta le caractère inévitable de la guerre. Si on avait toléré des gens qui se comportaient de manière aussi contraire au *dharma*, quelles auraient été les conséquences pour la société ? D'autant plus qu'il ne s'agissait pas de personnes ordinaires, mais des souverains du pays ! Si le pays était tombé entre les mains de tels gouvernants, il en aurait résulté une ruine totale. La bonté et le *dharma* auraient disparu de ces contrées, entraînant une décadence du peuple et du pays. C'est le *dharma* d'un *mahatma* d'éliminer l'*adharma*, de rétablir le *dharma* et de protéger les gens. Sri Krishna a utilisé les Pandavas comme instruments pour y parvenir.

Un souverain doit considérer ses sujets comme ses proches parents. Mais les Kauravas considéraient les gens comme des ennemis. Quel bien le pays pourrait-il attendre de dirigeants qui se montrent injustes envers leurs propres cousins ?

Sri Krishna pardonnait avec une patience infinie. Il partit pour conseiller les Kauravas en leur enseignant le *dharma*. Mais quand Il arriva à la cour royale, ils tentèrent de Le déshonorer. En laissant agir de telles gens en toute impunité, on porte grand tort à la société et à la cause du *dharma*.

Le Seigneur a d'abord essayé les quatre moyens traditionnels : la conciliation, la charité, la réprimande et la punition. Il n'a eu recours à la guerre pour détruire ceux qui commettaient l'*adharma* que quand tous ces moyens eurent échoué.

Un maître spirituel avait un disciple membre de l'armée. Le pays entra en conflit avec une autre nation et la guerre éclata. Le disciple n'avait jamais combattu, et comme il avait entendu de nombreuses histoires au sujet de la guerre, toutes plus terribles les unes que les autres, il était terrifié à la simple mention du mot « guerre ». Il s'enfuit et alla trouver son maître. Il lui dit qu'il voulait renoncer à toute action et souhaitait devenir *sannyasi* (moine). L'ennemi avançait. Le pays aurait été en danger si les soldats avaient manqué pour le défendre. Le maître savait que le désir de son disciple était issu de la peur et que ce n'était pas par détachement qu'il voulait se faire moine. Il le renvoya donc sur le champ de bataille après lui avoir insufflé le courage nécessaire. Si le maître agit ainsi, ce n'est pas parce que lui-même appréciait le moins du monde la guerre, mais c'est qu'à ce moment précis, le devoir de son disciple était de se battre puisqu'il était soldat. Il n'est jamais juste de se montrer lâche et de prendre la fuite. Et quelqu'un qui manque de courage ne pourra jamais atteindre la libération en faisant les vœux d'un moine. Le maître a enseigné au disciple quel était son *dharma* et lui a donné la force de le suivre. Serait-il juste de dire à un soldat sur le champ de bataille de tout abandonner et de se faire moine, parce que tel est le chemin qui mène à la libération ? Les soldats ont la responsabilité d'assurer la sécurité de leur pays. S'ils manquent de remplir leur devoir, ils se trahissent eux-mêmes et ils trahissent aussi leur pays. Lorsque la sécurité d'un pays est en jeu, le *dharma* d'un soldat n'est pas de quitter le monde et de se faire moine ; son *dharma* consiste à combattre. S'il décide de renoncer au monde en un tel moment, il n'y réussira pas, la nature ne le lui permettra pas.

Les grands maîtres spirituels prennent naissance pour faire prendre conscience aux gens de leur *dharma* et guider le monde vers la voie juste. Si les soldats ne font pas leur devoir, le pays sera en danger et la population souffrira. Pour éviter cela, le seul conseil qu'un maître authentique puisse donner à un soldat est d'accomplir son devoir correctement. Cela ne signifie pas qu'ils approuvent la tuerie ou la violence. Ils incitent simplement les gens à suivre le *dharma* approprié à un tel moment. Lorsque nous jugeons les paroles et les actes d'un *mahatma*, il nous faut donc tenir compte des circonstances.

La situation d'Arjouna n'était pas très différente de celle du soldat de l'histoire. Lui aussi exprimait le désir de renoncer à tout. Ce souhait provenait de l'attachement qu'il portait à ses proches parents et amis, qui se trouvaient dans le camp opposé. A ce moment précis, le *dharma* d'Arjouna n'était cependant pas de renoncer au monde, mais de combattre. Son désir de quitter le monde ne jaillissait pas du discernement, d'une juste compréhension de ce qui est éphémère et de ce qui est éternel. Cette aspiration était en réalité issue de l'attachement qu'il éprouvait. Le Seigneur le savait et Il le poussa à combattre.

Le Seigneur n'incita pas Arjouna à livrer bataille pour l'amour de la guerre ; Il le pressa de suivre son *dharma*. Si le Seigneur avait voulu la guerre, Il aurait pu convaincre les Pandavas de combattre bien longtemps auparavant, car il était inutile d'attendre. Si l'on s'écarte de son *dharma* par peur, par attachement ou pour toute autre raison, cela a un effet nuisible sur la société et sur le pays entier. Les *mahatmas* le savent, ils incitent donc les gens à suivre leur *dharma*, tel qu'il leur est dicté par les circonstances.

Les Etres qui connaissent le Soi sont toujours pleins de compassion. Ils souhaitent voir la société prospérer dans la paix et l'harmonie, en évitant la discorde et la bataille. Cela n'est possible que si le *dharma* prévaut. Tel est le modèle que nous offre Sri Krishna, l'Etre suprême.

Question : La tradition affirme qu'aux yeux de Sri Krishna, tous les êtres étaient égaux. Cependant, n'avait-Il pas un attachement particulier pour les Pandavas ?

Amma : Jamais le Seigneur n'a agi par attachement. Comment un être qui n'éprouve aucun attachement envers ses parents et amis, pas même envers ses propres enfants, pourrait-il être attaché à qui que ce soit ? Plus tard dans la vie de Krishna, une lutte éclata au sein de sa famille et tous, y compris ses fils, périrent à cause de leur arrogance. Même alors, Il ne perdit pas Son équilibre intérieur. Il n'y eut pas le moindre changement dans l'expression de Son visage. Tant qu'un être garde la moindre trace d'attachement, il ne peut éclairer la voie du *dharma* pour le monde. Un mental obscurci par l'attachement ne peut distinguer entre ce qui est juste et ce qui ne l'est pas.

Le Seigneur ne marqua aucune préférence lorsque Douryodhana et Arjouna vinrent tous deux Lui demander de l'aide avant le début de la guerre. Il leur donna ce qu'ils demandaient. Douryodhana demanda l'armée de Sri Krishna, et le Seigneur la lui donna sans hésiter. Arjouna ne demanda rien d'autre que le Seigneur. Il ne changea pas d'avis lorsque Sri Krishna lui expliqua qu'Il ne prendrait pas les armes au cours de la bataille. Si le Seigneur se mit du côté des Pandavas, c'est grâce à la pure dévotion d'Arjouna et à son abandon de lui-même, non parce qu'Il était attaché aux Pandavas.

Prenez l'exemple de deux personnes à qui on propose de l'eau. Si l'on présente de l'eau à l'un mais qu'il décline l'offre et repousse la coupe, tandis que l'autre, tourmenté par la soif, se montre avide et boit tout son comptant, peut-on affirmer que le donateur montre de l'attachement ? Douryodhana ne voulait pas le Seigneur, mais uniquement Son armée. Arjouna n'éprouvait aucun désir pour les armes du Seigneur ; il ne souhaitait que le Seigneur, rien d'autre. Krishna accorda à chacun ce qu'il désirait.

Le Seigneur tint Sa promesse et devint le conducteur de char d'Arjouna. Sur le champ de bataille, Arjouna prit refuge aux pieds du Seigneur en tant que disciple. A travers les paroles de la Bhagavad Gita, Sri Krishna révéla alors à Arjouna quel était son *dharma*. Ainsi, quand le motif de notre action est pur de tout attachement, la connaissance du Soi devient notre guide et nous indique le chemin. Le Seigneur montra Sa forme cosmique aussi bien à Douryodhana qu'à Arjouna. Douryodhana n'y vit qu'un tour de magie méprisable. Mais Arjouna crut et s'abandonna aux pieds du Seigneur. Si les Pandavas remportèrent la victoire, ils le durent à la foi et à l'humilité d'Arjouna.

Seule la présence de Sri Krishna permit aux Pandavas de pardonner aux Kauravas la grave injustice qu'ils leur avaient infligée. Sans Krishna, les Pandavas auraient détruit les Kauravas bien longtemps auparavant. La voie du *dharma* ne consiste pas à agir de manière impulsive et arrogante, mais au contraire avec une tolérance et une humilité extrêmes. C'est ce que le Seigneur enseigna au monde à travers l'exemple des Pandavas.

Question : Est-il juste d'employer la violence, même si c'est dans le but de préserver le dharma ?

Amma : Quand il s'agit de juger si une action est violente ou si elle ne l'est pas, il ne suffit pas d'examiner l'acte en lui-même. C'est le mobile de l'action qui est important.

Une femme emploie une jeune servante pour nettoyer la maison et la surcharge de travail. La servante a beau essayer, travailler dur, elle n'arrive pas à tout faire. Sa patronne la gronde et la voilà en pleurs. Elle n'a personne pour la consoler. La même femme donne une fessée à sa fille parce que celle-ci passe son temps à jouer au lieu de faire ses devoirs. Sa fille pleure, assise dans un coin de la pièce. Les deux enfants, la fille et la servante, pleurent. La fessée ne peut pas être considérée comme une violence car l'intention de la mère est bonne : grâce à cette punition, elle cherche à assurer un avenir meilleur à sa fille. Il ne s'agit donc pas de violence, mais d'une expression de l'amour que la mère porte à sa fille.

En revanche, bien que cette femme n'ait pas battu la servante, elle s'est montrée cruelle envers elle. Il s'agit en vérité d'une forme de violence. Une vraie mère se comporterait-elle ainsi envers son propre enfant ? Il faut donc ici prêter attention au mobile différent qui a entraîné chacune de ces deux actions.

Si un malade atteint d'une maladie mortelle décède au cours d'une opération, tout le monde loue unanimement le chirurgien pour l'effort immense qu'il a fourni en tentant de sauver la vie de cet homme. Ailleurs, un voleur utilise le même genre de couteau que le chirurgien pour poignarder un gardien qui essaye de l'empêcher de voler. L'action du médecin était non-violente (*ahimsa*), tandis que celle du voleur est violente (*himsa*).

Lorsque la nourriture est plus que suffisante pour assurer le repas, tuer un poulet dans le seul but d'ajouter un plat supplémentaire et de rendre le repas plus savoureux constitue une forme de violence. Cueillir une fleur dont nous n'avons pas besoin est aussi un acte de violence.

C'est le motif de l'action qui la rend violente ou non-violente. Le mal que nous infligeons à tout être vivant par égoïsme, pour augmenter notre joie ou notre confort, est une forme de violence. Mais la souffrance infligée à un individu nuisible pour le bien de la société ne peut pas être qualifiée de violence. C'est pourquoi la guerre du Mahabharata est appelée « la guerre du *dharma* ».

Question : Sri Krishna tua Kamsa, qui était son oncle. Comment justifier cela ?

Amma : Quand nous lisons des livres sacrés tels que les Puranas, il ne s'agit pas d'accepter ces histoires sur la simple foi de leur prestige. Allons plus profond que la surface et essayons de comprendre les principes sur lesquels elles se fondent. Les histoires sont un instrument, comme on utilise ses doigts pour apprendre à un enfant aveugle à lire en écriture Braille. Elles ont pour but de nous aider à saisir des principes. La trame de tous ces récits est l'atma tattva (le principe du Soi). Nous n'en recueillons pleinement les bienfaits que lorsque nous discernons ce principe, qui en est le fondement.

Le but de Sri Krishna était d'amener tous les êtres à la béatitude éternelle, à la réalisation du Soi. Mais seule la voie du *dharma* peut nous permettre d'atteindre cet état. Certains êtres manquent de discernement et éprouvent de l'aversion envers le seul mot de *dharma*. Kamsa appartenait à cette sorte d'individus. On avait beau le conseiller, il n'avait pas la maturité nécessaire pour accepter le moindre avis. Il est impossible à ceux qui abandonnent la voie du *dharma* de jamais parvenir à la connaissance du Soi.

Le Seigneur Krishna vint sur terre aussi bien pour les pécheurs que pour les justes. Sa mission incluait les pécheurs, Il devait les mener eux aussi vers Dieu. Il fit tout ce qu'Il put pour inculquer le sens du *dharma* à ceux qui étaient dans la voie de l'erreur. Mais ils confondaient le corps avec le Soi et ivres de cette notion, ils refusèrent d'embrasser la voie du *dharma*. Il ne restait plus au Seigneur qu'une solution : détruire leur corps, source d'inspiration de tous leurs actes mauvais et support de tous leurs sens dirigés vers le monde extérieur. Il permit donc la destruction de leur corps. C'était la seule manière de les convaincre de l'impermanence du corps et de la nature éternelle du Soi. Seule cette expérience pouvait leur faire comprendre qu'ils étaient les héritiers de la béatitude éternelle, qui se trouve bien au-delà du domaine des sens.

Il arrive qu'une mère jette les vêtements de son bébé parce qu'ils sont trop sales pour qu'elle réussisse à les nettoyer. Elle n'agit ainsi que pour revêtir son bébé d'habits neufs. Peut-on qualifier cela d'injustice ? Dans le cas d'une personne vouée à l'*adharma*, qui menace la vie des autres et le bien-être de la société, lorsque tout autre moyen a échoué, il arrive que la solution ultime soit de libérer la personne de son corps du moment. Lorsque cette âme obtient un corps nouveau, il se peut qu'elle comprenne alors la grandeur du *dharma* et progresse dans la voie juste vers le but ultime. Quand un bananier est atteint d'une maladie incurable, impossible à traiter, on le coupe près de la base du tronc afin que les pousses nouvelles ne soient pas contaminées. La jeune plante sera saine et donnera de bons fruits. Le Seigneur savait que Kamsa n'adhèrerait jamais au *dharma* dans cette vie-là. Son mental et son corps étaient totalement plongés dans l'*adharma*. Il fallait que ce corps disparaisse et qu'il en obtienne un autre. Il reçut la mort des mains du Seigneur, ses yeux contemplaient Krishna et son esprit était fixé sur Lui. Il fut ainsi lavé de tous ses péchés. En réalité, le désir le plus cher de Kamsa était d'être tué par Krishna. Le Seigneur exauça son désir.

Vu de l'extérieur, Sri Krishna tua Kamsa. Mais ce qui s'est produit en réalité n'est pas aussi visible. Le Seigneur éleva l'âme de Kamsa hors du corps et créa les circonstances favorables pour qu'il atteigne le Soi. Il anéantit l'ego de Kamsa et éleva son âme jusqu'à l'état suprême.

Imaginez que vous avez dessiné des lions et des léopards sur un mur. Si vous les effacez, les animaux n'existent plus, il ne reste qu'un mur nu. C'est le mur qui servait de support à ces dessins d'animaux. Si nous le voulons, sur le même mur, il nous est loisible de dessiner des cerfs ou des lapins. Alors la mort des lions et des léopards s'est-elle réellement produite ? Les cerfs et les lapins sont-ils jamais nés ? En réalité, seules quelques lignes sur le mur ont changé, si bien que les noms et les formes ont changé eux aussi. Le support, le mur, demeure immuable. Ainsi, le Seigneur détruisit uniquement le naturel plein d'ego de Kamsa et non le Soi qui demeurait en lui. Voilà ce que nous devons comprendre.

Question : Certains des actes de Krishna, par exemple le fait qu'Il ait dérobé les vêtements des gopis ou qu'Il ait dansé avec elles la rasa-lila, ne sont-ils pas inconvenants pour une incarnation divine ?

Amma : Ceux qui critiquent le Seigneur pour avoir dérobé ces vêtements sont des ignorants, voilà tout, car Sri Krishna n'avait que six ou sept ans lors de cet épisode. Faire le bonheur de tous, tel était son but. Il voulait briser les limites artificielles de la fierté et de la honte et éveiller chaque âme à l'Etre suprême. Le bébé que sa mère porte sur la hanche ne pense pas à ses vêtements. Chacun d'entre nous devrait devenir intérieurement le petit bébé de Dieu et développer une attitude d'innocence totale, d'où la conscience du corps est absente. Il est impossible d'atteindre Dieu sans abandonner les sentiments de fierté et de honte. Nous ne pouvons nous élever au niveau du Soi sans abandonner la conscience du corps.

Dans les temps anciens, les femmes du Kérala ne couvraient généralement pas leur poitrine. Personne n'y trouvait rien d'étrange. Mais comment les gens réagiraient-ils aujourd'hui ? De même, la manière dont les gens s'habillent en Occident peut nous sembler critiquable ici en Inde. Mais comme c'est la coutume qui prévaut en Occident et que les gens y sont habitués, personne n'y trouve rien à redire. Même les Indiens que cela dérange actuellement finiraient par changer d'attitude s'ils restaient un certain temps en Occident. Certains d'entre eux adopteraient même ces habitudes vestimentaires. Les sentiments de fierté et de honte sont des créations du mental. C'est uniquement en brisant ces chaînes, qui lient étroitement le mental, que nous atteindrons les pieds de Dieu.

Amma ne veut pas dire que tout le monde devrait cesser de porter des vêtements ! Simplement, cela ne devrait pas nous empêcher de nous souvenir constamment de Dieu. Il s'agit de nous libérer de toutes les attaches qui détournent notre mental de Dieu.

La *rasa-lila* ne se déroula pas sur le plan ordinaire des sens, comme les gens l'interprètent de nos jours. Au cours de la *rasa-lila*, les *gopis* firent l'expérience de la béatitude que l'on éprouve quand l'âme individuelle se fond dans l'Etre suprême. Grâce à leur amour divin, le Seigneur apparut à chacune des *gopis*. Il bénit chacune d'elles en lui accordant par Son pouvoir la vision du Soi.

La *rasa-lila* est un phénomène qu'un esprit demeurant dans le domaine des sens ne peut même pas imaginer. Pour espérer éprouver une infime parcelle de la béatitude que les *gopis* ressentirent lors de la *rasa-lila*, il faut que le mental et les sens soient libres de tout attachement aux objets des sens.

Chacune des *gopis* avait envers Sri Krishna l'attitude de l'amante envers son Bien-Aimé (*madhura bhava*). Une telle attitude existe aussi dans le Christianisme. Les nonnes se considèrent comme les épouses du Seigneur Jésus. Est-ce une tache sur le nom du Christ ? Cela symbolise la relation entre l'âme individuelle et l'Etre suprême. Seuls ceux qui voient tout avec un œil profane, teinté par les désirs de ce monde, peuvent y trouver à redire.

Le Seigneur ne laissait jamais passer une occasion de guider les gens, quels qu'ils soient, vers la béatitude éternelle. A travers toutes les situations possibles, Il s'efforçait de raviver en eux la flamme du Soi et d'ajouter le combustible de Son amour à la lumière du Soi qui brillait dans leur cœur. Le Seigneur est responsable de la création et Il est aussi Celui qui libère l'âme de la création. La libération n'est possible que si l'on transcende la conscience du corps. C'est là le but même de l'incarnation de Krishna.

Question : Dans la Gita, le Seigneur Krishna déclare que quoi qu'il arrive, nous ne devrions jamais abandonner notre propre dharma. S'il en est ainsi, comment quelqu'un peut-il changer de profession pour en adopter une plus lucrative ?

Amma : A cette époque, beaucoup de gens croyaient que la seule manière d'atteindre la libération était de renoncer à tout travail (karma) et de se retirer dans la forêt pour y vivre en tant que sannyasi. En réponse à cette croyance, le Seigneur proclama qu'il n'était pas nécessaire de renoncer à tout, mais qu'il fallait accomplir son devoir dans le monde tout en restant fermement ancré dans le dharma. Le Seigneur nous exposa clairement qu'il ne s'agissait pas d'abandonner nos obligations, mais de remplir nos devoirs avec l'attitude juste. C'est cela qui nous mènera à la libération.

Le concept de *dharma* possède également une autre dimension. Un enfant né dans la famille d'un sculpteur peut facilement devenir un bon sculpteur, parce que les circonstances favorisent en lui ce potentiel. Il est probable que l'enfant est né avec le même don. Il a hérité du don de son père ou de sa mère. Cet enfant apprendra peut-être en dix jours ce qu'un autre mettrait un an à assimiler. En travaillant avec assiduité dans le métier traditionnel de la famille, on dispose donc d'un bon potentiel pour progresser. Ceux qui sont issus d'une autre corporation doivent partir de zéro.

En ce temps-là, les gens pratiquaient leur métier héréditaire essentiellement à la maison. Ils n'allaient pas travailler au bureau ni en usine. Tous les membres de la famille participaient à cette activité traditionnelle. Une fois que l'enfant avait terminé son éducation à la *gurukula*, il se consacrait à la profession familiale. C'est la profession choisie et non la naissance qui décidait à laquelle des quatre castes principales la personne appartenait.

Nul ne vient au monde en appartenant à une caste[13] ou à une religion particulière. Tous sont simplement les enfants de Dieu. C'est plus tard, à l'âge adulte, que les gens étaient répartis entre les quatre castes, en fonction de leur travail. En ce temps-là, un enfant né d'une famille *Kshatriya* (caste des guerriers) avait le droit de devenir un brahmane (un prêtre ou un maître enseignant les

---

[13] Les quatre castes principales : les brahmanes (les prêtres et ceux qui enseignent les Védas), les *kshatryas* (les guerriers), les *vaishyas* (les marchands) et les *sudras* (les travailleurs).

Védas) et un enfant de caste brahmane pouvait devenir un *kshatriya*. Celui qui travaillait le bois était un menuisier. Même s'il était né et avait été élevé en tant que brahmane, il était considéré comme un menuisier. La dégénérescence des règles du *Sanatana Dharma* (la religion éternelle, nom traditionnel de l'Hindouisme) fit que la naissance d'une personne décida ensuite de sa caste. Autrefois, les gens ne travaillaient pas uniquement pour gagner leur vie. Tous considéraient la réalisation du Soi comme le but de la vie et le travail était un moyen de parvenir à cet état. Les gens goûtaient l'expérience de Dieu dans la perfection de leur travail. Lorsque les êtres humains travaillent sans autre motif que le gain financier, l'harmonie de l'ordre social est rompue, l'égoïsme et l'avidité dominent.

A l'époque, la coutume qui consiste à verser un salaire fixé au départ n'existait pas. Les employés recevaient ce dont ils avaient besoin et ils en étaient contents. Une atmosphère d'amour mutuel régnait entre les ouvriers et ceux qui les employaient. Ceux qui payaient et ceux qui recevaient étaient pleinement satisfaits. Cette tradition disparut à mesure que l'égoïsme augmentait. La devise des employeurs devint : « Diminuer les salaires, augmenter le travail » tandis que les employés pensaient « Diminuer le travail, augmenter les salaires. »

Lorsque nous allons au temple, nous ne sommes pas censés compter l'argent que nous donnons en offrande à la divinité ; la tradition exige que l'on donne cette offrande par poignées. De nos jours, les gens mettent la petite monnaie de côté, afin que même s'ils donnent une poignée de pièces, le montant de leur offrande ne dépasse pas quelques roupies.

Aujourd'hui, la plupart des gens souhaitent que leurs enfants deviennent ingénieurs ou médecins, afin qu'ils jouissent du respect de la société et gagnent beaucoup d'argent. Peu de parents font attention aux aptitudes réelles de leur enfant. Si l'esprit de compétition qui prévaut dans l'éducation est sain, il aide les enfants à progresser et à développer leurs talents. Mais la concurrence qui règne aujourd'hui crée des tensions entre les élèves. Lorsque les étudiants échouent, ils perdent toute force mentale et passent le reste de leur vie dans le désespoir parce qu'ils n'ont pas atteint leur but. Et ce désespoir pousse beaucoup d'entre eux au suicide. De telles choses ne devraient jamais se produire. L'éducation, la recherche d'un emploi, tout cela ne devrait avoir d'autre but que notre développement spirituel et le service du monde. Si tel est notre but, nous aurons l'enthousiasme nécessaire pour progresser dans n'importe quel domaine. Même si nous échouons, cela nous incitera à essayer de nouveau, sans succomber au désespoir et gâcher notre vie.

Lorsque nous choisissons un métier, appliquons-nous à développer la plus grande maîtrise possible dans ce domaine. Il s'agit de nous y tenir et de réussir. Le but de la vie n'est pas de devenir millionnaire, mais de goûter la béatitude éternelle. Une personne mariée a cependant le devoir de subvenir aux besoins de la famille. Lorsque nous acceptons une rémunération pour notre travail, notre seul but devrait être de gagner ce dont nous avons besoin.

Les gens d'autrefois travaillaient dur, gardaient ce dont ils avaient besoin pour eux-mêmes et pour leur famille et distribuaient le reste de leur rémunération aux pauvres. Le métier de gestionnaire est de nos jours un des plus convoités. Le commerce est indispensable au développement économique d'un pays, mais le gain personnel ne devrait pas être le seul objectif des négociants. Ils devraient également prendre en compte le développement du pays. Nous voyons pourtant bien des marchands et des industriels qui amassent des fortunes suffisantes pour mille générations à venir ! Au même moment, autour d'eux, d'innombrables personnes ont sombré dans la pauvreté et luttent pour survivre, sans pouvoir rassembler assez d'argent pour faire un repas par jour. Presque personne n'y songe. Le but de la plupart des gens est aujourd'hui de faire autant de profit que possible, même si c'est aux dépends d'autrui.

Si vous quittez votre métier pour en choisir un autre, cela signifie que vous n'êtes pas satisfait de votre travail. Mais cette entreprise nouvelle ne vous apportera pas forcément le contentement, parce que celui-ci dépend du mental et non de nos actes ou des situations extérieures. Si les gens changent de métier motivés par le désir de gains excessifs, cela démontre simplement leur avidité. De tels êtres ne trouveront jamais le bonheur s'ils ne changent pas d'attitude. Quant à ceux qui maîtrisent leur mental, toute situation est à leurs yeux favorable. Quel que soit le domaine dans lequel ils travaillent, ils en retireront de la joie.

Si nous quittons un métier pour en exercer un autre, nous en retirerons peut-être une satisfaction temporaire, mais elle ne durera pas forcément. Un serpent gisant dans la neige, paralysé par le froid, semble inoffensif. Mais il suffit de le réchauffer un peu pour qu'il montre sa vraie nature, pour qu'il se mette à siffler et à mordre. De même, le mental montrera sa véritable nature dès que les circonstances s'y prêteront et vous perdrez votre paix intérieure. Ce n'est pas en choyant le mental et en lui donnant tout ce qu'il demande que l'on parvient à le contrôler. Apprenons à le maîtriser et à le tourner vers le but véritable de la vie. C'est ainsi que le Seigneur conseilla à Arjouna de demeurer ferme dans l'accomplissement de son devoir et de réussir dans la vie. Libre à vous de faire le travail qui vous plaît, quel qu'il soit : c'est votre attitude qui doit être transformée. Même la lutte sur un champ de bataille devient alors une offrande sacrée (*yajna*). Tel est l'enseignement de Sri Krishna. Il ne nous incite pas à abandonner notre travail pour un motif égoïste ; Il ne nous conseille pas non plus d'ouvrir notre troisième œil en fermant les deux autres. Son exemple nous enseigne à regarder avec le troisième œil tout en gardant les deux autres ouverts. En d'autres termes, Sri Krishna nous enseigne à affronter la vie en voyant partout l'unité qui en est le support fondamental.

Question : Sri Krishna avait fait vœu de ne pas prendre les armes au cours de la bataille. Il a pourtant manié une arme, enfreignant ainsi son serment. N'a-t-Il pas mal agi ?

Amma : Toutes les paroles et toutes les actions de Sri Krishna étaient pour les autres, rien n'était pour Lui-même. Comment aurait-Il pu employer Ses armes quand Arjouna et Bhishma, qui étaient tous deux Ses dévots, combattaient dans des camps opposés ? Il a donc refusé de se battre. Lorsque Bhishma envoya des milliers de flèches dans Sa direction, Il se contenta de sourire. Ces flèches acérées couvrirent son corps de blessures sanguinolentes, mais Il les reçut comme des pétales de fleurs offerts en adoration. Bhishma était un dévot, un grand guerrier, un homme qui ne disait jamais que la vérité. Il avait fait le serment de contraindre le Seigneur à utiliser Son arme. Voyant qu'il ne parvenait pas à ébranler la détermination de Sri Krishna et à Le faire revenir sur Sa décision, Bhishma se mit à décocher des flèches sur Arjouna, qui se tenait juste derrière le Seigneur Krishna. Arjouna était vulnérable, incapable de se défendre face à cette pluie de flèches. Son char allait être réduit en miettes. Il était en grave danger. Sans perdre un instant, le Seigneur sauta du char et s'élança vers Bishma, brandissant le sudarshana chakra (le disque divin). En agissant ainsi, le Seigneur dut certes rompre Son serment, mais Il exauça le vœu de Bishma, tout en protégeant Arjouna. Il fit ainsi d'une pierre deux coups et contenta Ses deux dévots à la fois.

Arjouna étant Son dévot, Il avait le devoir d'assurer sa protection. Bishma étant lui aussi Son dévot, il incombait au Seigneur de protéger son honneur et de faire en sorte que ses paroles se réalisent. Pour cela, Il était prêt à sacrifier Sa propre réputation d'incarnation de la vérité. Cela montre à quel point Sa compassion était incomparable.

Le flot de la grâce de Dieu vers le dévot ne dépend pas du *dharma* ou de l'*adharma*, il n'est pas non plus régi par les lois de la cause et de l'effet. Aucune règle ne limite la grâce de Dieu. C'est pourquoi les sages louent Dieu comme l'Océan de la compassion sans motif.

Question : Quelle est l'importance de Rama et de Krishna à notre époque scientifique ?

Amma : Tout le monde célèbre avec enthousiasme les succès de la science. Il est vrai que les découvertes scientifiques ont grandement contribué au progrès de l'humanité. Elles nous ont permis d'obtenir plus de confort matériel et plus de bien-être. Il est aujourd'hui beaucoup plus facile de se déplacer. En quelques minutes, on couvre aujourd'hui des distances qui nécessitaient plusieurs jours de voyage. Le temps ainsi gagné peut être employé à autre chose. Un travail qui mettait cent personnes à contribution peut être maintenant accompli par une seule grâce à l'ordinateur. Nous avons effectué de grands progrès sur le plan matériel, c'est vrai. Mais dans le même temps, le mental des gens s'est affaibli. Parmi ceux qui jouissent pleinement de tous les progrès techniques, combien parviennent à dormir paisiblement ? Amma a rencontré d'innombrables personnes qui habitent des maisons climatisées mais qui sont incapables de dormir sans somnifères. Cela ne prouve-t-il pas que le progrès scientifique, à lui seul, ne suffit pas à nous donner la paix intérieure ? Voyez combien de millionnaires se suicident. Leur manque-t-il quoi que ce soit sur le plan matériel ? S'ils jouissaient de la paix intérieure, nul doute qu'ils ne se suicideraient pas. De nos jours, beaucoup de gens sont comblés matériellement, sans pour autant posséder ce dont ils ont réellement besoin : la paix et le bonheur.

Autrefois, des luxes tels que la climatisation n'existaient pas et pourtant, les gens n'avaient aucun problème d'insomnie. Ceux qui sont aujourd'hui habitués aux ventilateurs et à l'air conditionné ne peuvent plus s'en passer. Si l'électricité vient à manquer et que ces appareils ne fonctionnent plus, ils ne peuvent trouver le sommeil. Les cellules de ceux qui passent leur vie dans des pièces climatisées, sans jamais respirer d'air frais, sont peu à peu abîmées par cette atmosphère qui détruit aussi la puissance naturelle du corps. Certains sont si habitués à boire du thé chaque matin que s'ils n'en boivent pas, ils ont mal à la tête. Nous avons pris beaucoup de mauvaises habitudes. C'est le mental qui en est la cause. Le corps et le mental qui autrefois, lorsque nous vivions en harmonie avec la nature, étaient forts, sont devenus faibles. Il y a très longtemps, les gens vivaient en parfaite harmonie avec la nature. Les changements climatiques ou les autres changements qui se produisaient dans la nature ne les dérangeaient pas. Mais aujourd'hui, les gens s'isolent de leur environnement naturel ; ils vivent dans des mondes séparés, artificiels, égocentriques. Ils ne se rendent pas compte que leur quête constante de plaisirs éphémères les fait sombrer dans des souffrances sans fin.

Nos ancêtres vivaient dans le contentement et le bonheur, beaucoup plus que nous. Ils étaient en meilleure santé et ils vivaient plus longtemps. D'immenses et magnifiques structures de pierre, comme par exemple les tours des temples, témoignent encore aujourd'hui de la force physique des humains d'autrefois. Ceux d'aujourd'hui auraient-ils la force de soulever une seule de ces pierres ? En ce temps-là, il n'existait pas de machines et les gens savaient comment vivre en harmonie avec la nature.

La science, qui était censée accroître le confort matériel et aider les gens, sonne au contraire le glas de l'humanité. La technologie est tombée entre les mains d'êtres égoïstes qui l'utilisent pour exploiter leurs frères humains. La concurrence et la violence prospèrent dans le monde, au lieu de l'amour et de la paix. Pour que les succès de la science bénéficient à tous, il faut que les gens apprennent à aimer, à faire preuve de compassion et à cultiver de nobles qualités.

De nos jours, toute découverte scientifique nourrit l'arrogance des gens. « Qui êtes-vous pour discuter avec nous ? Voyez toutes les prouesses scientifiques que notre pays a accomplies ! » Tous les chefs d'états ont maintenant adopté cette attitude. Le nombre de conflits entre les individus, entre les nations, augmente chaque jour. Il semble que les êtres humains désirent de plus en plus fort s'éloigner des berges de l'amour pour aller vers les eaux houleuses de l'arrogance.

Amma ne critique absolument pas les découvertes scientifiques et elle ne cherche pas non plus à les rabaisser, mais elles ne devraient pas assécher en nous la source d'amour. Nous avons amélioré le monde extérieur, mais le monde intérieur dépérit. Les gens d'autrefois recevaient l'entraînement nécessaire pour garder la maîtrise de leur mental en toutes circonstances. Ainsi, ils n'étaient pas contraints d'affronter la vie affaiblis par des choses insignifiantes. Quoi que vous ayez pu apprendre, si vous tombez dans une eau profonde sans savoir nager, vous ne survivrez pas. De même, vous aurez beau jouir de tout le confort matériel possible, si vous n'avez pas entraîné votre mental, il vous sera impossible de goûter la paix intérieure. A l'avenir, les êtres humains deviendront très faibles s'ils ne parviennent pas à trouver le repos en eux-mêmes, car il y aura de moins en moins d'êtres capables de les aimer de manière désintéressée. Les êtres courageux sont ceux qui trouvent la paix à l'intérieur d'eux-mêmes en toutes circonstances, non ceux dont le bonheur dépend d'autres personnes ou d'objets matériels. C'est ce que nous enseignent Sri Rama, Sri Krishna et les autres incarnations divines.

Prince, le Seigneur Rama était le chéri de Ses parents, de Ses maîtres et des habitants de Son pays. Il vivait au milieu d'une splendeur royale quand il fut un jour subitement contraint de tout abandonner pour partir en exil dans la forêt. Il se retrouva privé de tous les plaisirs du palais. Il n'y avait plus de nourriture délicieuse, plus de draps de soie pour dormir et plus de serviteurs pour l'éventer. Il vécut cependant dans la forêt en jouissant de la même paix intérieure qu'auparavant. Dans Son mental, qui était en parfaite harmonie avec la nature, il n'y avait pas de différence entre la forêt et Son royaume. Le Seigneur Rama n'eut aucune difficulté à s'adapter aux circonstances lorsqu'elles changèrent, parce qu'Il possédait une maîtrise absolue de Son mental. Etant un *atmarama* (un être qui goûte la béatitude du Soi) Il trouvait la béatitude en Lui-même.

La vie des Pandavas nous offre un autre exemple de la même vertu. Ils vivaient en suivant les conseils de Sri Krishna. Pas une seule fois ils ne se querellèrent. Même les épreuves les plus difficiles ne parvinrent pas à briser l'amour mutuel qui les unissait.

Aujourd'hui, si trois personnes vivent sous le même toit, elles se comportent comme si elles vivaient sur trois planètes différentes. Il n'y a pas de véritable lien entre elles, leurs cœurs ne sont pas unis. Telle est la puissance à laquelle est parvenu l'égoïsme des gens. En de telles circonstances, si notre mental n'est pas assez fort, le pourcentage des malades mentaux et des suicides ira en augmentant.

Il fut un temps où le fil de l'amour liait les gens. De nos jours, ils s'attachent les uns aux autres avec la colle fragile de l'égoïsme, qui peut rompre à tout instant, si bien qu'il ne reste ensuite plus rien qui les rassemble.

Nous sommes plongés dans une culture qui encourage les pensées et les émotions impures. Les gens se préoccupent uniquement de satisfaire leurs sens. Tous leurs efforts s'orientent vers ce but et pour cela, il leur faut beaucoup d'argent. Pour s'enrichir, ils ont souvent recours à la corruption, si bien que le crime et la violence augmentent. Dans ce monde de plaisirs sensuels éphémères, il reste peu de place pour les sentiments de liens parentaux ou pour l'amour maternel, et l'agitation se répand dans la société. Cela met en danger la sécurité de tous les pays et détruit l'harmonie de la nature. Dans une époque comme la nôtre, la vie et les enseignements de Sri Krishna ont plus d'importance que jamais. Qu'apprenons-nous en étudiant Son enseignement ? Nous comprenons que les plaisirs des sens et les satisfactions égoïstes ne nous apporteront jamais le bonheur et que nous ne trouverons la béatitude authentique, éternelle, nulle part ailleurs qu'en nous-mêmes. Voilà ce qu'Il nous enseigne inlassablement. Il ne nie cependant pas complètement les plaisirs des sens. Il nous rappelle simplement que la vie a un autre sens, un autre but. Il s'agit d'éviter tout excès. Nous ne devrions manger que pour apaiser notre faim. Les spécialistes de la santé nous suggèrent que pour rester en bonne santé, il ne faut pas remplir plus de la moitié de l'estomac de nourriture, un quart avec de l'eau, le dernier quart demeurant vide. La science de la spiritualité nous explique également comment conserver notre santé mentale. Il ne s'agit pas de s'abstenir de tout plaisir sensuel, mais de veiller à ne jamais devenir esclaves de nos sens ou de nos habitudes mentales. Nous devons être maîtres de notre mental et de nos sens. Tout en goûtant ces plaisirs, il est important de pratiquer également un certain degré de renoncement. Le chocolat, c'est très bon, mais si nous en mangeons trop, nous tomberons malades. Il faut donc être capable de se restreindre, même si on a envie de tomber dans l'excès. Il y a une limite à toute chose et c'est pour notre bien. Le contrôle de soi n'est jamais une entrave à la liberté. Que se passerait-il si les gens conduisaient à leur guise sur les routes, en proclamant que les règles de la circulation gênent leur liberté ! Les règles de la circulation sont essentielles pour la sécurité de chacun. De même, si nous désirons goûter un bonheur et un contentement durables, il est nécessaire d'observer certaines règles spirituelles.

Si nous examinons la situation sous tous les angles, il en résulte clairement que le seul moyen d'apporter des changements fondamentaux dans le monde d'aujourd'hui, c'est de mettre en pratique les idéaux spirituels dans notre vie quotidienne. Notre intellect a grandi mais notre cœur se dessèche. La vie du Seigneur Krishna nous offre un exemple idéal à suivre afin d'échapper à notre condition présente, d'apaiser notre cœur et notre mental en feu et de réparer le fil brisé de l'amour.

Le Seigneur Krishna embrasse aussi bien l'aspect matériel que l'aspect spirituel de la vie. Il ne nous demande pas de renoncer à l'un pour nous consacrer à l'autre. Lorsque la plante est prête à donner des fruits, les fleurs tombent d'elles-mêmes. Ainsi, à mesure que notre conscience du but grandit, nos attachements pour les plaisirs matériels tombent naturellement. L'important n'est pas tant d'abandonner les plaisirs que d'avoir l'attitude juste envers eux. L'harmonie ne peut régner dans la société qu'à condition que les deux aspects de la vie, le matériel et le spirituel, soient en équilibre, comme les deux ailes d'un oiseau. Sri Krishna donna des instructions spécifiques à des gens très différents, issus des milieux les plus variés : *sannyasis*, *brahmacharis*, chefs de famille, soldats, rois, gens les plus matérialistes. Il enseigna au monde comment tout individu peut parvenir à la réalisation, quel que soit son milieu d'origine, quelles que soient ses conditions de vie. C'est pourquoi Il est considéré comme un *Purnavatar*, une incarnation complète du Divin. Il n'est pas venu uniquement pour le bien des *sannyasis*. Comment demeurer debout au milieu du brasier des désirs profanes sans en être affecté, Sa vie en offre un exemple parfait. Cela équivaut à garder un morceau de chocolat sur la langue sans saliver.

Il n'est pas si difficile de fuir les responsabilités et de se retirer dans la forêt, en restant assis les yeux fermés. Dans la forêt, nous ne trouverons que peu d'adversaires pour nous créer des difficultés. Le Seigneur ne nous enseigne pas à quitter ce monde plein de souffrance en prenant la fuite. Il nous montre comment réussir sans pour autant nous dérober face aux obstacles. Pour atteindre la Réalisation, le Seigneur ne nous conseille pas de mettre fin à toutes nos relations. Il nous explique qu'il s'agit de nous libérer de tout attachement tout en gardant des relations aimantes et en assumant nos responsabilités familiales.

La science de la spiritualité nous enseigne à affronter toutes les situations avec un sourire. Un *yogi* authentique demeure en paix au milieu de n'importe quelle crise. Ceux qui souhaitent atteindre cet état n'ont qu'à examiner la vie de Sri Krishna, modèle parfait.

La flamme d'une lanterne brûle sans faillir, protégée du vent par la cage de verre. Il n'y a rien de méritoire à cela. Un être véritablement spirituel devrait être comme une flamme à l'air libre, aussi éclatante que le soleil et brillant continuellement, même au milieu d'une tempête furieuse. Si nous désirons parvenir à cet état, le Seigneur Krishna devrait être notre modèle. Il nous montre comment mettre en harmonie les deux aspects du mental, le spirituel et le matériel, et avancer vers la perfection. La libération promise par le Seigneur n'est pas un état qu'il s'agirait d'atteindre après la mort ; il est possible d'y parvenir en ce monde, alors que nous sommes encore dans ce corps. Au cours de Sa vie, Sri Krishna dut affronter différentes crises qui surgirent l'une après l'autre, comme des vagues. Et pourtant aucun nuage de chagrin ne voila jamais l'expression de Son visage. Il accueillit toutes les situations difficiles avec un sourire.

Pour l'Etre suprême, Sri Krishna, la vie fut un chant de joie captivant, du début à la fin. En Sa présence, la personne la plus accablée de chagrin ressentait de la béatitude. De même que les ténèbres n'ont aucune place sous le soleil, il n'y avait pas place pour la tristesse en présence de Sri Krishna. Il était l'incarnation de la béatitude. En Sa compagnie, tous se réjouissaient, oubliant tout le reste ; Sa présence leur apportait la béatitude du Soi. Aujourd'hui encore, malgré tout le temps écoulé, la simple pensée de Krishna ne suffit-elle pas à nous remplir de béatitude ?

Les gens critiquent le jeu divin de Krishna parce que leur mental reste attaché à leurs sens. Nos tentatives pour mesurer la gloire infinie du Seigneur avec notre mental relativement étriqué ressemblent à celle du crapaud qui, vivant dans un puits, déclarait vouloir mesurer l'océan.

Si nous sommes capables de renoncer à notre manière critique et sceptique de voir les choses pour examiner la vie de Sri Krishna (une vie pleine de douceur du début à la fin) avec un esprit ouvert et avec amour, nous découvrirons qu'il n'y a aucun épisode de Sa vie à rejeter, que chaque moment de Sa vie mérite d'être accueilli dans notre cœur. C'est seulement quand l'œil intérieur de l'amour divin s'ouvre que nous pouvons savourer une réussite totale et une paix parfaite, dans cette vie et ensuite.

Les femmes et la société

Question : Quel devrait être le rôle et le statut des femmes dans la société ?

Amma : Les femmes devraient avoir le même statut que les hommes et participer de manière égale au gouvernement de la société. Lorsque le statut des femmes décline, l'harmonie de la société est rompue. Hommes et femmes ont une place équivalente dans la Création divine. De même qu'une moitié du corps est tout aussi indispensable que l'autre, l'homme et la femme ont une importance égale. Une moitié ne peut prétendre être supérieure à l'autre. Quand on dit que la femme est le côté gauche de l'homme, il va sans dire que l'homme est le côté droit de la femme. La différence entre hommes et femmes se situe essentiellement au niveau physique.

Comme les hommes, les femmes ont dans la société un rôle qui leur est propre. A chaque personne de comprendre quel est son rôle et d'agir conformément à celui-ci. Quand les femmes cherchent à s'emparer du rôle des hommes ou que les hommes dominent les femmes par la force, cela crée du mécontentement chez les individus et ils ne trouvent plus la paix ; en conséquence, la même chose se produit au sein de la société.

Les pneus droits et les pneus gauches d'une voiture ont une importance égale. Les voyageurs ne parviendront à destination que si les roues, des deux côtés, avancent simultanément. Ainsi, dans la vie de famille, le mari et la femme ne pourront atteindre le but réel, l'union avec le Soi, que s'ils vivent en harmonie.

Dans la culture de l'Inde ancienne, les femmes étaient hautement respectées. *Matrudevo bhava* (Sois celui qui considère la mère (la femme) comme divine), tel est l'idéal que l'Inde ancienne a donné au monde. Notre culture enseigne aux hommes à considérer toutes les femmes comme leur mère. Avant de naître, tout homme passe neuf mois dans le sein de sa mère. En conséquence, un homme sensible éprouvera tout naturellement du respect envers sa mère. Toutes les femmes devraient être traitées avec le même respect.

La femme constitue le fondement de la famille. En tant que femme, elle est tout spécialement dotée des qualités d'amour, de pardon et d'humilité, c'est pourquoi elle peut jouer un rôle plus important que l'homme dans le maintien de la paix, de l'harmonie et de la prospérité au sein de la famille. Ce sont ces vertus féminines qui maintiennent l'unité de la famille. Le masculin incarne la puissance de la volonté. Mais la volonté à elle seule ne suffit pas à maintenir une relation harmonieuse entre les membres de la famille. Chacun devrait cultiver l'amour, la patience, l'humilité et une attitude de pardon envers les autres membres de la famille. Des conflits surgissent au sein de la famille quand la femme cherche à adopter une nature masculine ou bien quand l'homme s'efforce d'imposer son ego à la femme.

L'Inde est le pays du renoncement, non de l'assouvissement des sens. Nos ancêtres ont cherché et trouvé la fontaine de la béatitude éternelle. Ils ne furent pas victime de l'erreur moderne qui consiste à gâcher sa vie et sa santé en poursuivant des plaisirs éphémères. La place d'une personne dans la société était déterminée par ses actes, ses qualités et son *dharma*. Le but ultime de chacun était de réaliser le Soi. Les gens étaient pleinement conscients de ce but et de la voie qui y mène. C'est pourquoi le contentement régnait. Mais ensuite, ceux qui n'étaient pas satisfaits tentèrent de s'emparer des positions détenues par d'autres. Le conflit naît du mécontentement intérieur. L'ordre social qui régnait en Inde pouvait parfaitement permettre à chacun de trouver le bonheur parfait et la réalisation du Soi. A cette époque, l'égalité entre hommes et femmes et la place des femmes dans la société n'étaient pas matière à débat.

La véritable place d'une femme dans la société n'est absolument pas d'être reléguée au fond. Sa place est égale à celle des hommes, elle doit se trouver devant. La question importante est de savoir si, oui ou non, on lui accorde aujourd'hui cette place.

Question : Manou[14] n'affirme-t-il pas que le père d'une femme doit la protéger pendant l'enfance, son mari pendant sa jeunesse et ses fils lorsqu'elle est âgée, et qu'une femme n'est pas apte à être indépendante ?

Amma : Le sens réel de ce texte est qu'une femme mérite d'être protégée, non qu'il faut lui refuser la liberté. Manou indique que les hommes ont la responsabilité de protéger les femmes en toutes circonstances. Cela prouve que les femmes avaient un statut élevé dans la société. Une femme ne devrait pas avoir besoin que quiconque lui accorde sa liberté. Son droit de naissance est de jouir de la même liberté que n'importe quel homme. Mais Manou déclare que c'est le devoir des hommes d'assurer sa protection. Une culture qui prive les femmes de leur liberté pave la voie de sa propre destruction.

Quand Amma entend des gens critiquer cette déclaration de Manou, Elle pense à la police qui assure la sécurité des ministres quand ils se déplacent. Bien que les ministres jouissent de cette protection, ne sont-ils pas libres ? Ils possèdent une liberté entière et voyagent comme ils veulent. De même, notre société accordait aux femmes une liberté totale mais la responsabilité d'assurer leur

---

[14] voir glossaire

protection et leur sécurité incombait aux hommes. La société indienne accordait ce statut honorable aux femmes parce qu'elles sont la lumière qui guide la famille et donc, finalement, l'ensemble de la société.

Question : Quelle est l'opinion d'Amma au sujet du débat actuel sur l'égalité entre les hommes et les femmes ?

Amma : Plus que d'égalité entre hommes et femmes, nous devrions parler d'unité entre hommes et femmes. Il est difficile pour les hommes et les femmes de parvenir à l'égalité au niveau physique. Si vous examinez le plan du mental, il existe un certain degré de masculinité chez les femmes et un élément féminin chez les hommes. Les femmes ne devraient pas imiter aveuglément les hommes. Si par exemple elles essayent d'imiter les hommes en s'adonnant au jeu, à la boisson et en fumant, elles creusent la tombe de la féminité. Il leur faut en revanche cultiver l'élément masculin en elles. Et les hommes devraient développer en eux l'aspect maternel. C'est cela, la perfection. Si hommes et femmes font grandir en eux ces aspects opposés, ils avanceront ensemble vers la plénitude et la perfection.

Les sociétés matérialistes considèrent que la relation entre un homme et une femme est essentiellement limitée au plan physique, mais la culture de l'Inde nous a enseigné à la considérer comme un lien au niveau spirituel.

Sous prétexte de liberté, ce que beaucoup de gens souhaitent de nos jours pour les femmes mariées, c'est en fait uniquement de les libérer des responsabilités de la vie de famille. Une liberté sans limites, sans aucune responsabilité, ne fera que nourrir le désir de jouir des plaisirs matériels. Comment est-il possible de maintenir la paix et l'harmonie au sein de la famille si l'esprit de compétition règne entre les partenaires ? En revanche, quand un

homme et une femme avancent de concert avec amour et compréhension mutuelle, chacun étant prêt à s'adapter aux besoins
de l'autre, ce qui naît entre eux n'est pas l'égalité, mais l'union –
l'union de Shiva et de Shakti. C'est le monde de la joie. L'homme
et la femme ne font plus qu'un et oublient toute différence. L'un
rattrape les insuffisances de l'autre. Grâce à l'amour, chacun
transcende la colère en l'autre, et grâce à la tolérance, chacun
accepte les faiblesses de l'autre. Ils jouissent ainsi tous deux de la
véritable liberté. Les gens ont besoin de ce mélange de qualités
masculines et féminines. La puissance féminine est un complé-
ment pour l'homme tandis que la puissance masculine en est un
pour la femme. Dans une relation, chacun a besoin du soutien,
des encouragements et de l'inspiration que l'autre lui apporte.
Loin de constituer l'un pour l'autre un fardeau, ils se soutiennent
et se protègent mutuellement. Pour atteindre cet idéal, il faut
que nous comprenions la spiritualité. La spiritualité nous aide à
oublier les conflits extérieurs pour prendre conscience de notre
union intérieure, de l'essence du Soi.

Question : On dit que les femmes n'avaient pas droit à l'égalité
sociale en Inde. Les femmes indiennes n'étaient-elles pas condam-
nées à rester confinées dans les appartements privés de la maison ?

Amma : A bien des égards, l'histoire de l'Inde diffère de celle
des autres pays. La civilisation de l'Inde est plus ancienne que
toutes les autres. Les femmes occupaient autrefois une place
d'honneur dans la société. Même lors de l'accomplissement des
rites védiques, l'homme et la femme jouissaient de droits égaux
et quand un homme accomplissait un rituel védique, le statut de
la femme était égal au sien. Dans les temps reculés, une femme
avait aussi bien qu'un homme le droit de choisir une profession.
Des femmes telles que Maitreyi et Gargi occupaient une place

respectée dans l'assemblée des érudits. A cette époque, il existait en Inde des femmes-guerrières. Si nous examinons les conseils donnés dans le Ramayana par des femmes telles que Sumitra, Tara et Mandodari, nous voyons que dans le domaine du dharma, les femmes représentaient une force décisive. Comment peut-on affirmer qu'une telle civilisation déniait aux femmes leur liberté ?

Il est vrai que l'Inde a parfois été influencée par les changements culturels dans les pays étrangers. Si nous étudions soigneusement l'histoire de l'Inde, c'est évident. Pendant des siècles, l'Inde a été contrainte de vivre sous une domination étrangère. Les étrangers qui gouvernaient l'Inde considéraient la femme comme un simple objet de plaisir. Pour échapper à de telles gens, les femmes furent souvent contraintes de rester enfermées chez elles. Peu à peu, des éléments de décadence s'introduisirent également dans notre culture. Cela entraîna des ravages considérables au sein de la grande culture qui, dans les temps reculés, avait fleuri en Inde.

Tandis que l'Inde traditionnelle était orientée vers la joie et l'immortalité du renoncement, les dirigeants qui occupaient le pays considéraient que les plaisirs et l'assouvissement des sens étaient le but de leur vie. Comment l'harmonie aurait-elle pu régner entre des gens à la tournure d'esprit aussi différente ? Avec l'arrivée des Occidentaux, le système d'éducation de l'Inde changea lui aussi. L'éducation dans les *gurukulas* disparut. Le but de l'éducation changea : il ne s'agissait plus de devenir autonome, mais de devenir dépendant d'autrui. Les enseignements touchant au *dharma*, tels que *Matru devo bhava, pitru devo bhava, acharya devo bhava* (considère ta mère comme divine, ton père comme divin et ton maître comme divin) ne furent plus enseignés dans les écoles. L'égoïsme et la concurrence remplacèrent la vérité et le renoncement. Les femmes qui, au départ, avaient cherché refuge dans les appartements privés de leur maison face aux conquérants étrangers, furent maintenant contraintes d'y rester par une génération d'hommes dont la caractéristique prédominante était l'égoïsme. Ces générations nouvelles déformèrent les codes moraux et les règles édictées par les Ecritures pour les adapter à leurs propres intérêts égoïstes. Notre société en subit aujourd'hui encore les conséquences. L'influence d'autres cultures, telle est la raison fondamentale de l'expérience choquante que les femmes ont dû subir en Inde. Forcer une femme à souffrir ne fait pas partie de la culture indienne ; cela vient d'une autre culture, une culture démoniaque (de *rakshasa*). Rappelons-nous que les larmes de Sita[15] réduisirent Lanka en cendres.

Question : Quand Amma déclare que l'on parvient à la plénitude grâce à l'unité entre le masculin et le féminin, cela signifie-t-il que, selon elle, il est impossible de parvenir à la plénitude grâce à brahmacharya ?

Amma : Lorsqu'Amma mentionne l'union entre l'homme et la femme, il ne s'agit pas d'une union au niveau physique. C'est l'élément prédominant chez une personne, le féminin ou le masculin, qui fait d'elle un homme ou une femme. Homme ou femme, chacun contient les deux. Lorsque la nature masculine prédomine chez une femme, nous disons que, bien qu'elle soit une femme, elle ressemble à un homme. De même, si la féminité prédomine chez un homme, nous déclarons qu'il est pareil à une

---

[15] Il s'agit d'une référence à l'épopée ancienne du Ramayana, écrite par le sage Valmiki. Sita était l'épouse du Seigneur Rama, une incarnation divine. Ils furent contraints de partir en exil dans la forêt où le démon Ravana enleva Sita, qu'il emmena à Lanka. Rama partit à sa recherche. C'est le grand dévot de Rama, le dieu-singe Hanuman, qui la trouva à Lanka. Après avoir vu Sita, Hanuman réduisit une partie de la ville en cendres. A la fin de l'épopée, Rama tue Ravana et Sita est délivrée.

femme. En disant cela, nous ne nous fondons pas sur leur aspect physique, bien sûr.

La femme n'est pas consciente de la masculinité en elle et la recherche à l'extérieur, chez un homme. De même, l'homme n'est pas conscient des vertus de pardon, de compassion et d'affection qui sont cachées en lui. Il s'imagine qu'on ne les trouve que chez une femme. Hommes et femmes, chacun devrait éveiller en lui-même les pouvoirs et les capacités complémentaires. La plénitude, c'est l'union des éléments masculins et féminins en nous-mêmes. C'est ce que symbolise l'*ardhanarisvara* (représentation de Shiva dans laquelle une moitié du corps est féminine et l'autre masculine). C'est uniquement grâce à cette union intérieure que nous pouvons faire l'expérience de la béatitude.

Le but de *brahmacharya* est de prendre conscience du fait que le féminin et le masculin sont tous deux contenus en nous et que la nature de notre Soi réel transcende toute dualité. Il nous est impossible de le découvrir sans une pratique spirituelle constante. Mais les gens d'aujourd'hui n'ont pas la patience nécessaire. Tenant tout ce qu'ils voient dans le monde extérieur pour réel, ils courent après le mirage des plaisirs des sens et périssent dans cette poursuite.

Question : Les femmes devraient-elles chercher à obtenir une éducation supérieure ? Quelle est l'opinion d'Amma ?

Amma : Les femmes devraient avoir le même niveau d'éducation que les hommes et trouver du travail si nécessaire. Une éducation adéquate est la source de la justice sociale et d'une noble culture.

Une femme ne peut encourager, inspirer et conseiller son compagnon, comme c'est le rôle d'une vraie *sahadharmini* (épouse qui accompagne son époux pas à pas sur la voie du *dharma*) que si elle est autonome grâce à l'éducation qu'elle a reçue.

De plus, si les femmes sont aujourd'hui contraintes de souffrir au sein de la famille et de la société, c'est essentiellement dû à leur manque d'autonomie financière. Si elles peuvent obtenir des postes qui leur assurent un revenu, cela mettra fin à leur dépendance financière. Les gens ont une vision complètement matérialiste de la vie, engendrée par l'influence de la société actuelle et par leur ignorance générale en matière de spiritualité. Ils accordent donc beaucoup plus d'importance à des questions matérielles, telles que la prospérité financière, qu'à l'unité spirituelle du masculin et du féminin. Ce changement d'attitude est une des raisons du nombre croissant de divorces. C'est aujourd'hui que les femmes doivent poser les fondations de leur indépendance et de leur sécurité financière ; sinon, dans les circonstances actuelles, si la femme n'est pas assez éduquée, si elle n'est pas financièrement autonome, elle sera demain incapable de subvenir à ses besoins quand cela s'avèrera nécessaire.

Les liens familiaux ne sont pas très forts en Occident. A la longue, l'habitude des hommes occidentaux qui quittent leur femme pour en prendre une autre cessera d'être considérée comme une erreur en Inde. Les femmes devront non seulement s'assumer, mais en outre prendre en charge pour la plus grande part l'éducation de leurs enfants. Elles se trouveront aux prises avec de grandes difficultés si elles ne disposent pas d'une source de revenu régulier. Et c'est impossible sans une éducation supérieure.

Question : Les femmes d'autrefois ne cherchaient cependant pas à recevoir beaucoup d'éducation.

Amma : Les circonstances actuelles sont totalement différentes de ce qu'elles étaient alors. A cette époque, les besoins étaient peu nombreux. Il n'était pas nécessaire que le mari et la femme gagnent tous les deux de l'argent. En outre, le but de l'éducation n'était pas uniquement de gagner de l'argent. Il s'agissait de rendre la personne apte à atteindre l'état suprême, grâce à l'éveil de son véritable Soi. Les femmes acquéraient cette connaissance pendant l'enfance. La jeune mariée devenait la femme de la maison et elle était considérée comme la source de toute la richesse et de la prospérité de son mari. Seul le mari travaillait pour subvenir aux besoins de la famille. Dans un tel environnement, la femme n'avait pas le sentiment que son mari restreignait sa liberté et faisait d'elle son esclave et inversement, le mari n'avait pas l'impression que la femme gouvernait la famille. Ils étaient liés par l'amour, non par l'égoïsme. A cette époque, une femme considérait comme son devoir de diriger la famille, de servir son mari et ses parents et de prendre soin des enfants. En contre-partie, le mari considérait la sécurité et le bien-être de sa femme comme son propre bonheur. Dans une telle famille, les conflits n'ont pas de place ; c'est une famille remplie de paix. Ce sont les nobles vertus que nous manifestons dans notre vie qui nous apportent la paix. Richesse, position sociale et statut ne peuvent nous donner la paix. En ce temps-là, les femmes n'éprouvaient pas le besoin d'accéder à une éducation supérieure ou d'exercer une profession pour améliorer les revenus de la famille.

Question : De nos jours, quand les deux parents travaillent, comment peuvent-ils donner à leurs enfants l'attention dont ils ont besoin ?

Amma : Tant que les parents comprennent à quel point il est important de trouver du temps pour leurs enfants, ils y parviendront sans nul doute. Ils ont beau être très occupés à leur poste de travail, s'ils tombent malades ils s'arrangent tout de même pour prendre des congés, n'est-ce pas ?

Les femmes doivent faire attention dès le début de leur grossesse. Une femme enceinte doit éviter toute situation susceptible de créer des tensions, parce que tout stress éprouvé pendant la grossesse pourrait nuire à la santé de l'enfant qu'elle porte. Une femme enceinte devrait donc essayer d'être heureuse, de faire des pratiques spirituelles, de se rendre dans des ashrams et de demander conseil à des maîtres spirituels.

Les mères devraient comprendre à quel point il est important de nourrir leur bébé. Le lait maternel est le lait de l'amour ; il est constitué de l'amour que la mère a pour son bébé. Il contient aussi de nombreux éléments nutritifs faciles à digérer. Il est idéal pour la santé du bébé et pour renforcer la puissance de sa mémoire. Rien ne vaut le lait maternel.

Lorsque l'enfant est en âge de mémoriser, les parents devraient commencer à lui inculquer des valeurs morales au travers d'histoires et de berceuses. Autrefois, la maisonnée incluait les grands-parents et d'autres membres de la famille. Lorsque les parents vieillissent, ils sont de nos jours considérés comme un fardeau par leurs enfants. Dès qu'ils le peuvent, les jeunes déménagent et fondent leur propre foyer. Par ce processus, ils privent leurs propres enfants du terreau riche et fertile des relations de famille. Les enfants manquent aussi les nombreuses petites histoires que grand-père et grand-mère pourraient leur raconter. Leur croissance est bloquée, comme celle d'un jeune arbre dans un pot, qui n'a pas la possibilité de développer des racines profondes, de se développer pleinement. Dans le monde contemporain, le mieux serait de confier les enfants aux anciens de la famille. Ils s'occuperont de leurs petits enfants avec plus d'amour et d'affection que n'importe quelle gouvernante ou garde d'enfants. La présence des enfants apportera aussi de la joie aux grands-parents dans leur vieillesse.

C'est sur les genoux de leur mère que les enfants reçoivent les premières leçons sur la manière de discerner entre ce qui est juste et ce qui ne l'est pas. La personnalité d'un enfant est moulée par les influences qu'il assimile jusqu'à l'âge de cinq ans. A cet âge, les enfants passent normalement la plus grande partie de leur temps avec leurs parents. De nos jours, les garderies sont en vogue et les enfants sont en grande partie privés de l'amour et de l'affection désintéressée de leur mère. Les puéricultrices qui travaillent dans les garderies sont des employées qui ont souvent leurs propres enfants à la maison, qu'elles chérissent et qu'elles aiment. Une mère n'éprouve pas le même lien émotionnel avec un autre enfant que le sien. C'est ainsi qu'au moment même où le caractère des enfants doit être modelé, leur mental se ferme. Comment attendre de tels enfants qu'ils se sentent responsables de leurs parents âgés, les mêmes parents qui les ont confiés à des gardes d'enfants à l'âge tendre où ils avaient besoin de grandir dans la chaleur de l'amour de leur mère ? Il serait surprenant que ces enfants ne pensent pas à mettre leurs parents dans des foyers pour personnes âgées.

La mère est celle qui guide l'enfant. Il lui incombe non seulement de donner de l'amour et de l'affection à l'enfant qu'elle porte et nourrit, mais aussi de l'aider à développer de nobles vertus. La mère peut faire cela dix fois plus efficacement que le père. D'où le proverbe qui déclare que quand un homme est bon, cela bénéficie à un individu, mais que quand une femme est bonne, toute la famille en bénéficie.

Chez les enfants qui grandissent sans recevoir assez d'amour, c'est souvent une nature animale qui domine. C'est inévitable si les parents n'ont pas de valeurs spirituelles. Les parents doivent être capables de distinguer entre des besoins frivoles et les nécessités absolues de la vie. Ils devraient se contenter d'une vie simple et passer beaucoup de temps avec leurs enfants, même si cela implique qu'ils prennent des congés. Aimer réellement son enfant, ce n'est pas l'emmener dans des parcs de loisirs ; c'est prendre le temps de lui enseigner des valeurs nobles, des valeurs authentiques. C'est seulement si de telles valeurs sont profondément gravées chez un enfant qu'il aura plus tard la force de tenir bon dans les situations difficiles, sans jamais faiblir.

Les enfants ont besoin de jouir de l'amour et de l'affection de leur mère au moins jusqu'à l'âge de cinq ans. Entre cinq et quinze ans, les enfants ont besoin à la fois d'amour et de discipline. Seuls les efforts de tous les parents pour cultiver chez leurs enfants de bonnes valeurs, des valeurs vraies, permettront à la paix et à l'harmonie de régner dans la société.

L'intégrité de chaque individu constitue le fondement d'une noble culture, pour toute la nation. L'enfant d'aujourd'hui doit se développer de manière à être demain une personnalité dotée de maturité. Nous récolterons demain ce que nous semons aujourd'hui.

Question : Les parents peuvent-ils aujourd'hui, comme par le passé, envoyer leurs enfants dans des gurukulas afin qu'ils y reçoivent une éducation ?

Amma : Le matérialisme a remplacé la culture spirituelle d'autrefois. La société de consommation, la quête du plaisir, ont maintenant si profondément pris racine qu'il n'est plus possible de revenir en arrière. Ils sont deux fois plus forts que notre culture traditionnelle. Le mal est allé si loin qu'il serait insensé d'imaginer qu'il est possible de déraciner le matérialisme et de revenir à notre ancien mode de vie. Une telle tentative ne mènerait qu'à la déception. Dans le monde actuel, il s'agit de trouver le moyen de progresser tout en empêchant le déclin total de nos valeurs.

Le coût de la vie a considérablement augmenté et il est difficile de faire vivre une famille sans que le mari et la femme travaillent tous deux. Le plus grand souci des parents, c'est l'éducation de leurs enfants. Il est parfois impossible d'obtenir une bonne éducation sans faire appel à des écoles privées[16].

Mais les frais d'admission sont élevés et d'autres dépenses viennent encore s'y ajouter. Pour maintenir leur réputation, les écoles privées dispensent un enseignement systématique. Le seul critère des progrès de l'élève, ce sont les notes qu'il obtient aux examens ; cela n'a pas grand chose à voir avec la véritable connaissance, la sagesse et la pureté de sa conduite.

Le système éducatif actuel fait subir aux enfants une énorme pression. Si une voiture est neuve, il ne faut pas la conduire trop vite ; le moteur tout neuf a besoin d'être rôdé jusqu'à ce qu'il puisse donner toute sa puissance. Sinon, il risque d'être abîmé. De même, soumettre des esprits si jeunes à une tension trop forte nuit à leur santé et arrête leur développement.

Aujourd'hui, au nom de l'éducation, nous plaçons sur les épaules des enfants un fardeau trop lourd pour eux à un âge si tendre. A un moment où les enfants devraient rire et jouer avec leurs amis, nous les enfermons dans des salles de classes, comme des oiseaux en cage. Si l'enfant n'obtient pas dès la maternelle d'excellentes notes, les parents se tracassent et se plaignent. Mais c'est l'enfant qui doit subir toutes ces épreuves, non les parents. Si l'on demande aux enfants dans quel but ils étudient, la plupart répondent : « Pour devenir ingénieur ou médecin ». Les parents

---

[16] L'Inde étant un pays pauvre, l'école publique et gratuite pour tous n'existe pas. Dans le Kérala, le gouvernement a fait un immense effort d'alphabétisation, mais le niveau des écoles publiques est en général très bas. Les enfants des classes moyennes et supérieures fréquentent tous des écoles privées. N.d.t.

les poussent vers ces carrières dès le cours préparatoire. Il est rare qu'ils encouragent leurs enfants à connaître le vrai but de la vie et à mener une vie qui y soit conforme.

Examinons le but de l'éducation. L'éducation moderne vous permet certes d'obtenir un diplôme, un bon emploi, et de gagner de l'argent. Mais cela suffit-il à nous donner la paix intérieure ? Le but de l'éducation se limite aujourd'hui à l'acquisition de la richesse et du pouvoir. Mais n'oubliez pas, mes enfants, que la purification du mental constitue le fonde-ment même de la paix et du bonheur. Seule une juste compréhension de la spiritualité peut nous permettre d'accéder au degré suprême de ce raffine-ment. Si, tout en donnant à nos enfants une éducation moderne, nous ne les aidons pas à cultiver des valeurs nobles et à purifier leur mental, nous allons élever des Ravanas (des démons) au lieu d'élever des Ramas (des dieux).

Il suffit de marcher dix fois sur l'herbe pour y tracer un che-min. Mais peu importe combien de fois nous faisons le même trajet sur le rocher, aucun chemin n'apparaît. De même, quand on inculque des valeurs nobles à un esprit jeune, elles se gravent vite profondément en lui. Une fois que l'enfant est adulte, ce sont ces valeurs qui le guident.

On peut modeler n'importe quelle forme dans l'argile tant qu'elle n'est pas passée au four. Mais une fois qu'elle est cuite, il n'est plus possible de modifier la forme. Il nous faut donc ensei-gner des valeurs nobles à nos enfants avant que leur mental se durcisse dans la chaleur du matérialisme mondain. Malheureuse-ment, les possibilités de modeler le caractère de nos enfants sont de plus en plus réduites. C'est pourquoi Amma insiste sur ce point.

Question : Pourquoi les liens familiaux sont-ils aujourd'hui de plus en plus faibles ?

Amma : Sous l'influence de notre culture matérialiste, l'avidité, la soif de plaisirs sensuels ne cessent d'augmenter. L'influence morale que les femmes exerçaient autrefois sur les hommes a disparu. Avec le temps, la convoitise pour les profits matériels a rendu les gens égoïstes. Les femmes ont eu le sentiment que leur mari les forçait à la soumission. La colère et les conflits naquirent. Au lieu d'aider les enfants à développer un bon caractère, comme c'était leur devoir, les parents ont semé en eux les graines empoisonnées de l'égoïsme et de l'esprit de concurrence. Nous voyons aujourd'hui ces traits négatifs sous leur forme la plus féroce. Les graines ont germé, elles ont grandi et leurs branches se répandent maintenant partout. Ce qui est nécessaire pour nous libérer de ces traits négatifs, plus que la soi-disant égalité entre hommes et femmes, c'est une compréhension mutuelle entre hommes et femmes du rôle de chacun au sein de la famille. L'argent à lui seul ne nous apportera jamais la paix. Et il n'a jamais aidé personne à développer un caractère pur ou de la force intérieure. Comment des parents qui ignorent eux-mêmes le contentement sauraient-ils inculquer à leurs enfants et cultiver en eux des valeurs telles que la compréhension mutuelle et le pardon ? Le résultat de l'incapacité des parents à former correctement leurs enfants, c'est que la puissance des forces destructrices au sein de la société augmente à chaque génération. Si nous souhaitons que cela change, il faut que les parents cultivent les principes spirituels dans leur propre vie.

Un enfant peut obtenir de l'amour par d'innombrables voies, au sein de la société. Bien des gens lui montreront peut-être de l'affection. Mais aucun amour n'égale celui d'une mère. Une voiture roule avec de l'essence, mais pour que le moteur démarre, il faut une batterie. Pour l'enfant, l'amour des parents équivaut à la batterie. L'amour parental que nous recevons dans notre enfance nous donne la force d'affronter toutes les situations de la vie en contrôlant notre mental.

L'amour que nous recevons du monde comporte toujours une part d'égoïsme. Si nous aimons une vache, c'est pour le lait qu'elle produit et non par pur amour. Peu importe la quantité de lait qu'elle nous a donnée, le jour où elle n'en produit plus, elle est destinée à la boucherie. Si le mari ou la femme ne cède pas à son conjoint, il s'ensuit promptement un divorce. Mais l'amour d'une mère pour son bébé n'est pas fondé sur l'égoïsme.

Il ne suffit pas de recevoir une éducation et d'obtenir un emploi. Il nous faut en outre acquérir une compréhension de base des principes spirituels. Lorsque nous nous lancerons dans la vie de famille, notre connaissance de ces principes nous aidera à orienter chaque pas dans la bonne direction. Mes enfants, c'est la seule manière de trouver la paix. Même si nous avons mangé à notre suffisance, si nous voulons bien dormir, il faut que nous soyons en paix.

Si nous construisons notre maison sur de la boue, sans bâtir tout d'abord des fondations solides, un vent léger pourrait bien suffire à la renverser. De même, si nous fondons notre vie de famille uniquement sur le matérialisme, les relations au sein de la famille peuvent casser face au moindre petit problème. Mais si notre vie de famille repose sur les fondations solides de la spiritualité, nous serons capables d'affronter n'importe quelle tempête. Tels sont les bienfaits d'une vie de famille fondée sur la compréhension des vrais principes. Les parents ne devraient pas manquer d'expliquer à leurs enfants les principes de la spiritualité et de jouer pour eux le rôle de modèles.

Malgré toute la richesse qui existe dans les pays développés, le taux des malades mentaux augmente. C'est seulement en discernant entre l'éternel et l'éphémère qu'il nous est possible de vivre sans jamais perdre notre équilibre mental ni notre paix intérieure. Sinon, l'envahissement du matérialisme que nous connaissons aujourd'hui engendrera également en Inde une augmentation des maladies mentales. Voici un exemple : Il était une fois une famille comprenant trois membres : le père, la mère et le fils. Le père occupait un poste officiel élevé et la mère était assistante sociale. Leur fils était étudiant et il était passionné de cricket. La famille ne possédait qu'une voiture. Un soir, le père dut se rendre à une réunion. Au moment où il faisait démarrer la voiture, sa femme sortit. Elle était invitée à un mariage et voulait prendre la voiture. Il s'ensuivit une discussion. C'est alors que le fils arriva en disant qu'il y avait ce soir-là un match de cricket et qu'il avait besoin de la voiture pour s'y rendre. Ils se mirent tous trois à argumenter et bien vite, à crier les uns sur les autres. Le temps passa, et il fut finalement trop tard pour qu'aucun d'entre eux aille où il le souhaitait. Ils n'avaient réussi qu'à se disputer. S'ils avaient par contre essayé de se rendre mutuellement service, ils auraient pu éviter toute dispute. Ils auraient pu partir tous ensemble dans la voiture, le mari aurait pu conduire sa femme au mariage, déposer son fils au terrain de cricket, puis aller à sa réunion. Mais leur ego les en empêcha et tous trois manquèrent ainsi ce qui les intéressait. Au lieu de l'harmonie, c'étaient la colère et le ressentiment qui régnaient entre eux.

Mes enfants, examinons maintenant notre vie. Ne gâchons nous pas ainsi une bonne partie de notre temps, à nous disputer pour des choses triviales ?

C'est là un point que nous devons bien comprendre. Si nous cultivons un esprit d'humilité et de pardon, si nous nous adaptons aux besoins des autres, nos relations familiales s'en trouveront chaque jour renforcées. Au sein d'une vraie famille, un sentiment d'acceptation mutuelle règne entre les époux. Ainsi, le monde qu'ils partagent s'élargit, et il s'élargit encore lorsqu'ils ont des enfants. Mais cette croissance ne devrait pas s'arrêter là. Ce monde doit grandir encore, jusqu'à embrasser tous les êtres, animés ou inanimés. Tel est le but ultime de la vie de famille. C'est ainsi qu'hommes et femmes peuvent découvrir leur propre perfection. Le monde où règne un tel amour, englobant tout, est un monde de bonheur permanent. La vie est alors libre de disputes ou de batailles au sujet du passé, libre d'inquiétudes absurdes au sujet de l'avenir. Chacun vit en pensant non pas « pour moi », mais « pour toi ». Dieu apparaît de Lui-même pour bénir le sanctuaire d'une famille où la lumière de l'amour brille avec éclat.

Conversation avec un groupe d'occidentaux

Un groupe de dévots allemands était venu à l'ashram pour recevoir le darshan d'Amma. La plupart d'entre eux suivaient depuis des années une pratique spirituelle. Voici leur conversation avec Amma.

Question : Combien de temps faut-il laisser passer entre un repas et la méditation ?

Amma : Mes enfants ne méditez pas aussitôt après le repas. Attendez au moins deux heures. Si vous n'avez pris qu'une légère collation, laissez passer une demi-heure avant de commencer à méditer. Lorsque vous vous asseyez pour méditer, votre mental se dirige vers la partie du corps sur laquelle vous essayez de vous focaliser. Quand le méditant se concentre sur le cœur ou le point situé entre les deux sourcils, une grande partie de son énergie s'écoule vers le point de concentration et il n'en reste pas assez pour la digestion. Cela peut entraîner une indigestion et des désagréments tels que des vomissements et des maux de tête. Ne commencez donc à méditer qu'après avoir laissé passer le temps nécessaire à la digestion.

Question : Comment doit-on répéter son mantra ?

Amma : Quand vous répétez votre mantra, concentrez-vous soit sur la forme de votre divinité d'élection, soit sur le son du mantra. Il est bon de visualiser chaque lettre (syllabe) du mantra intérieurement pendant que vous le récitez. Vous pouvez concentrer votre mental sur le son produit en le récitant. Là où le mantra est le plus utile, c'est quand il s'agit de contrôler les pensées. Le mantra est la rame qui nous permet d'avancer et d'atteindre l'Etre suprême.

Votre esprit est actuellement attaché à la diversité. Le fait de répéter un mantra vous aidera à le libérer de toute cette diversité et à le centrer sur Dieu. Amma a rencontré beaucoup de personnes qui s'inquiétaient parce qu'elles ne parvenaient pas à visualiser leur divinité d'élection[17] en répétant leur mantra. Si vous ne pouvez pas voir votre déité, contentez-vous de vous rappeler son nom et continuez à répéter le mantra en vous concentrant soit sur les lettres, soit sur le son. Pendant la méditation, il suffit de se concentrer sur la forme ; il n'est pas nécessaire de répéter le mantra à ce moment-là. Mais la répétition du mantra devrait se poursuivre intérieurement de façon continue, que vous soyez en train de travailler, de marcher, de voyager ou quoi que ce soit d'autre. Ainsi, d'une manière subtile, le mental repose constamment en Dieu. Ne vous inquiétez pas si vous n'obtenez pas une concentration parfaite. Vous pouvez au moins être attentif au son du mantra. Chaque fois que vous le répétez, imaginez par exemple que vous offrez une fleur aux pieds de votre divinité d'élection. Les yeux fermés, cueillez une fleur dans votre cœur et déposez-la aux pieds de votre déité. Si ce n'est pas possible, concentrez-vous sur le son du mantra ou sur la forme des lettres, en les visualisant. Quelle que soit la méthode choisie, ne laissez pas le mental vagabonder, attachez-le à votre divinité d'élection.

---

[17] Quand Amma parle de la divinité d'élection, elle désigne l'aspect du Divin qui représente pour nous Dieu. Ce peut être la Mère divine, Krishna ou le Christ.

Question : Est-il nécessaire de répéter le mantra pendant la méditation ?

Amma : Non, si vous êtes capable de fixer votre mental sur la forme.

Question : Comment concentrer le mental sur la forme de notre divinité d'élection pendant la méditation ?

Amma : Visualisez la forme de votre divinité d'élection à plusieurs reprises de la tête aux pieds et des pieds à la tête. Vous pouvez imaginer que vous tournez autour d'elle en adoration (pradakshina) ou bien que vous courez et vous amusez avec elle. Vous pouvez aussi imaginer que votre divinité bien-aimée s'éloigne de vous et que vous essayez de la rattraper en courant, ou bien encore imaginer que vous êtes assis sur ses genoux et que vous lui donnez un baiser, ou qu'elle vous coiffe et vous lisse les cheveux. Le but de toutes ces visualisations, c'est de fixer le mental sur votre divinité bien-aimée.

Tout en visualisant cette forme divine, priez par exemple : « Ô Mère, guide-moi ! » « Ô Père, guide-moi ! » « Ô Lumière éternelle, guide-moi ! » ou bien « Océan de compassion, guide-moi ! »

Songez à la distance que le mental parcourt en une seconde ! Le but de ces visualisations est de l'empêcher de vagabonder. Il n'est peut-être pas question de tout cela dans le Védanta, mais c'est seulement grâce à de telles pratiques que vous pourrez faire l'expérience de ce dont parle le Védanta.

Question : Comment répéter le mantra ou bien nous rappeler la forme de notre divinité bien-aimée tout en travaillant ? N'allons-nous pas oublier de répéter le mantra ?

141

Amma : Imagine que ton frère soit à l'hôpital dans un état critique. Cesseras-tu de penser à lui, même en travaillant ? Quoi que tu fasses, tu penseras constamment à lui. A-t-il repris conscience ? Parle-t-il ? Est-ce qu'il se sent mieux ? » Tu ne penseras qu'à lui mais tu seras quand même en état de travailler. Ainsi, si nous pensons que Dieu est notre parent le plus proche, qu'Il est nôtre, il ne nous sera pas difficile de nous rappeler Dieu et de répéter le mantra.

Question : Tous les brahmacharis et les brahmacharinis qui demeurent ici atteindront-ils la réalisation ?

Amma : Les enfants qui sont ici sont venus pour différentes raisons. Il y a ceux qui ont pris cette décision parce qu'ils éprouvent un détachement total envers les objets de ce monde, puis d'autres qui imitent ce groupe et viennent dans un élan de ferveur initiale. S'ils font l'effort nécessaire, ils peuvent eux-aussi absorber ce samskara spirituel et progresser.

Parmi ceux qui menaient une vie mauvaise, certains ont changé pour mener une vie pure, uniquement grâce à l'association avec de grandes âmes (*satsang*). Valmiki vivait dans la forêt où il volait et tuait les voyageurs. Grâce au *satsang* et à l'effort qu'il fournit ensuite, il devint un grand sage et le premier de nos poètes. Le *satsang* eut également un effet puissant sur Prahlada[18], qui devint le plus grand des dévots bien qu'il fût issu d'une lignée de démons (*asuras*).

Même si certains viennent ici dans un élan de ferveur initiale, s'ils essaient de comprendre les enseignements, de les assimiler et de les mettre en pratique, ils peuvent réellement changer. Dans le domaine de l'artisanat, il est possible de tout apprendre en

---

[18] voir glossaire, Prahlada

compagnie d'un maître artisan, n'est-ce pas ? Mais si vous ne restez pas auprès du maître pour l'observer, vous n'apprendrez rien. Ainsi, en demeurant à l'ashram et en participant à la vie de la communauté, il est possible de progresser ; une tendance spirituelle se développe chez la personne. Si aucun changement ne se produit, même au bout d'une longue période passée en compagnie d'un sage, alors il faut accepter que c'est le résultat du *karma* de cette personne, un *karma* qui vient de vies passées.

Il était une fois dans un village un *sannyasi* qui passait ses journées assis sous un arbre *peepul* où il méditait et répétait un mantra. Les villageois lui apportaient des fruits, des pâtisseries, et lui offraient leurs services. Un jeune homme ayant observé cela quotidiennement se mit à songer qu'après tout, s'il se faisait moine lui aussi, il n'aurait plus aucun problème dans la vie. Il alla donc dans un village voisin, revêtit la robe ocre des *sannyasis*, s'assit sous un arbre et se mit à méditer et à répéter un mantra. Bien vite, les gens vinrent offrir leurs respects au *sannyasi*, apportant des fruits et des sucreries en abondance. Parmi ceux qui lui rendaient visite se trouvaient beaucoup de belles femmes. Au bout de quelques jours, le jeune homme disparut ; il s'était enfui avec l'une d'elles.

Ceux qui ne viennent que pour faire semblant ne réussiront pas. Seuls ceux qui ont une foi et un abandon d'eux-mêmes absolus parviendront au but. Les autres finiront par suivre leur propre chemin. Pourquoi s'en inquiéter ? Ici, c'est un champ de bataille. Si vous réussissez ici, vous pouvez conquérir le monde entier : l'univers entier sera en votre pouvoir.

Question : Si Dieu est cause de tout, n'est-Il pas aussi la cause des nombreuses maladies que nous voyons aujourd'hui ?

Amma : Dieu est la cause de tout. Il nous a aussi enseigné comment mener notre vie. Il nous parle au travers des mahatmas. A quoi bon incriminer Dieu pour les difficultés que nous rencontrons alors que nous ne suivons pas Ses enseignements ?

Un tonique permet de guérir mais si vous buvez toute la bouteille d'un coup, sans obéir aux instructions du médecin, vous pouvez très bien vous ruiner la santé. Si vous ne réglez pas correctement la fréquence de votre radio, elle ne fait que vous déranger. Si vous la réglez comme il convient, la musique vous procure du plaisir et de la satisfaction. Ainsi, les gens souffrent parce qu'ils ne saisissent pas l'essentiel. Il faut aller à l'essentiel pour trouver le bonheur : le but du *satsang* est justement d'apprendre ces principes. Le fait d'écouter un enseignement spirituel peut nous aider à résoudre de nombreux problèmes. Mais si vous vivez auprès d'un maître spirituel établi dans la Vérité ultime et que vous suivez ses instructions, votre vie sera toujours remplie de joie ; jamais vous ne serez en danger. La vie de ceux qui n'apprennent jamais les vrais principes, ni par les livres, ni au travers de discours spirituels, et qui ne bénéficient pas de la présence d'un maître spirituel ne manquera pas de suivre une pente descendante.

Beaucoup des maladies que nous voyons aujourd'hui sont le résultat des actions égoïstes de l'humanité. Nous mangeons une nourriture toxique et dénaturée. Les pesticides et les fertilisants employés dans la culture des graines et des légumes sont toxiques au point de tuer ceux qui les respirent. Nous mangeons les récoltes produites dans ces conditions, modifiées dans le but d'obtenir un profit excessif. Comment notre santé n'en serait-elle pas affectée ? La consommation d'alcool et de drogue engendre également de nombreuses maladies. Quant aux remèdes que l'on donne aux gens pour se soigner, ils ne sont pas purs, eux aussi sont trafiqués. C'est donc à cause du comportement inhumain des êtres humains que les maladies augmentent aujourd'hui dans une telle mesure. N'allons donc pas en accuser Dieu. Il ne rend malade ni ne fait souffrir personne. Il n'y a pas d'imperfection dans la création divine. Ce sont les êtres humains qui dénaturent tout. Si nous vivions en accord avec la volonté de Dieu et en harmonie avec la nature, la plupart des maladies actuelles pourraient être éliminées.

Question : De nos jours, même les enfants sont malades. Quelle faute ont-ils donc commise ?

Amma : Bien souvent, ce sont les parents qui, par négligence, sont à l'origine de leur maladie. Après tout, ces enfants naissent de parents eux-mêmes empoisonnés par leur nourriture. Comment pourraient-ils être en bonne santé ? Même le lait contient des substances toxiques. Les vaches mangent de l'herbe et du fourrage traités avec des pesticides.

Il est naturel que les enfants des alcooliques et des drogués ne naissent pas en bonne santé. Il se peut qu'ils viennent au monde avec des malformations, et des déficiences génétiques. Les enfants de ceux qui consomment des médicaments allopathiques en excès sont également sujets à la maladie. C'est à cause des actions incorrectes que ces âmes ont commises dans des vies antérieures qu'il leur faut maintenant naître de tels parents et subir ainsi les conséquences des actions erronées de leurs parents. Notre bonheur ou notre malheur dépendent de nos actes car le *karma* est la cause de tout. Si nous voulons jouir d'un bonheur durable et éviter la souffrance, il nous faut donc agir avec beaucoup de soin et de vigilance. Nous créons nos propres difficultés. Jamais nous ne récoltons les fruits d'erreurs que nous n'avons pas commises, mais toujours de celles que nous avons commises. De nos jours, les gens ne vivent pas en tant que partie de la création divine mais dans leur propre création et ils en reçoivent les fruits. Inutile donc de nous en prendre à Dieu et de rejeter la faute sur Lui. Tant que nous suivons le chemin tracé par Dieu, nous n'avons rien à regretter ; nous ne savons même pas ce qu'est la souffrance.

Question : Les Ecritures parlent de la réincarnation. Sur quelle base l'âme individuelle obtient-elle un nouveau corps ?

Amma : Toute âme individuelle reçoit une nouvelle naissance en accord avec son samskara (degré de raffinement intérieur). Si une âme individuelle obtient une naissance humaine, c'est dû au samskara atteint dans sa vie antérieure. Si un être humain accomplit de bonnes actions et mène une vie pure, il peut vraiment devenir Dieu. Mais s'il s'obstine à vivre comme un animal bien qu'ayant pris naissance en tant qu'être humain, il lui faudra renaître dans une forme de vie inférieure.

Il existe une aura qui entoure notre corps. Exactement comme nous enregistrons de la musique ou une conversation sur une cassette, cette aura enregistre chacune de nos pensées et de nos actions. Selon leur qualité, les actions sont enregistrées dans différentes parties de l'aura : les bonnes actions sont enregistrées dans l'aura au-dessus de la taille et les mauvaises dans la partie inférieure. Si une personne a accompli essentiellement de bonnes actions, elle accède après la mort à un monde supérieur. L'âme atteint le monde des ancêtres ou bien elle renaît selon les limites posées par ses actions. Mais si quelqu'un a commis surtout de mauvaises actions, l'aura de cette âme tombe sur le sol et devient nourriture pour les vers et les insectes ; l'âme renaît alors en tant qu'oiseau ou animal.

Quand un œuf sain éclot, il en sort un oiseau. Si l'œuf est mauvais, il n'y aura pas d'oiseau. L'œuf brisé pourrit sur le sol où il est dévoré par les vers et les insectes.

Ne vivre que pour le bonheur présent engendre le malheur futur. Si vous crachez en l'air tout en restant allongé sur le dos parce que vous êtes trop paresseux pour vous lever, c'est sur votre propre corps que le crachat retombera. De même, chaque action entraîne une réaction correspondante de la part de la nature. Cela ne fait aucun doute.

Question : Si nous avons accompli différentes actions dans nos vies antérieures, pourquoi n'en avons-nous pas conscience maintenant ?

Amma : Te rappelles-tu tout ce que tu as fait quand tu étais petit ? Nous ne nous souvenons même pas de tout ce que nous avons fait dans cette vie ! Le chant que tu as appris hier, tu l'as peut-être oublié aujourd'hui. Alors comment pourrais-tu t'attendre à te souvenir de ce qui est arrivé dans une vie précédente ? Mais lorsque ton mental sera devenu subtil grâce aux pratiques spirituelles, alors tu sauras tout. Quand nous parlons du fruit d'actes accomplis dans des vies antérieures, cela inclut aussi le fruit d'actions faites inconsciemment dans cette vie.

Le bonheur ou le malheur que nous connaissons maintenant sont le fruit d'actions passées, accomplies dans des vies antérieures ou dans cette vie même. Et si nous employons notre intelligence et agissons correctement, nous pouvons vivre dans le contentement, nous pouvons devenir les enfants de la béatitude.

Question : Si par mégarde nous touchons quelqu'un du pied, nous sommes censés toucher cette personne avec la main puis porter la main à notre front. N'est-ce pas de la superstition ?

Amma : Ces pratiques ont été instaurées par nos ancêtres pour que les gens cultivent de bonnes habitudes. Ainsi disons-nous à un enfant que s'il ment, il deviendra aveugle. Si c'était vrai, combien de gens jouiraient de la vue aujourd'hui ? Mais en affirmant cela, nous pouvons aider un enfant menteur à se corriger. Quand on nous demande de toucher la personne que nous avons touchée du pied, c'est pour faire preuve de respect. Le but de cette coutume est de nous aider à développer l'humilité. Quelqu'un se conformant à ces usages ne songera pas à lancer un coup de pied à qui que ce soit, pas même sous l'emprise de la colère.

Il y a une autre raison. Il existe un lien entre les pieds et la tête. Quand le pied heurte quelque chose, certains nerfs dans la tête sont affectés. Quand nous nous prosternons, la tension dans ces nerfs se relâche. Mais l'essentiel, c'est que ces pratiques nous aident à cultiver une bonne conduite.

Question : Amma, on peut diviser la vie en deux aspects, le spirituel et le matériel. Lequel des deux nous donne le bonheur ?

Amma : Mes enfants, n'allez pas considérer le spirituel et le matériel comme séparés dans la vie. Cette différence n'existe que dans le mental. Il s'agit de bien comprendre la spiritualité et de vivre en accord avec elle. C'est la seule façon de connaître la béatitude. Mener une vie remplie du véritable bonheur, voilà ce que la spiritualité nous enseigne. Si nous comparons l'aspect matériel de la vie à du riz et le spirituel à du sucre, la spiritualité est à la vie ce que le sucre est au pudding de riz. Comprendre la spiritualité donne à la vie sa douceur.

Si vous vous attachez à l'aspect matériel de la vie, vous allez vers la souffrance. Ceux qui ne désirent que les plaisirs de ce monde doivent être prêts à souffrir en contrepartie. Seuls ceux qui sont prêts à souffrir devraient prier pour obtenir les choses de ce monde. L'aspect matériel ne cessera jamais de nous importuner et de nous tourmenter. Cela ne signifie pas qu'il faut complètement renoncer aux choses de ce monde. Amma dit seulement que tout en vivant dans le monde, nous devons développer une certaine compréhension de la spiritualité pour ne pas être affaiblis par la souffrance. En ce monde, aucun de ceux que nous proclamons nôtres, de nos parents et amis, ne nous appartient réellement. Aucun de ceux qui affirment être notre famille n'est réellement notre famille. Dieu seul est notre vraie famille. N'importe qui d'autre peut se retourner contre nous à tout moment. Les gens nous aiment uniquement parce qu'ils désirent leur propre bonheur. Lorsque nous sommes en proie à la maladie, au chagrin ou aux difficultés, il nous faut les endurer seuls. Soyons donc attachés à Dieu seul. Si nous sommes attachés au monde, il nous sera difficile de regagner notre liberté. Quel nombre incalculable de vies faut-il vivre avant d'être libéré des attachements !

Nous devons mener notre vie comme si nous accomplissions un devoir. Alors nous ne succomberons pas au chagrin si d'autres se retournent contre nous ou nous abandonnent, et si quelqu'un que nous avons aimé plus que notre propre vie se retourne tout-à-coup contre nous, nous ne nous effondrerons pas, nous n'aurons aucune raison de désespérer. Quand vous avez une coupure au doigt, ce n'est pas en vous contentant de rester assis à pleurer que vous la guérissez. Et pleurer ne vous aidera pas non plus si vous perdez votre fortune ou bien vos parents et amis. Vos larmes ne les feront pas revenir. Mais si nous comprenons et acceptons le fait que ceux qui sont avec nous aujourd'hui peuvent nous quitter demain, nous pourrons vivre heureux et libres de tout souci ; peu importe alors qui se retourne contre nous ou bien nous quitte. Cela ne signifie pas que nous ne devons aimer personne, au contraire, nous devrions aimer tout le monde. Mais cet amour doit être désintéressé. Aimons sans rien attendre en échange ; nous éviterons ainsi la souffrance.

La vie en ce monde inclut la souffrance. Elle peut cependant nous apporter le bonheur si nous avons une certaine compréhension de la spiritualité. Si on saute dans une mer déchaînée sans aucune préparation, on est submergé par les vagues et on se noie. Mais ceux qui ont appris à nager peuvent aisément affronter de grosses vagues. De même, si nous faisons de la spiritualité le fondement de notre vie, quelles que soient les circonstances auxquelles nous sommes confrontés et leurs difficultés, nous ne chancèlerons pas. Le mental trouve le bonheur dans un objet tandis qu'il en hait un autre. Certains ont le sentiment de ne pas pouvoir vivre sans cigarettes, d'autres sont dérangés par la fumée. Bonheur ou chagrin, tout est dans le mental. Si vous maîtrisez le mental et le dirigez dans la bonne voie, vous ne connaîtrez que la joie. Pour cela, vous avez besoin de connaissances spirituelles ; si vous vivez en accord avec ce savoir, il ne peut pas y avoir de souffrance.

Essayez de répéter constamment un mantra. Ne parlez que de Dieu. Renoncez à tout égoïsme. Abandonnez tout à Dieu. Si nous sommes capables de vivre ainsi, nous n'aurons pas à souffrir.

Puisque nous nous attachons si facilement à n'importe quel objet en ce monde, pourquoi ne pas nous attacher à Dieu ? Notre langue sait fort bien parler de n'importe quoi ; pourquoi ne pas lui enseigner à répéter notre mantra ? Si nous y parvenons, nous trouverons la paix et ceux qui nous entourent aussi.

La plupart des gens parlent de leurs problèmes à tous ceux qui les entourent. Mais cela ne résout rien. Cela ne fait que rendre également malheureux ceux qui sont obligés de les écouter. C'est comme si un petit serpent essayait d'en avaler un gros.

Etre tourné vers le monde, c'est oublier Dieu ; c'est ne rien désirer d'autre que notre propre bonheur, recherchant pour cela des objets matériels, contraints de souffrir pendant la plus grande partie de notre vie pour obtenir quelques miettes de plaisir. C'est ainsi que les gens perdent leur paix intérieure et cela affecte également ceux qui les entourent. Etre désintéressé et tout abandonner à Dieu, sachant que tout Lui appartient en réalité, c'est cela, la spiritualité. Ceux qui vivent ainsi non seulement connaissent la paix intérieure, mais ils apportent la paix dans le cœur de ceux qui les entourent.

Question : Amma, tu as dit que notre dévotion ne devrait pas être inspirée par nos désirs, mais qu'elle devrait s'enraciner dans la compréhension des principes spirituels. Quelle en est la raison ?

Amma : Nous ne pouvons véritablement progresser que grâce à la dévotion fondée sur les principes essentiels. Nous devons apprendre à mener notre vie d'une manière juste. La dévotion nous enseigne à le faire. La vie d'un vrai dévot est pure béatitude. Mais si la dévotion n'est pas accompagnée par la compréhension des principes spirituels, c'est la vie entière qui sonne faux. Une telle vie ne vous apportera aucune joie. C'est pourquoi Amma dit que, tout en en vénérant Dieu, il faut comprendre les principes spirituels et prier pour que nous soit accordée la vraie dévotion. La plupart des gens prient aujourd'hui pour satisfaire leurs désirs, mais leur dévotion n'est fondée sur aucune compréhension réelle. Ils vont au temple quand ils veulent quelque chose et font le vœu de donner quelque chose en retour s'ils obtiennent ce qu'ils veulent. Ce n'est pas de la dévotion et ce n'est pas ainsi qu'on trouve le bonheur. Ils aiment Dieu s'ils parviennent à leurs fins et ils Le haïssent s'ils échouent. Leur vie est faite de foi intermittente, entrecoupée.

Il était une fois dans un village deux couples mariés depuis dix ans. Ni l'un ni l'autre n'avait d'enfant. L'un de ces couples, attristé par ce fait, se mit à prier Dieu. Ils priaient chaque jour pour avoir un enfant. Une nuit, le mari eut un rêve. Un être divin lui apparut et lui demanda : « Si tu as un enfant, seras-tu satisfait ? » Il répondit : « Sans enfant, jamais je ne serai heureux. Si seulement j'avais un enfant, je serais satisfait pour le reste de mes jours. » L'être divin le bénit et disparut. Peu après, sa femme se trouva enceinte. Ils débordaient tous les deux de joie. Mais leur bonheur fut de courte durée, car ils s'inquiétaient de l'enfant à naître. Ils se demandaient sans cesse : « Les membres et les organes de l'enfant seront-ils bien formés ? Notre enfant sera-t-il en bonne santé ? Sera-t-il beau ? » Ils avaient auparavant prié Dieu pour qu'Il satisfasse leur désir d'avoir un enfant, mais maintenant, ils ne songeaient plus un seul instant à Dieu. Ils ne pensaient qu'à l'enfant à naître. Ils n'avaient pas un seul moment de paix.

Le bébé naquit. C'était un garçon en pleine santé, les parents étaient très heureux. Ils se mirent à économiser pour payer l'éducation de leur fils. L'enfant grandit et entra à l'école. Chaque matin, quand l'enfant partait à l'école, les parents s'inquiétaient. Quelqu'un allait-il lui faire du mal ? Ne risquait-il pas de tomber ? Il leur était impossible de se détendre avant son retour de l'école. En grandissant, l'enfant devint têtu et capricieux. Il refusait d'obéir à ses parents et ne faisait pas attention à ses leçons. Son père et sa mère ne s'inquiétaient plus que de l'avenir de leur fils. Mais avec les années, ses mauvaises habitudes se renforcèrent. Quand il arriva au lycée, il se mit à boire. Il ne cessait de réclamer de l'argent à ses parents. Cette habitude devint quotidienne. Il n'hésitait pas à les insulter et même à les frapper. Les parents redoutaient le moment où il rentrait à la maison. Le fils vendit peu à peu tous les biens de ses parents. Un jour, comme ils refusaient de lui donner de l'argent, il les menaça avec un couteau. Craignant pour leur vie, ils empruntèrent pour satisfaire tous ses désirs, puisqu'ils ne possédaient plus rien. Quand ils s'avérèrent incapables de rembourser leurs dettes, les gens du voisinage leur devinrent hostiles et cessèrent de leur prêter de l'argent. Quand finalement ses parents ne lui servirent plus à rien, il les quitta et ne les revit plus jamais. Ils n'avaient vécu que pour leur fils et voilà qu'il était parti ; leurs voisins les haïssaient et ils avaient tout perdu. Il ne leur restait plus que les larmes et le désespoir.

Si nous désirons uniquement le bonheur que procurent les objets de ce monde, nous devons être prêts à endurer les souffrances qui les accompagnent.

L'autre couple, lui aussi, priait Dieu, mais pas pour avoir un enfant. Ils ne priaient que pour atteindre Dieu. Leur dévotion était fondée sur un amour réel pour Dieu. Le fait qu'ils n'aient pas d'enfant ne leur posait pas de problème. Leur prière était la suivante : « Nous n'avons pas d'enfant. Seigneur, permets-nous donc de considérer chacun comme étant Ton enfant ! Nous aurons des enfants si telle est la volonté de Dieu. Pourquoi nous en inquiéter ? Nous devrions prier pour que la dévotion envers Dieu nous soit accordée. » Telle était l'attitude de ce couple. Ils possédaient une compréhension réelle de la spiritualité. Ils avaient conscience de ce qui est éternel et du but de la vie. Ils répétaient constamment leur mantra et consacraient leur temps libre à lire ou écouter des histoires spirituelles ou encore à chanter des chants dévotionnels avec leurs parents et leurs amis. Ils priaient chaque jour afin de pouvoir aimer et servir tous les êtres. Ils donnaient également une partie de leurs revenus aux pauvres. Dieu fut touché par leur pure dévotion. Et bien qu'ils n'eussent jamais prié pour cela, Il les bénit en leur accordant un fils. La naissance de leur enfant ne changea rien à leur dévotion. Ils en étaient reconnaissants et heureux, sans pour autant éprouver une joie excessive. Ils continuèrent à mener une vie consacrée à Dieu. Ils racontèrent à leur enfant des histoires spirituelles, et dès l'âge tendre, lui apprirent à prier et à chanter des chants dévotionnels. En conséquence, l'enfant développa une bonne nature et tout le monde l'aimait. Les parents donnaient beaucoup d'affection à leur enfant sans lui être excessivement attaché. Ils prenaient refuge en Dieu. Quand vint la vieillesse, ils n'attendaient pas que quiconque vienne leur tenir compagnie. Mais beaucoup de gens venaient leur rendre visite et les servir avec respect et amour, attirés par leur dévotion innocente et par l'amour désintéressé qu'ils manifestaient envers tous.

Parce qu'ils n'étaient pas égoïstes, ils menèrent une vie heureuse. Ils goûtèrent le bonheur avant et après la naissance de leur fils. Et comme ils priaient Dieu de leur permettre de considérer tous les êtres comme Ses enfants, ils reçurent beaucoup plus qu'un fils ; Dieu leur envoya beaucoup de gens pour les aimer et les servir.

Les deux couples avaient de la dévotion (*bhakti*). Mais la dévotion du premier était fondée sur le désir (*kamya bhakti*) tandis que celle du second était sans motif, c'était de l'amour pur.

Pour le premier couple, leur fils était tout. Ils pensaient qu'il serait avec eux pour toujours. Dieu n'était pour eux qu'un moyen de satisfaire leurs désirs. Dès qu'ils eurent obtenu ce qu'ils voulaient, ils oublièrent Dieu. Et quand leur fils les quitta, ils sombrèrent dans le désespoir.

Mais le second couple comprit que Dieu seul est vrai et éternel en ce monde d'illusion. Ils savaient que nul n'aime autrui plus que son propre bonheur. Ils savaient aussi qu'au moment de la mort, rien ni personne ne les accompagnerait, ni enfant, ni conjoint, ni fortune ni aucun bien. Leur seul but était donc de réaliser le Soi, qui seul est éternel. Et ils vivaient en accord avec ce principe. Leur dévotion était fondée sur le véritable principe spirituel (*tattva*). Ils ne s'affligeaient pas si quelqu'un se retournait contre eux. Ils aimaient même ceux qui leur étaient hostiles. Comme ils avaient voué leur vie à Dieu, ils étaient heureux.

Mes enfants, notre dévotion doit jaillir uniquement de notre soif de Dieu. Alors Dieu nous donnera tout. Inutile de nous inquiéter de savoir qui s'occupera de nous dans notre vieillesse. Aucun dévot sincère n'est jamais mort de faim ou n'a souffert parce qu'il n'y avait personne pour s'occuper de lui. Et pourquoi se préoccuper de ce qui arrivera au corps après la mort ? Peu après le décès, le corps commence à sentir mauvais. Il sera enterré ou brûlé. Inutile de gâcher sa vie à se préoccuper de tout cela.

Pourquoi s'inquiéter du lendemain ? Ce qui est arrivé il y a un moment est comme un chèque annulé. Il ne sert à rien de perdre son énergie à y penser. Vivez aujourd'hui avec beaucoup de soin et de vigilance et demain sera votre ami.

La dévotion est importante. Mais si vous priez pour ensuite médire d'autrui, ce n'est pas de la dévotion. Efforçons-nous de voir Dieu en chacun, c'est cela, la dévotion. Accomplir de bonnes actions avec une attention extrême, c'est aussi de la dévotion. Ce qu'Amma nomme dévotion, c'est la faculté de discerner entre l'éternel et l'éphémère. C'est ce dont nous avons besoin.

Question : N'est-ce pas Dieu qui nous fait accomplir les actions justes comme les actions injustes ?

Amma : C'est vrai si vous avez réellement conscience que c'est Dieu qui vous fait tout faire. Dans ce cas, que vous receviez les fruits d'une bonne action ou la punition qui résulte d'une mauvaise, vous devriez être capable de penser également : « C'est Dieu qui donne tout. » Dieu n'est pas responsable de nos erreurs. C'est nous qui le sommes. Blâmer Dieu pour les problèmes engendrés par notre ignorance revient à rejeter la faute sur l'essence quand nous avons un accident de voiture dû à une erreur de conduite. Dieu nous a clairement indiqué comment vivre en ce monde. Nous ne pouvons pas L'incriminer parce que nous n'avons pas suivi Ses instructions.

Question : Dans la Bhagavad Gita il est dit que nous devons agir sans désirer les fruits de nos actes. Comment est-il possible de travailler sans en désirer les fruits ?

Amma : Le Seigneur a dit cela pour nous permettre de vivre sans souffrir. Agissez avec beaucoup de soin et d'attention, sans être dévorés d'anxiété au sujet du résultat. Les fruits viendront alors d'eux-mêmes. Si vous étudiez, faites-le avec application. Inutile de vous angoisser pour savoir si vous aurez ou non votre examen. Si vous construisez une maison, construisez-la soigneusement, conformément aux plans, sans vous tourmenter et vous demander avec inquiétude si la construction tiendra ou pas. Faites de bonnes actions et les résultats seront immanquablement bons. Si vous vendez du riz de bonne qualité, qui ne contient pas de pierres, tout le monde en achètera. C'est le résultat des efforts que vous faites quand vous sélectionnez de bonnes graines, que vous les faites bouillir, sécher, et en ôtez l'enveloppe. Mais si vous trafiquez votre riz pour faire plus de profit, vous en serez punis aujourd'hui ou demain. Vous perdrez en outre votre paix intérieure. Agissez donc avec soin et attention, en considérant tout ce que vous faites comme une offrande à Dieu. Vous en obtiendrez les fruits dans une juste mesure, ni plus, ni moins, que vous vous inquiétiez ou non du résultat. Pourquoi perdre votre temps à y songer ? Ne vaut-il pas mieux employer cette énergie à accomplir cette action du mieux possible ? Ou bien encore fixer notre mental sur Dieu au lieu de gaspiller ce temps ?

Question : Puisque le Soi est omniprésent, ne devrait-il pas être présent également dans le corps physique après la mort ? Pourquoi la mort se produit-elle donc ?

Amma : Si une ampoule grille, cela ne veut pas dire qu'il n'y a plus d'électricité. Quand vous éteignez le ventilateur, vous ne sentez plus de courant d'air, mais il y a toujours de l'air. Si vous soufflez dans un ballon, que vous faites un nœud et lancez le ballon dans le ciel, l'air ne disparaît pas si le ballon crève, il est toujours là. Ainsi, le Soi est partout présent. Dieu est partout. La mort ne résulte pas de l'absence du Soi mais de la faillite de l'instrument ou support (upadhi) (c'est-à-dire du corps). La mort est la destruction de l'upadhi ; elle n'a rien à voir avec une déficience quelconque du Soi.

Question : Est-il possible d'atteindre l'état de réalisation du Soi uniquement grâce à des pratiques spirituelles, en lisant des livres et en écoutant des discours spirituels, sans l'aide d'un maître spirituel ?

Amma : La mécanique ne s'apprend pas uniquement dans les livres. Il faut acquérir de la pratique avec un mécanicien expérimenté, en l'observant et en devenant son élève. De même, vous avez besoin d'un maître spirituel pour prendre conscience des obstacles qui risquent de surgir lors de votre apprentissage spirituel et pour les surmonter afin d'atteindre le but.

La posologie d'un médicament est inscrite sur l'étiquette, il vaut mieux cependant ne pas prendre le remède sans avoir consulté un médecin. L'étiquette ne donne que des indications générales. Le docteur prend en considération la santé et la constitution de chaque patient, avant de décider de la quantité à prescrire. Si vous ne suivez pas ses indications, le remède pourrait vous faire plus de mal que de bien. Il se peut que vous découvriez la spiritualité et les pratiques spirituelles grâce à la lecture et à des discours spirituels et que vous en acquériez ainsi une certaine connaissance. Mais pour vaincre les difficultés qui risquent de surgir et pour atteindre le but grâce à des pratiques spirituelles, vous avez besoin d'un maître. Quand on transplante un jeune plant, il faut prendre un peu de la terre d'origine pour faciliter son enracinement et son adaptation à la nouvelle demeure. Sans une motte de la terre d'origine, il lui sera plus malaisé de s'habituer au nouveau sol. La présence d'un maître spirituel est comparable à la terre du lieu d'origine.

Il est très difficile au départ pour un chercheur spirituel de persévérer dans ses pratiques. La présence du maître donne au disciple la force nécessaire pour transcender tous les obstacles et demeurer fermement ancré dans les pratiques spirituelles. La croissance harmonieuse d'un pommier requiert des conditions climatiques particulières. Il a en outre besoin d'eau et d'engrais à certains moments. Si des parasites infestent l'arbre, il faut les détruire. De même, le maître crée des circonstances favorables pour les pratiques spirituelles du disciple et le protège de tous les obstacles.

Le maître voit quel type de pratique spirituelle vous convient. Il vous indique la voie spirituelle à suivre et si vous devez pratiquer le discernement (entre l'éternel et l'éphémère), le service désintéressé, le yoga, une certaine forme de méditation, la répétition d'un mantra ou la prière. Certains n'ont peut-être pas la constitution requise pour faire du yoga tandis que d'autres doivent s'abstenir de méditer pendant des heures d'affilée. Que se passerait-il si on laissait cent vingt-cinq personnes monter dans un bus conçu pour n'en contenir que vingt-cinq ? Un petit mixeur ne s'utilise pas de la même manière qu'une machine industrielle. Si vous utilisez l'appareil sans interruption pendant une longue durée, il y aura surchauffe et il sera endommagé. Le maître suggère les pratiques spirituelles appropriées à la constitution physique, mentale et intellectuelle de chaque personne.

Le maître connaît mieux que vous la nature de votre corps et de votre mental. Il vous donne des instructions qui correspondent à votre degré d'évolution. Si vous décidez d'ignorer cela et de faire des pratiques spirituelles d'après des informations glanées quelque part, vous risquez de perdre votre équilibre mental. Un excès de méditation peut entraîner trop de chaleur dans la tête. La personne risque de perdre le sommeil. Le maître donne des instructions conformément à la nature de chacun, indiquant sur quelle partie du corps se concentrer pendant la méditation, sur le cœur par exemple ou sur le point entre les deux sourcils et pendant combien de temps méditer.

Si vous partez en voyage, la compagnie d'une personne qui connaît la région où vous allez et les routes qui y mènent vous permettra d'atteindre votre destination plus rapidement. Sinon, un trajet qui devrait prendre une heure risque d'en prendre dix. Même si vous avez une carte, vous risquez de vous perdre dans ce terrain qui ne vous est pas familier ou bien de vous retrouver dans une zone dangereuse. Mais vous n'avez rien à craindre si vous avez un guide qui connaît la route. Le rôle du maître spirituel est comparable. Il connaît à fond les différentes voies qu'empruntent les voyageurs spirituels. A chaque pas, des obstacles peuvent surgir et si vous n'avez pas un maître pour vous guider, il vous sera alors difficile de continuer vos pratiques spirituelles.

Si vous recevez l'initiation d'un *satguru*, vous pouvez progresser très rapidement. On ne fabrique pas du yaourt en ajoutant du lait au lait ; il faut ajouter un peu de yaourt. C'est un peu de ce qui ce passe quand un *satguru* vous initie à un mantra. La puissance spirituelle du chercheur est éveillée.

Question : Obéir à un maître, n'est-ce pas de l'esclavage ?

Amma : Il est difficile de se débarrasser de l'ego uniquement par les pratiques spirituelles. Pour éliminer l'ego, il faut suivre les instructions d'un maître spirituel qualifié. Lorsque nous nous inclinons devant un maître spirituel, nous ne voyons pas cet individu, mais les principes qu'il incarne. Nous nous inclinons devant cet idéal, afin de pouvoir nous aussi atteindre ce niveau. Seule l'humilité peut nous permettre de progresser. Toute graine contient un arbre. Mais si la graine reste dans la réserve en proclamant qu'elle est un arbre, elle servira de nourriture à un rat ! La nature réelle de la graine ne se révèle que quand elle s'incline et s'enfonce dans la terre.

Le parapluie s'ouvre quand on presse sur le bouton. Il peut alors protéger les gens de la pluie et du soleil.

Enfants, nous avons obéi à nos parents, à nos maîtres et à nos aînés, nous les avons respectés et honorés et cela nous a permis de nous développer et de croître en sagesse, de cultiver des vertus et de bonnes habitudes. L'obéissance du disciple à son maître lui permet ainsi d'atteindre un état de conscience plus vaste et de devenir le roi des rois.

Le maître authentique est l'incarnation du renoncement. Si nous réussissons à saisir ce que sont la vérité, le *dharma*, l'abnégation et l'amour, c'est parce que le maître *vit* tout cela. Le maître est la vie de toutes ces vertus. En obéissant au *satguru* et en cherchant à devenir son émule, nous les développons en nous-mêmes.

Lorsque nous montons dans un avion, les membres de l'équipage nous demandent d'attacher notre ceinture de sécurité avant le décollage. Ils ne le font pas pour affirmer leur supériorité mais pour assurer notre sécurité. De même, si le maître enjoint au disciple de pratiquer la maîtrise de soi, la continence et d'obéir à certaines règles, c'est pour assurer son progrès spirituel. Les instructions qu'il donne au disciple visent à le protéger des difficultés susceptibles de surgir. Le maître sait que toute chute provoquée par l'ego est capable de mettre non seulement le disciple mais encore d'autres personnes en danger.

Les conducteurs obéissent aux gestes de l'agent de police qui règle la circulation. Cela permet d'éviter d'innombrables accidents. Le maître sauve le disciple de situations qui pourraient le mener à sa perte spirituelle, étant donné qu'il possède encore le sens du « moi » et du « mien ». Le maître donne au disciple l'entraînement nécessaire pour éviter à l'avenir de telles situations.

L'obéissance à un maître n'est pas de l'esclavage. Le seul but du maître est la sécurité du disciple et sa libération ultime. Un maître est celui qui est réellement capable de nous montrer le chemin. Un maître authentique ne considère jamais un disciple comme un esclave. Il n'éprouve envers lui qu'un amour sans limites. Le désir du maître est de voir le disciple réussir, même si lui-même, de son plein gré, doit accepter une certaine forme de défaite dans le processus. Un maître parfait est une vraie mère.

Question : Ceux qui s'en remettent entièrement à Dieu ont-ils besoin de faire un effort ?

Amma : Mes enfants, sans effort, il est impossible de réussir quoi que ce soit. Rester assis sans faire aucun effort en déclarant que Dieu s'occupera de tout, c'est de la pure paresse. De telles gens disent que Dieu s'occupera de tout sans pourtant s'abandonner complètement à Lui. Quand il faut travailler, ils disent que Dieu prendra soin de tout. Mais dès qu'ils ont faim, ils font l'effort de se remplir le ventre, même si cela implique qu'ils volent pour obtenir de la nourriture. Ils n'attendent pas patiemment que Dieu leur apporte à manger ! Quand il s'agit de la faim et d'autres questions personnelles, leur abandon à Dieu se réduit à des paroles creuses.

Dieu s'occupe de tous les aspects de notre vie. Mais cela ne signifie pas que nous parviendrons au moindre résultat si nous restons assis les bras croisés alors que les circonstances nous demandent d'agir. Dieu ne nous a pas donné la vie, la santé et un intellect pour que nous gâchions notre vie en étant paresseux ! Nous devons être prêts à travailler selon Ses instructions.

Le feu peut servir à incendier une maison ou à cuire un repas. Ainsi, si nous n'employons pas les dons de Dieu à l'usage auquel ils sont destinés, il en résultera peut-être plus de mal que de bien. Là où l'effort est requis, agissez de manière appropriée, en offrant votre action à Dieu. C'est ainsi que vous obtiendrez les meilleurs résultats.

Un disciple sortit pour aller mendier de la nourriture. Il passa toute sa journée à mendier sans recueillir aucune nourriture. Le soir, fatigué et affamé, il alla retrouver le maître. Il était en colère contre Dieu parce qu'il n'avait rien reçu en aumône. Il dit au maître : « A partir d'aujourd'hui, je ne veux plus dépendre de Dieu. Vous nous dites toujours que nous obtiendrons tout ce que nous voulons si nous nous abandonnons à Dieu. Mais pourquoi prendrais-je refuge en un Dieu qui ne peut même pas me donner un repas ? J'ai fait une erreur en faisant confiance à Dieu ! »

Le maître lui dit : « Je te donnerai cent mille roupies. Me donneras-tu tes yeux en échange ? »

Le disciple répondit : « Je serais aveugle sans mes yeux ! Qui donc vendrait ses yeux, à quelque prix que ce soit ? »

« Bon, laissons les yeux. Me donneras-tu ta langue ? »

« Comment pourrais-je parler, sans langue ? »

Alors donne-moi ton bras. Ou bien si ce n'est pas possible, ta jambe suffira. Je te donnerai cent mille roupies ! »

« Mon corps a plus de valeur que cet argent. Personne ne souhaite perdre aucune partie de son corps. »

Le maître, comprenant ce que le disciple ressentait, dit :

« Ton corps possède une valeur inestimable. Dieu te l'a donné sans rien exiger en échange. Et pourtant tu Le critiques. Dieu ne t'a pas donné ce corps d'une valeur incalculable pour que tu restes assis sans rien faire. Tu es censé mener une vie active, avec beaucoup d'attention et de vigilance. »

Trois hommes reçurent chacun une certaine quantité de graines. Le premier les mit en sûreté dans une boîte. Le second les mangea aussitôt pour apaiser sa faim. Le troisième les planta, les arrosa et les cultiva.

Ceux qui restent assis, oisifs, en déclarant que Dieu s'occupera de tout, sont pareils à l'homme qui garde ses graines dans une boîte. Ces graines ne servent à personne. De telles gens sont tout simplement paresseux. Ils constituent un fardeau pour le monde. Ils ne font pas usage des instruments que Dieu leur a donnés, le corps, le mental et l'intellect.

L'homme qui mangea les graines réussit temporairement à contenter son estomac. C'est ce que font les gens qui s'appuient sur les objets de ce monde. Leur but est d'obtenir un bonheur temporaire. Mais celui qui comprit comment faire bon usage des graines, qui les sema et les cultiva, réussit à se nourrir ainsi que sa famille avec la récolte qu'il obtint. Et il put en outre semer d'autres graines, ce qui lui permit de satisfaire aussi les besoins de ses voisins. De même, c'est uniquement en comprenant l'usage réel des outils que Dieu nous a donnés, celui auquel ils sont destinés, et en les employant correctement, que nous pourrons mener une vie utile et atteindre le véritable but de la vie.

Mes enfants, s'abandonner à Dieu, c'est faire usage de cet instrument donné par Dieu avec la vigilance et le soin adéquats. Rester oisif, sans faire le moindre effort, est un grand péché envers Dieu.

Qu'a déclaré Krishna dans la *Bhagavad Gita* ? Il a dit : « Arjouna, tu dois combattre en te souvenant de Moi ! » Il n'a pas dit : « Tu n'as pas besoin de faire quoi que ce soit. Reste assis là, je te protègerai. » Si nous faisons un pas vers Dieu, Il en fera cent vers nous. Mais nous n'avons généralement pas l'abandon de nous-mêmes requis pour faire ce pas. Mes enfants, n'oubliez pas que c'est Dieu qui nous donne la capacité de faire des efforts et qui crée les circonstances requises pour cela. Mais le succès de nos efforts dépend également de la grâce de Dieu. Notre devoir est donc de faire un effort en abandonnant les fruits, quels qu'ils soient, à Dieu.

Nous devrions être pareils à un morceau de bois entre les mains de Dieu. Il se peut que Dieu nous coupe en morceaux pour fabriquer un jouet ou nous utiliser comme bois à brûler. Notre abandon de nous-mêmes à Dieu devrait être tel que nous puissions dire : « Que Dieu fasse ce qu'Il veut. J'accepterai tout avec joie. » Lorsque nous avons cette attitude, toutes nos actions sont justes. Dès lors, ni le succès ni l'échec ne nous affectent plus et nous sommes remplis de paix intérieure et de contentement.

Mes enfants, essayons de répandre les principes spirituels, de les inculquer aux autres en les mettant en pratique dans notre propre vie. Il est impossible de propager ce savoir par de simples paroles. Le temps que les gens gaspillent à parler suffirait à mettre les enseignements en pratique ! Les gens ordinaires aiment imiter les actions de ceux qui occupent un rang, une position élevée dans la société. C'est pourquoi il est si important que ceux qui jouissent d'une telle situation s'efforcent d'être pour les autres des modèles constructifs.

Un ministre du gouvernement se rendit un jour en visite dans un village ; il se trouvait que ce village était le plus sale de tout le pays. Il y passa une nuit et logea chez le maire. Les rues étaient bordées de piles d'ordures et les égouts à ciel ouvert débordaient d'une eau sale et stagnante. Il régnait dans tout le village une terrible puanteur.

Le ministre demanda au maire pourquoi ce lieu était si sale. Le maire répondit : « Les gens d'ici sont ignorants. Ils ignorent tout de la propreté. Cela leur est complètement égal. J'ai essayé de leur enseigner la propreté mais ils ne m'écoutent pas. Je leur ai dit de nettoyer le village, mais ils ne le font pas. Alors j'ai abandonné. » Et le maire continua sur sa lancée, blâmant les villageois. Le ministre l'écouta patiemment, sans rien dire. Ils dînèrent, puis le ministre alla se coucher.

Quand le maire se leva le lendemain matin, il ne put trouver le ministre. Il le chercha dans toute la maison, sans trouver le moindre signe de lui. Il demanda aux serviteurs, mais aucun d'entre eux n'avait vu le ministre. Le maire s'inquiéta. Il quitta la maison et partit à sa recherche. Il finit par le découvrir, seul, en train de nettoyer les ordures. Il les empilait et y mettait le feu. En voyant cela, le maire eut honte. Il se dit : « Comment puis-je rester ici à ne rien faire quand le ministre lui-même travaille aussi dur ? » Il se joignit donc à lui et ils se mirent à nettoyer le village. Quand les habitants sortirent de leurs maisons, ils furent tout étonnés de voir le maire et le ministre faire un travail aussi sale. Ils eurent le sentiment qu'ils ne pouvaient pas se contenter de rester là les bras croisés à regarder le ministre et le maire nettoyer le village. Ils se mirent donc eux aussi au travail. En peu de temps, le village entier fut impeccable. Toutes les ordures avaient disparu et les égouts étaient propres. Il n'y avait plus la moindre trace de détritus. Le village entier avait complètement changé d'allure.

Mes enfants, il est souvent plus rapide d'enseigner par des actes que par des paroles. Nous devons être prêts à agir, sans nous soucier de savoir si quelqu'un viendra ou non nous aider. Les gens ne manqueront pas alors de se joindre à nous et de nous aider. Si nous nous contentons de rester à l'écart, à blâmer et à critiquer autrui, nous le faisons avec un esprit pollué et leur esprit deviendra alors pollué comme le nôtre. Mes enfants, il nous faut donc agir, sans nous contenter de parler. Le changement n'est possible que grâce à l'action.

Question : Il est dit que nous devrions accueillir d'un esprit égal la louange et le blâme. Mais les Ecritures racontent aussi que le Seigneur (Vishnou) fut satisfait quand les êtres célestes chantèrent Ses louanges. Le Seigneur ne fut-Il pas dans ce cas influencé par les louanges ?

Amma : Le Seigneur n'est jamais flatté par les louanges. Il est l'équanimité même. Les honneurs et les insultes sont pour Lui la même chose. Si vous Lui lanciez des excréments de chien, Il vous donnerait de la crème glacée en échange. Tel est Son état d'esprit. C'est cela, l'équanimité.

Le Seigneur voulait donner une leçon aux êtres célestes (*devas*). Pour les faire souffrir un peu au début, Il a gardé les yeux fermés un moment après leur arrivée. Ils L'appelèrent bien des fois mais Il ne donna pas le moindre signe montrant qu'Il eût conscience de leur présence. Ils finirent par Le prier d'un cœur déchiré. C'est alors seulement qu'Il ouvrit les yeux. Ces prières leur permirent de Le voir également dans leur cœur. Ils ne psalmodièrent pas ces mantras pour Le glorifier ou obtenir ce qu'ils voulaient ; les dévots prièrent en voyant le Seigneur. Ils prièrent pour que leur soit accordée une révélation de la véritable nature du Soi. Et le Seigneur fut charmé par les cœurs innocents de Ses dévots. Ce qui ne vient pas du cœur ne saurait plaire au Seigneur.

Question : Comment un mahatma perçoit-il le monde ?

Amma : Une femme amoureuse aime assister à une pièce dans laquelle joue son bien-aimé. En regardant le spectacle, elle apprécie sa façon de jouer. Elle voit le personnage à travers lui. C'est toujours son bien-aimé qu'elle voit au travers du personnage, c'est pourquoi elle goûte énormément la pièce, c'est pourquoi elle est ravie. Ainsi, tout ce qu'un mahatma voit en ce monde, il le perçoit simplement comme un autre rôle joué par Dieu. Dans le monde et en tout individu, le mahatma voit Dieu.

Question : Est-il possible de changer la destinée grâce à notre effort personnel ?

Amma : Il est possible de surmonter le destin en accomplissant nos actes comme des offrandes à Dieu. Evitez la paresse à tout prix et faites de votre mieux, sans blâmer la destinée. Celui qui refuse de faire le moindre effort pour ensuite accuser la fatalité n'est qu'un paresseux.

Deux amis firent faire leur horoscope. Il s'avéra qu'ils étaient tous deux destinés à mourir d'une morsure de serpent. A partir de ce jour, l'un d'eux, submergé par l'angoisse, ne songea plus qu'aux serpents et à la mort. Il devint malade mental et sa famille perdit ainsi elle-aussi la paix. Mais son ami, à qui on avait prédit le même sort, refusa de sombrer dans le désespoir. Il chercha au contraire une solution. Il chercha un moyen d'éviter la morsure du serpent. Quand il comprit qu'il ne pouvait rien faire d'autre, il prit refuge en Dieu. Mais il décida aussi d'employer l'intelligence et la santé que Dieu lui avait données et il resta dans sa chambre, prenant toutes les précautions nécessaires pour prévenir le destin. Un jour, au moment où il devait être mordu par le serpent, il était en train de prier quand quelque chose l'obligea soudain à se lever. En se levant, il heurta du pied un objet acéré et se coupa. Il y avait dans la pièce une sculpture en forme de serpent. Son pied avait heurté la langue en métal acérée du serpent. L'accident se produisit à l'heure exacte où, selon la prédiction, il était censé être mordu. Mais il se trouva qu'il ne s'agissait pas d'un vrai serpent et qu'il n'y avait pas de poison. Ainsi l'effort qu'il avait fourni en affrontant la situation tout en s'abandonnant à Dieu avait porté ses fruits. Mais la vie de son ami fut dévastée par la terreur avant même qu'aucune morsure de serpent ne se produise. Fournissons un effort, faisons de notre mieux en considérant cela comme une offrande à Dieu, sans blâmer le destin. Cela nous permettra de survivre malgré tous les obstacles.

Question : Sri Krishna n'aurait-il pas pu changer le mental de Douryodhana, évitant ainsi la guerre ?

Amma : Le Seigneur montra Sa forme divine aux Pandavas comme aux Kauravas. Arjouna prit conscience de Sa grandeur infinie tandis que Douryodhana en fut incapable. Il commit un péché en rabaissant la vision accordée par Krishna à un simple tour de magie. Quoi que fasse un mahatma, ceux qui refusent de s'abandonner à Dieu n'en retireront pas les bienfaits. Les instructions spirituelles ne peuvent être données que selon les qualifications et le caractère du chercheur spirituel. Seule la réalisation du corps (ce que pouvait lui apporter la conscience du corps) importait à Douryodhana. Il n'était pas prêt à entendre la moindre vérité spirituelle. Il ne croyait pas que le Seigneur Krishna parlait pour son bien ; il était convaincu que le Seigneur penchait en faveur des Pandavas. La guerre était le seul moyen de détruire l'ego d'un être aussi adharmique que Douryodhana.

Question : N'est-il pas inutile de prier avant que le mental soit pur ?

Amma : Mes enfants n'entretenez pas de pensées telles que : « J'ai commis tant de fautes dans ma vie. Je ne peux pas prier parce que mon mental n'est pas assez pur. Dès que mon esprit sera pur, je prierai. » Si vous décidez d'aller vous baigner une fois qu'il n'y aura plus de vagues dans la mer, jamais vous ne nagerez. Vous n'apprendrez pas non plus à nager en restant sur le rivage. Il n'y a pas d'autre moyen que de rentrer dans l'eau.

Imaginez qu'un médecin dise à un malade : « Revenez me voir quand vous serez guéri ! » A quoi cela servirait-il ? Nous allons voir le docteur pour qu'il nous guérisse de notre maladie !

Dieu purifie notre mental. C'est pourquoi nous prenons refuge en Lui. Dieu seul peut purifier notre mental.

Il est inutile de se ronger de remords en songeant à la manière dont nous avons vécu jusqu'à présent. Le passé est pareil à un chèque annulé.

Un crayon est en général accompagné d'une gomme, afin de nous permettre d'effacer rapidement ce que nous venons d'écrire. Mais nous ne pouvons effacer qu'une seule fois, car si nous voulons de nouveau effacer ce que nous venons de réécrire, nous finirons par déchirer le papier. Dieu pardonne les erreurs que nous commettons par ignorance, mais si nous répétons notre faute après avoir compris qu'il s'agissait d'une action erronée, cela constitue une faute du type le plus grave.

Question : On remarque chez ceux qui font des pratiques spirituelles beaucoup de colère. Comment est-il possible de s'en délivrer ?

Amma : Pour transcender la colère, il ne suffit pas de méditer ou de répéter un mantra. Ceux qui passent leur temps dans la solitude et se consacrent uniquement aux pratiques spirituelles ressemblent à un arbre isolé dans la chaleur torride du désert. Le monde ne bénéficie pas de son ombre. Ces chercheurs devraient quitter leur isolement et s'efforcer de voir Dieu en tout et en chacun. Si vous mettez des pierres de formes différentes dans une machine à polir et que vous la faites tourner, les pierres perdront leurs arêtes tranchantes en se frottant les unes aux autres. Elles deviendront douces et belles. Ainsi, un chercheur devrait sortir dans le monde, guerroyer, pour ainsi dire, et développer une certaine maturité intérieure. Seuls ceux qui réussissent dans un monde rempli de diversité peuvent déclarer qu'ils ont triomphé.

Les êtres courageux sont ceux qui s'abstiennent de se mettre en colère dans des situations qui suscitent normalement la colère. Si quelqu'un se livre à des pratiques spirituelles dans la solitude et affirme qu'il ne se met pas en colère, cela ne veut rien dire et ce n'est pas non plus un signe de courage. Vos tendances négatives ne disparaîtront pas nécessairement parce que vous effectuez des pratiques spirituelles seul quelque part. Un cobra engourdi par le froid ne dresse pas forcément son capuchon pour mordre. Mais dès qu'il est réchauffé par le soleil, sa nature change. Le chacal, dans la forêt, fait le vœu de ne plus jamais hurler s'il voit un chien. Mais qu'il sorte de la forêt et aperçoive le bout de la queue d'un chien, il oubliera aussitôt son vœu. Nous devons être capables de garder la maîtrise de notre mental même dans les circonstances les plus hostiles. C'est à cela que l'on peut mesurer notre progrès spirituel. A une certaine étape de la pratique, l'aspirant spirituel est pareil à un enfant consigné dans sa chambre et sa colère augmente souvent un peu. Il est possible de vaincre cet obstacle en pratiquant en présence d'un maître.

Question : Certains des sages n'avaient-ils pas l'habitude de se mettre en colère ?

Amma : Leur colère détruisait l'ego des gens. Elle était l'expression de leur compassion. On ne peut comparer la colère d'un sage à celle des gens ordinaires. Le but de la colère du maître est de détruire l'inertie (tamas) du disciple. Si une vache mange les plantes que vous chérissez et que vous l'implorez gentiment : « Chère vache, s'il te plaît ne mange pas cette plante, s'il te plaît, va-t-en. » la vache ne bougera pas. Mais si vous vous montrez sévère et criez, elle s'en ira. Votre sévérité empêche la vache, qui manque de discernement, de poursuivre ses méfaits. De même, la colère d'un maître parfait n'est qu'une apparence, elle ne vient pas de l'intérieur. La colère du maître est pareille à un savon qui nettoie le mental du disciple. Le seul but du maître, c'est le progrès du disciple. Une corde brûlée ou une peau de citron brûlée semblent avoir une forme, mais elles tombent en poussière dès qu'on les touche. La colère d'un sage n'est pas réelle, c'est un acte délibéré qui vise à guider autrui vers le droit chemin.

Entretiens avec Amma

Question : Amma, nous allons au temple et nous venons te voir. Est-ce suffisant pour progresser spirituellement ou bien devons-nous aussi méditer et répéter un mantra ?

Amma : Mes enfants, ne croyez pas que vous allez trouver la paix simplement en venant ici, même pendant des années, ou bien en allant mille fois au temple. Inutile de blâmer Dieu et de vous plaindre que vous allez au temple depuis quarante ans et que vous n'en avez retiré aucun bienfait. Tant que notre cœur n'est pas pur, nous n'en sentirons pas le bénéfice. Il ne sert à rien de venir à l'ashram en pensant à tout ce que vous avez à faire en rentrant, impatients de partir. Quand vous allez au temple ou que vous venez ici, répétez votre mantra, faites l'archana (récitez les noms divins), méditez ou chantez des chants dévotionnels. C'est ainsi seulement que vous en recevrez les bienfaits. Mettez votre cœur à l'unisson de la conscience divine. Personne n'atteint la libération en allant simplement à Bénarès ou à Tiruppati [19] pour se baigner et faire le tour des temples en adoration.

Si on accédait automatiquement à la libération en allant à Tiruppati, alors tous ceux qui y font des affaires seraient libérés, n'est-ce pas ? Et tout assassin ou voleur habitant Bénarès n'obtiendrait-il pas aussi la libération ? Notre cœur doit être purifié ; c'est à cette condition que nous bénéficierons de notre voyage, quel qu'il soit. Mais cela se produit rarement de nos jours.

---

[19] Lieux sacrés de l'Inde. Tirupatti est l'un des centres de pèlerinage les plus importants du sud de l'Inde. Il s'y trouve un temple célèbre dédié à Venkeshvara (le dieu Vishnou)

Le béton ne prend que si le gravier utilisé est pur. De même, c'est seulement si notre cœur est pur que Dieu peut venir y demeurer. C'est en concentrant le mental sur Dieu, en récitant par exemple un mantra, en méditant ou en priant que l'on peut purifier le mental.

Une station de télévision diffuse différents programmes mais il faut régler le récepteur correctement pour les recevoir. Si nous ne choisissons pas la bonne chaîne, à quoi bon accuser autrui parce que nous ne voyons rien ? La grâce de Dieu est toujours avec nous. Mais pour la recevoir, nous devons nous mettre sur la fréquence de la conscience divine. Si nous ne nous en préoccupons pas, inutile d'incriminer Dieu. Tant que nous ne sommes pas à l'unisson de la conscience divine, il n'y aura en nous que des fausses notes d'ignorance et non la musique divine de Dieu. Dieu est plein de compassion, cela ne fait aucun doute. Efforçons-nous de modeler notre cœur, c'est cela qui est nécessaire.

Question : Amma, je n'ai trouvé dans la vie ni paix ni bonheur. Il n'y a que de la souffrance. Je ne peux m'empêcher de me demander pourquoi je dois continuer à vivre.

Amma : Ma fille, la cause de ta souffrance, c'est ton ego. Dieu, la source même de la paix et du bonheur, demeure en nous. Il est possible de connaître Dieu en faisant des pratiques spirituelles et en abandonnant l'ego. Imaginons que tu déclares : « Je ne peux faire un pas de plus sous le soleil, je suis épuisée de chaleur ! » alors que tu portes une ombrelle sous le bras ! Telle est notre situation actuelle : si tu avais ouvert ton ombrelle pour t'abriter, tu ne serais pas épuisée par le soleil. La puissance et les vertus spirituelles existent en toi mais comme tu n'en as pas conscience, tu souffres. Inutile d'accuser la vie. Il suffit que tu te libères de l'ego et que tu installes Dieu à sa place. Il est vain de partir où que ce soit en quête de la paix. La vérité et de nobles idéaux, c'est Dieu. Mais il n'y a pas de place pour de tels idéaux dans un mental rempli par le sens du « moi ». L'ego doit être détruit au moyen de l'humilité. Alors, grâce à la puissance qui est en nous, nous serons en paix. En chauffant du métal dans le feu, nous pouvons lui faire prendre la forme désirée. De même, en offrant notre ego dans le feu de Dieu, nous pouvons nous transformer et revenir à notre vraie nature.

Question : Amma, pouvons-nous vraiment trouver la paix intérieure grâce aux pratiques spirituelles ?

Amma : Les pratiques spirituelles seules ne vous apporteront pas la paix. Il faut encore renoncer à l'ego. C'est seulement ainsi que vous ressentirez les bienfaits de vos pratiques et trouverez la paix intérieure. « Toute personne qui prie ou qui chante des chants dévotionnels trouve-t-elle la paix ? » vas-tu peut-être demander. Ton mental ne se fortifiera que si tu comprends les principes spirituels avant de prier et de chanter. Les pratiques spirituelles ne bénéficient qu'à ceux qui, ayant étudié les Ecritures et entendu des discours spirituels, ont acquis une certaine compréhension des principes spirituels et y conforment leur vie. Une histoire raconte comment un ascète réduisit en cendres un oiseau qui dérangeait ses pratiques spirituelles. Il avait accompli de nombreuses austérités mais il ne fallut qu'un instant pour qu'il s'enflamme de colère. Si vous faites des pratiques spirituelles sans avoir aucune compréhension de la spiritualité, sans avoir assimilé les enseignements d'aucun mahatma, vous n'aurez que de l'arrogance et de la colère.

Question : J'ai prié la plupart des déités que je connais. J'ai tour à tour adoré Shiva, Dévi et bien d'autres en récitant différents mantras. J'ai pourtant le sentiment que rien de tout cela ne m'a apporté quoi que ce soit.

Amma : C'est l'histoire d'une personne qui avait très soif. Comme il n'y avait pas d'eau, quelqu'un lui dit : « Creuse ici et tu trouveras de l'eau rapidement. » Elle creusa un moment sans trouver d'eau. Elle essaya alors un autre endroit, sans succès. Elle choisit un troisième emplacement, sans plus de résultat. C'est ainsi qu'elle fit en vain de nombreux trous et finit par s'effondrer, épuisée. Un passant remarqua cette personne allongée et lui demanda : « Que se passe-t-il ? ». Elle répondit : « Je suis épuisée d'avoir creusé partout en quête d'eau. Ma souffrance n'a fait qu'augmenter. Au départ, j'avais soif, mais maintenant j'ai gaspillé toute mon énergie à creuser et me voilà de plus épuisé. » Le passant répondit : « Si vous aviez eu un peu de patience, si vous aviez continué à creuser au même endroit, vous auriez eu de l'eau en abondance dès le début. Mais vous avez creusé superficiellement en différents endroits et vous n'avez ainsi rencontré que des déceptions ! » Le fait de prier différentes déités est comparable. On n'en retire aucun bienfait. Mais si tu penses que tous les dieux sont un seul et même Dieu, alors il n'y a pas de problème. L'obstacle, c'est le fait de passer d'une forme à l'autre comme support de concentration.

Un homme acheta un arbuste, une certaine variété de manguier, supposé donner des fruits au bout de trois ans. Il le planta et le cultiva comme il convenait. Mais au moment où l'arbre allait fleurir, il le déracina pour planter à la place un autre arbuste. Il ne restait plus que deux jours avant la fin des trois années ! Il n'avait pas la patience d'attendre, alors comment aurait-il pu obtenir le moindre fruit ? Ainsi, ma fille, tu n'as pas eu la patience d'attendre aussi longtemps qu'il le fallait. Tu es allée en différents endroits, tu as chanté différents mantras et tu as médité sur plusieurs déités.

Tu n'en as donc pas obtenu les fruits. Tu as en outre prié Dieu pour obtenir la prospérité matérielle et non en ayant vraiment soif de Dieu. La dévotion qui vise à obtenir les objets de ce monde n'est pas la véritable dévotion. Ma fille, tu as médité sur les objets que tu désirais, non réellement sur Dieu. C'est pourquoi tu as couru d'un endroit à l'autre. Tu as répété un mantra, et comme tu n'obtenais aucun résultat, tu en as pris un autre. Quand celui-là non plus n'a pas porté de fruits, tu en as changé encore. Qu'en est-il résulté ? Une simple perte de temps !

Ma fille, tu ne désirais que l'or du palais du roi. Tu n'aimais pas le roi. Si tu avais aimé le roi, tu aurais obtenu et le roi, et l'or. Si tu n'avais aimé que Dieu, tu aurais tout obtenu. Mais tu n'aimais pas Dieu. Tu ne désirais que l'or. Si tu avais accompli des pratiques spirituelles sans être attachée à rien, en renonçant à tous les désirs, en abandonnant tout à Dieu, pensant que tout est la volonté de Dieu, tu serais maintenant la reine des trois mondes. Mais tu ne désirais que les richesses matérielles, comme Douryodhana qui ne voulait que le royaume et le pouvoir de régner sur ses sujets. Qu'a-t-il obtenu ? Lui et ses partisans ont tout perdu. Et qu'est-il advenu des Pandavas ? Ils considéraient le Seigneur comme leur seul refuge. C'est grâce à cette attitude qu'ils ont obtenu à la fois le Seigneur et le royaume. Abandonne donc la quête du bonheur extérieur ! Si tu as Dieu, tout viendra à toi. Renonce sincèrement à tout. Accomplis tes pratiques spirituelles avec patience. Alors non seulement tu en recevras les fruits mais tu obtiendras également les richesses matérielles. Il est vain d'attendre des résultats immédiats après n'avoir répété son mantra que peu de temps. La patience et une attitude d'abandon de soi sont nécessaires.

Question : Amma, certains affirment que c'est une faiblesse de pleurer pour Dieu en priant et en chantant des chants dévotionnels. Ils se demandent s'ils ne dissipent pas ainsi leur énergie, comme nous le faisons en parlant.

Amma : Un œuf brûle dans le feu mais il éclôt grâce à la chaleur de la mère-poule. Dans les deux cas, il s'agit bien de chaleur, mais le résultat est très différent, n'est-ce pas ? Les conversations futiles nous vident de notre énergie, alors que les prières et les chants dévotionnels nous permettent de concentrer notre mental et de gagner ainsi de l'énergie. Comment cela pourrait-il être un signe de faiblesse ? A mesure qu'une chandelle brûle, l'éclat de sa flamme devient plus vif. Ainsi, le fait de prier et de chanter avec un cœur brûlant d'amour nous conduit à l'état d'union avec la vérité suprême. Le fait de pleurer pour Dieu n'est pas une faiblesse.

Question : Amma, les pensées constituent-elles une perte d'énergie ?

Amma : Les pensées spirituelles nous permettent de gagner de la puissance et de développer un mental fort. Dieu représente toutes les vertus, le sacrifice de soi, l'amour et la compassion. Quand nous pensons à Dieu, elles s'éveillent en nous et notre mental s'ouvre. Mais quand nous pensons à des choses matérielles, le mental est plongé dans le matériel et passe d'un objet à l'autre. Nos sens sont sollicités par le vagabondage du mental ; de mauvais penchants se développent en nous et notre mental se contracte. Et quand nous n'obtenons pas ce que nous désirons, nous nous affaiblissons davantage encore et nous mettons en colère, perdant notre force intérieure.

Chaque fois que nous utilisons un briquet, il perd un peu de son carburant. De même, chaque fois que nous parlons de ce qui renforce nos désirs profanes, notre mental s'affaiblit et notre énergie se dissipe. En revanche, si nous parlons de choses spirituelles ou bien y réfléchissons, c'est comme si nous chargions une pile. Donc, dans un cas nous gagnons de l'énergie, alors que dans l'autre, nous en perdons.

Question : On dit qu'une femme ne devrait pas aller au temple ou bien faire la puja quand elle a ses règles. Est-ce vrai ? Dieu n'est-Il pas partout présent ? Dieu n'est sûrement pas limité à un endroit particulier.

Amma : Dieu est omniprésent. Dieu est partout, toujours. Mais il faut prendre en considération des facteurs tels que la pureté et l'impureté. La pureté extérieure conduit à la pureté intérieure. Lorsqu'une femme a ses règles, son mental n'est pas calme. Son corps aussi est fatigué, comme il l'est pendant la grossesse. Il faut donc qu'elle se repose à ce moment-là. Pendant la menstruation, une femme n'est généralement pas capable de prier ou de faire la puja avec la concentration adéquate. Mais si elle a la force et la concentration requises, elle peut très bien faire la puja.

Il se produit de nombreux changements dans le corps d'une femme pendant qu'elle a ses règles. Certaines toxines sont présentes dans le corps. Un des fils américains d'Amma refusa tout d'abord de croire ce qu'Amma affirmait à ce sujet. Mais quand il rentra aux États-Unis, il entendit parler d'une expérience scientifique. On demanda à plusieurs femmes de cueillir des fleurs sur la même plante. Certaines d'entre elles avaient leurs règles et d'autres pas. Les fleurs cueillies par les femmes qui avaient leurs règles se fanèrent plus vite que les autres. Ce fils n'a cru les paroles d'Amma qu'après avoir pris connaissance de cette expérience.

Amma a rencontré beaucoup de gens. Elle parle en se fondant également sur leur expérience. De nos jours, les gens ne croient que ce qu'ils lisent dans les journaux. Même si quelqu'un vient leur dire : « J'ai vu un bébé tomber à l'eau », ils ne le croiront pas ; ils répondront : « Voyons si c'est dans le journal ; nous ne le croirons qu'à cette condition. »

Il est bon qu'une femme continue à chanter son mantra quand elle a ses règles mais il vaut mieux qu'elle ne se rende pas au temple. Amma donne ce conseil en prenant en considération la pureté de l'atmosphère du temple. Lorsque vous allez au temple, vous n'avez pas la même attitude que dans un bureau ou un restaurant. Le temple est une notion complètement différente et cette sainteté devrait être préservée.

Dieu est comme le vent. Le vent souffle partout, sans distinguer entre les fleurs et les excréments. Pour Dieu, les différences telles que le pur et l'impur n'existent pas. Mais il est important pour nous d'avoir conscience de leur existence, car c'est seulement ainsi que nous pourrons progresser.

Question : Amma, pourquoi les gens souffrent-ils encore une fois qu'ils ont pris refuge en Dieu ? Pourquoi Dieu ne peut-il satisfaire les désirs de chacun ?

Amma : De nos jours, la plupart des gens ne prennent refuge en Dieu que pour obtenir la satisfaction de leurs désirs. Ce n'est pas vers Dieu que va leur amour mais vers les objets du monde. A cause de leurs désirs, enracinés dans l'égoïsme, ils ont peu de compassion pour qui que ce soit. Comment la grâce de Dieu pourrait-elle entrer dans le cœur de celui qui n'a aucune compassion pour autrui ? Comment une telle personne pourrait-elle se libérer de la douleur ? Si vous ne priez Dieu que pour la satisfaction de vos désirs, vous ne serez pas libéré de la souffrance. Si vous voulez être délivré de la souffrance, priez pour ne plus avoir de désirs, priez pour que votre foi en Dieu et votre amour pour Lui grandissent. Dieu satisfera alors tous vos besoins. Notre amour ne devrait pas se tourner vers les objets ordinaires que recèle le palais du roi ;

c'est le roi lui-même qu'il s'agit d'aimer. Si nous prenons le roi, tous les trésors du palais seront nôtres. Si nous prions Dieu, ne prions pas pour obtenir un travail, une maison ou un enfant. « Dieu, je veux que Tu sois mien », telle devrait être notre prière. Si nous avons Dieu, si nous réussissons à obtenir la grâce de Dieu, alors les trois mondes seront à nos pieds. Nous aurons le pouvoir de régner sur eux. Mais pour y parvenir, il faut que nos pensées, nos paroles et nos actions soient bonnes.

Mes enfants, priez pour obtenir Dieu seul. C'est le seul moyen de trouver la satisfaction éternelle. Ce qui tombe dans le sucre est forcément sucré. Ainsi, parce que Dieu est béatitude, être proche de Dieu nous apporte la béatitude. Si vous attrapez la reine, toutes les abeilles suivront. Prenez refuge en Dieu et tous les biens matériels et spirituels seront à vous.

La foi et la dévotion de ceux qui se tournent vers Dieu pour obtenir la satisfaction de leurs désirs ne grandissent que dans la mesure où leurs désirs sont exaucés. Lorsque ce n'est pas le cas, ils perdent complètement la foi.

Comment les désirs de chacun pourraient-ils être exaucés ? Un médecin souhaite avoir de nombreux patients. Il prie donc chaque jour pour cela. Ne perdrait-il pas la foi s'il n'avait plus de malades ? Pendant ce temps, les malades, eux, prient pour retrouver la santé. L'entrepreneur de pompes funèbres prie pour qu'il y ait chaque jour des cadavres à transporter et le fabricant de cercueils fait la même prière. Et que font les autres ? Ils prient pour ne jamais mourir ! Comment ces prières contradictoires pourraient-elles être entendues simultanément ? Un avoué prie pour qu'il y ait des procès alors que tout le monde prie pour ne pas être impliqué dans un procès. Le monde contient d'innombrables contradictions du même genre. Il serait difficile de satisfaire les désirs de tous. Il n'est cependant pas si difficile de goûter la paix et le contentement dans ce monde de contradictions.

Pour celui qui a étudié l'agriculture, il n'est pas difficile de faire pousser des cocotiers. Si les arbres tombent malades, il s'en aperçoit rapidement et il les soigne. De même, si les principes spirituels vous sont familiers et que vous vivez en accord avec eux, vous saurez comment vivre sans chanceler face aux difficultés.

Quand vous achetez une machine, on vous donne un mode d'emploi. Si vous ne connaissez pas la machine et que vous l'utilisez sans avoir lu les instructions, vous risquez de la casser. Les *mahatmas* et les textes spirituels nous enseignent comment vivre correctement en ce monde. Si nous suivons leurs enseignements, notre vie sera comblée. Sinon, nous la gâcherons.

Question : Amma, on dit que Dieu est la Source de toute compassion. Alors pourquoi Dieu donne-t-il aux gens de terribles maladies, pourquoi les fait-Il souffrir ?

Amma : Dieu n'est pas la cause des maladies. Et Il ne punit personne non plus. L'égoïsme engendre de terribles maladies. Songez au nombre de mauvaises actions que les gens commettent par égoïsme ! Ils en subissent les conséquences.

Pour augmenter leur confort, les humains se créent un environnement artificiel. On utilise des engrais chimiques pour augmenter les récoltes et on ajoute des produits chimiques pour obtenir des produits plus gros, qui poussent plus vite. Les fruits ne peuvent pas donner leur saveur et leur parfum naturels quand on les fait pousser par des moyens aussi artificiels. Nous n'avons pas épargné de tels traitements aux animaux. Les plantes et les animaux qui subissent des traitements chimiques ne sont pas les seuls à en subir les effets nocifs. Les êtres humains qui mangent la nourriture contaminée en pâtissent aussi.

Les drogues engendrent également des maladies. L'alcool et le cannabis détruisent certains éléments dans le sperme d'un homme et l'affaiblissent. Les enfants qui naissent d'un tel sperme souffrent de maladies et de déformations. L'atmosphère polluée d'aujourd'hui est encore une autre cause de maladies. L'air et l'eau sont contaminés par les gaz toxiques et les déchets. Nous respirons l'air pollué et buvons l'eau contaminée. On ne trouve actuellement rien de pur. Et tout cela est dû à l'égoïsme des humains. Ce n'est pas Dieu, ce sont les mauvaises actions des hommes, engendrées par leur égoïsme et leur comportement antinaturel, qui provoquent tant de maladies. Il est inutile d'incriminer Dieu.

Par son égoïsme croissant, l'humanité creuse sa propre tombe. Les humains creusent le sol sous leurs pieds et ils vont finir par tomber dans le trou. Ils n'en ont pas conscience. Ceux qui veulent deux fois plus de tout, que ce soit de la nourriture ou des biens, volent en réalité ce qui appartient aux autres. A cause de leur avidité, les autres n'ont pas de quoi satisfaire leurs besoins. Les égoïstes ne sont jamais en paix, ni pendant leur vie, ni après la mort. Leur vie est un enfer et après leur mort, ils connaîtront un enfer encore pire[20].

La nature a perdu son rythme et son harmonie, car elle est imprégnée par le souffle d'humains égoïstes, qui ont perdu et le sens de la vérité et leur bonté aimante. Quand il pleut de nos jours, la pluie tombe sans fin ; quand le soleil brille, il dessèche tout. L'agriculture ne donne pas les résultats qu'elle devrait donner.

Protéger la nature est le devoir de l'humanité. Mais qui s'en soucie aujourd'hui ? Le bonheur que nous connaissons aujourd'hui est pareil à celui d'un homme qui crache en l'air alors qu'il est allongé sur le dos. Si nous continuons à abandonner notre

---

[20] Pour Amma l'enfer ne désigne pas un état éternel. C'est un état temporaire dans lequel on souffre, épuisant ainsi les fruits d'actions injustes.

dharma et à nuire à Mère Nature, les conséquences en seront dix fois plus graves qu'elles ne le sont actuellement. Mais même alors, les gens critiqueront encore Dieu au lieu d'essayer de s'améliorer !

Mes enfants, la véritable connaissance, c'est connaître le mental, connaître le Soi. Nous apprenons ainsi comment employer les principes divins dans notre vie. Presque personne ne s'efforce aujourd'hui d'acquérir cette sagesse. C'est pourtant ce qu'il faut apprendre en priorité. Apprenez à tirer avant de partir à la chasse et vous ne gaspillerez pas vos flèches. Vous ne courrez pas non plus le danger de devenir la proie des bêtes sauvages. Si vous comprenez vraiment comment vous êtes censé vivre, votre vie aura réellement un sens.

Si vous vous renseignez sur la route à suivre avant d'entreprendre un voyage, vous ne vous perdrez pas, vous ne serez pas forcés d'errer sans fin. Ou encore, si vous dessinez un plan avant de construire une maison, la maison sera construite correctement. Ainsi, ceux qui ont acquis une vraie compréhension du mental sont en paix. Mais cette compréhension n'intéresse pas les êtres égocentriques. Ils ne se préoccupent pas du bien du monde. Seul compte pour eux leur propre bonheur ; mais ils n'obtiendront même pas ce bonheur-là.

Mes enfants, aimer vraiment Dieu, c'est avoir de la compassion pour les pauvres et les servir. Le monde entier est à genoux devant ceux qui vivent dans un désintéressement absolu, qui abandonnent leur égoïsme à Dieu. Quand nous prions, Dieu seul devrait être présent dans notre cœur, sans qu'il y ait place pour quoi que ce soit d'autre. Amma a vu des dévots aller prier au temple puis courir tout droit vers le bar le plus proche. Elle a aussi rencontré des gens qui sortent de l'ashram toutes les cinq minutes pour fumer quand ils viennent la voir. Ils ne peuvent même pas renoncer à des choses aussi insignifiantes. Comment pourrait-on alors s'attendre à ce qu'ils trouvent Dieu ?

Question : Les conceptions au sujet de Dieu varient. Qu'est Dieu en réalité ?

Amma : Il est impossible de décrire la nature de Dieu ou Ses attributs. Dieu ne peut être connu que par l'expérience. Est-il possible de décrire le goût du miel ou la beauté de la nature avec des mots ? Pour en connaître les qualités, il faut goûter, il faut voir. Dieu est au-delà des mots, au-delà de toute limitation. Dieu est partout et en chacun. Dieu est présent en tout, êtres animés ou inanimés. Il est impossible de dire que Dieu possède une forme particulière, ni de dire que Dieu est précisément ceci ou cela. Ce que nous appelons Brahman, c'est Dieu. Brahman imprègne tout l'espace que nous pouvons concevoir et même au-delà.

Question : Mais pour penser à Dieu, n'avons-nous pas besoin d'un concept ?

Amma : Dieu est au-delà des attributs. Il est impossible de décrire Dieu. Cependant, pour aider notre mental à appréhender Dieu, nous Lui attribuons certaines qualités. Ces vertus se manifestent chez les mahatmas tels que Sri Rama et Sri Krishna. Les vertus de Dieu incluent la véracité, le dharma, le sacrifice de soi, l'amour et la compassion. Ces vertus sont Dieu. Quand elles se développent en nous, Dieu révèle Sa nature. Mais pour qu'elles se manifestent en nous, il faut abandonner l'ego. Bien que les fruits et les fleurs soient contenus dans la graine, celle-ci doit s'enfoncer dans le sol et son enveloppe (l'ego) doit se briser avant que les fruits et les fleurs puissent en sortir. Quand l'enveloppe se brise et que la

185

plante devient un arbre, tout le monde en bénéficie. Un arbre continue à nous donner de l'ombre même quand nous le coupons.

Quand votre renoncement sera tel que votre cœur sera pareil à un miroir, vous connaîtrez la forme de Dieu, vous verrez Sa beauté. Les attributs de Dieu se reflèteront alors en vous.

Question : Mais alors pourquoi dit-on que Dieu est sans attributs ?

Amma : Dieu n'a aucun attribut. Mais les êtres ordinaires ont besoin d'un upadhi (moyen, outil ou symbole) pour saisir Dieu. Imagine que tu aies soif et que tu aies besoin d'eau. Tu as besoin d'un récipient pour contenir l'eau. Une fois que tu l'auras bue, tu pourras abandonner le récipient. Il est très difficile d'appréhender Dieu en tant que nirguna (sans attributs). Dieu prend donc la forme sous laquelle le dévot Le visualise. Il est plus facile pour nous d'accéder à Dieu en tant que saguna (doté d'attributs). Comme une échelle nous permet de grimper, l'upadhi nous aide à atteindre le but.

Ou bien prenons encore l'exemple de quelqu'un qui ne sait pas monter aux arbres : il peut récolter des mangues à l'aide d'un long bâton muni d'un crochet. De même, nous avons besoin d'un outil pour nous aider à manifester les vertus qui sont en nous. C'est au travers de tels outils ou symboles que la puissance de Dieu se manifeste. En réalité, Dieu est sans attribut. Si tu verses du chocolat dans un moule, tu obtiens une forme définie que tu peux voir. Mais si tu l'exposes à la chaleur, le chocolat fond et la forme disparaît.

Question : On dit que Dieu demeure dans notre cœur. Est-ce vrai ?

Amma : Comment pouvons-nous déclarer que Dieu, qui est tout-puissant et omniprésent, demeure en un endroit particulier ? Essayez de faire rentrer un gros sac dans un verre minuscule. La plus grande partie du sac restera à l'extérieur du verre et le cachera. Si vous plongez une cruche dans une rivière, il y a de l'eau à l'intérieur et à l'extérieur du pichet. De même, Dieu ne peut pas être limité à une forme, quelle qu'elle soit. Il transcende toutes les formes. Comment serait-il donc possible d'avoir aucune conception de Dieu, qui est au-delà de tous les symboles, de toutes les limitations ? Pour notre commodité, pour nous aider à visualiser Dieu, nous parlons de la demeure de Dieu. Certains croient que Dieu demeure dans le cœur. Pour eux, Dieu est dans le cœur. Pour d'autres, qui croient que Dieu réside dans un édifice particulier, Dieu est dans cet édifice. Tout dépend de l'imagination de la personne. Quand Mira reçut du poison et le considéra comme le prasad de Dieu, le poison cessa d'être du poison. Prahlada voyait Dieu partout, même dans un pilier ou dans un fétu de paille. Ceux qui comprennent réellement que Dieu est omniprésent verront Dieu. Sans cette foi, il est impossible de réaliser Dieu.

Question : Pourquoi dit-on que parmi tous les êtres vivants, c'est chez les humains que Dieu se reflète le plus clairement ?

Amma : Seuls les humains possèdent la faculté de discerner. Quand un papillon de nuit voit le feu, il croit qu'il s'agit de nourriture ; il s'y jette et périt. Mais un être humain fait usage de son discernement. Les humains avaient conscience de l'utilité du feu et ils ont appris à l'utiliser pour cuisiner. Pour ceux qui ont le pouvoir de discerner, le feu est utile. Pour les autres, il est dangereux. Le feu est utile aux êtres humains, mais il signifie la mort pour le papillon. Tout objet de l'univers a donc un bon et un mauvais côté. Ceux qui distinguent le bon aspect de tout comprennent réellement le principe de Dieu. Seuls de tels êtres sont bénéfiques au monde.

Question : Amma, que désigne-t-on par moksha ?

Amma : La béatitude éternelle, c'est ce qu'on appelle la libération. Il est possible de la connaître ici, sur cette terre. Le ciel et l'enfer existent ici, sur la terre. Si nous ne faisons que de bonnes actions, nous serons également heureux après notre mort.

Ceux qui ont conscience du Soi sont dans une béatitude constante. Ils trouvent cette béatitude en eux-mêmes, ils la ressentent dans chacune de leurs actions. Ils ne font que le bien et ne se soucient ni de la vie, ni de la mort. Ce sont eux, les êtres courageux. Ils ne s'inquiètent pas de la souffrance qu'il leur faut éventuellement endurer ou du mal qu'on pourrait leur faire. Où qu'ils soient, ils vivent en accord avec la vérité.

Si vous mettez un *sannyasi* en prison, il y vivra dans la joie. De tels êtres voient Dieu dans les actions de chacun. Aucune prison ne peut les enchaîner. Ils ne se plaignent jamais de personne. A chaque instant de leur vie, ils ont conscience du Soi.

Le têtard, muni d'une queue, ne peut vivre que dans l'eau. Quand la queue disparaît, la grenouille peut vivre à la fois sur la terre et dans l'eau. Il est impossible d'être libéré du *samsara* (le cycle des morts et des renaissances) tant que l'on possède encore une queue, c'est-à-dire un ego. Quand vous perdez cette queue, que vous soyez encore dans le corps ou que vous le quittiez, vous êtes dans la béatitude.

Si une balle en caoutchouc tombe dans l'eau, elle flotte. Elle n'a pas de problème non plus sur la terre. Elle n'est liée à rien. Ainsi, la nature de ceux qui sont établis dans la conscience du Soi est particulière. Pour eux, la nuit et le jour sont identiques.

Ils trouvent la béatitude en eux-mêmes, non dans les objets extérieurs. C'est cette attitude intérieure qui constitue la libération.

Naître implique de connaître à la fois le bonheur et la souffrance, car telle est la nature de la vie. Le bonheur et la souffrance alternent en accord avec nos actions. L'eau est naturellement fraîche et le feu chaud. La nature d'une rivière est de couler. La rivière coule, sans se fixer nulle part. Si vous le comprenez, il est possible d'accepter joyeusement et le plaisir et la douleur. Aucune difficulté en ce monde n'affecte ceux qui le font. Ils sont dans une béatitude constante. C'est cela, la libération.

Deux voyageurs décidèrent de passer la nuit dans une auberge près de laquelle se trouvait une mare. L'un d'entre eux ne put supporter le bruit que faisaient les grenouilles et les criquets. Voyant sa détresse, son compagnon lui dit : « Les grenouilles coassent et les grillons chantent la nuit ; ils sont ainsi faits. Nous n'allons pas changer leur nature. Pourquoi s'énerver ? Allons au lit. » Sur ces paroles, il alla se coucher. Mais l'autre homme, incapable de fermer l'œil, quitta l'auberge en quête d'un endroit plus paisible où dormir. Mais il ne put dormir nulle part, car partout où il allait, il y avait du bruit qui le dérangeait. Son ami, sachant que la nature des grenouilles est de coasser et celle des grillons de chanter, ignora le bruit et dormit sereinement. Ainsi, ce que les autres disent correspond à leur nature ; si nous le comprenons, cela ne nous attristera pas. Si nous cultivons cette attitude, nous serons capables de surmonter joyeusement tous les obstacles.

De nos jours, les conflits qui existent dans le mental privent les humains de toute paix intérieure. Pour éviter de telles tensions, il est nécessaire d'obtenir la connaissance du mental, c'est-à-dire la connaissance spirituelle. Pour qui a étudié l'agriculture, il n'est pas difficile de planter et de cultiver des arbres ou bien de soigner un arbre malade. Mais si vous vous lancez dans les plantations sans posséder aucun savoir dans ce domaine, il est probable que sur dix arbres que vous plantez, neuf mourront. Ainsi, si vous comprenez quel est le but de la vie humaine, vous ne gâcherez pas votre vie. Obtenez donc la connaissance spirituelle. Vous serez ainsi libéré aussi bien sur cette terre que dans l'au-delà.

Lorsque vous voyagez, si vous connaissez l'itinéraire à suivre, vous ne perdez pas de temps. Si vous l'ignorez, il vous faudra beaucoup plus de temps pour arriver à destination. Un voyageur égaré, errant, n'éprouve aucune paix intérieure ; il s'inquiète, sans savoir s'il parviendra ou non à destination. Mieux vaut donc voyager après avoir étudié la route à fond, car le voyage sera alors calme et plaisant.

Il y a bien longtemps, la sagesse spirituelle était enseignée dans des *gurukulas*, en même temps que le reste du savoir. Ceux qui recevaient cet entraînement spirituel n'étaient pas en butte aux conflits intérieurs ; ils étaient en paix. Quiconque jouissait de leur compagnie ressentait aussi cette paix. De tels êtres étaient dépourvus de toute avidité, libres de toute illusion. Mais la situation est bien différente aujourd'hui. Les humains ont appris à climatiser leur environnement mais ils ignorent comment climatiser leur mental. Même dans leurs chambres climatisées, ils ne parviennent pas à dormir ; il leur faut des pilules, de l'alcool ou des drogues pour les aider à oublier leurs ennuis. Une fois que vous avez acquis la connaissance et la sagesse spirituelles, tout cela est inutile. Vous serez toujours en paix, que vous viviez dans une hutte ou dans un palais, car cette sagesse est la connaissance du mental.

Si vous souhaitez connaître la paix infinie, discernez entre ce qui est éternel et ce qui ne l'est pas. Nous donnons du lait à un serpent domestique, alors qu'il peut mordre. Mais n'oublions pas que c'est un serpent que nous nourrissons, parce qu'il finira forcément par montrer sa véritable nature. Si nous avons conscience de la nature réelle des humains lorsque nous avons affaire à eux, nous ne serons pas déçus. Tout en vivant dans le monde, ayons conscience de sa nature réelle.

Un directeur de banque sait que l'argent qu'il gère ne lui appartient pas. Il donne des centaines de milliers de roupies aux autres sans s'inquiéter. Il sait que son devoir est de bien administrer l'argent. De nombreux clients viennent demander des prêts. Ils lui offrent toutes sortes de présents et se montrent fort aimables et courtois. Mais ce n'est pas de l'amour. Ces gens-là ne sont pas réellement ses amis. Il sait bien qu'ils n'hésiteraient pas à lancer de fausses accusations contre lui et à le faire mettre en prison si cela leur profitait. Telle est la nature de l'amour humain. Si les gens manifestent de l'amour, c'est pour leur propre bonheur. Mais si cela les arrangeait, ils seraient prêts à ruiner notre vie. Dieu est notre seule véritable famille. Le Soi est notre seul ami. Si nous comprenons cette vérité, nous n'aurons pas de problème. Nous parcourrons le chemin de la libération. Etre libre de tout attachement, c'est la libération. Accomplissez donc toutes vos actions comme un devoir, sans penser à la libération. Gardez simplement votre mental concentré sur Dieu.

Question : Amma, qu'est-ce que maya ?

Amma : Tout ce qui ne vous apporte pas une paix durable, c'est maya, l'illusion. Aucun des objets que nous percevons au travers des sens ne peut nous donner la paix. Ils ne nous apportent que de la souffrance. En réalité, ils n'ont pas plus d'existence que nos rêves.

Un homme pauvre gagna une fortune à la loterie. Grâce à cette richesse soudaine, il épousa la ravissante princesse du pays et reçut en outre la moitié du royaume. Ils partirent un jour se promener à cheval sur une montagne. Un vent terrible se mit tout à coup à souffler, précipitant chevaux et cavaliers du haut de la montagne. La princesse et les chevaux furent tués mais l'homme réussit à se raccrocher à une branche d'arbre et il survécut. Le sol ferme était juste au-dessous de lui. Il ferma les yeux et sauta. Mais quand il ouvrit les yeux, il ne vit plus ni montagne, ni princesse, ni chevaux, ni palais ! Il n'y avait que les murs et le sol en terre battue de sa hutte. Sans nourriture depuis deux jours, il s'était effondré, affamé et épuisé, et il s'était endormi. Maintenant qu'il était réveillé, il comprenait que tout ce qu'il avait vu n'était qu'un rêve. Il ne s'affligea pas de la perte de la princesse ni de celle du royaume, car il savait qu'il s'agissait seulement d'un rêve.

Pendant le rêve, tout était réel. Vous ne connaîtrez la réalité que si vous vous réveillez du rêve dans lequel vous êtes maintenant.

Ceux qui habitent près des lieux de crémation n'ont pas peur, ils ne craignent pas de traverser cet endroit. Il ne s'agit pour eux que d'un endroit où l'on brûle les corps. D'autres, qui n'habitent pas dans ces parages, ont peur de traverser un lieu qu'ils croient hanté. Ils trembleraient de peur s'ils y passaient de nuit et trébuchaient sur une pierre ou bien voyaient une feuille s'agiter dans le vent. Tout objet sur lequel ils jetteraient les yeux se transformerait en fantôme. Voyant un pilier, ils le prendraient pour un fantôme et s'évanouiraient. Ainsi, les gens s'autodétruisent à cause de ce qu'ils projettent sur tout objet.

Un homme qui marche dans une forêt peuplée de serpents hurlera de peur s'il est piqué par une épine, pensant que c'est un serpent qui l'a mordu. Il aura même tous les symptômes consécutifs à une morsure de serpent jusqu'à ce qu'un médecin arrive et lui explique qu'il n'a pas été mordu. Beaucoup de gens ont ce genre d'expérience. Ils s'affaiblissent en se concentrant sur ce qui n'existe pas. C'est ainsi que vivent les gens d'aujourd'hui, incapables qu'ils sont de voir la vérité.

C'est pourquoi nous ne devons pas nous attacher aux choses matérielles. Ceux qui le font ne récoltent que la souffrance. Tout ceci est donc appelé *maya*. Si nous considérons tout comme étant l'essence du Divin, nous ne souffrirons pas ; nous ne connaîtrons que la joie.

Question : Cet univers est-il maya ?

Amma : Oui, l'univers est une illusion, c'est certain. Ceux qui sont pris au piège de l'illusion ne rencontrent que les obstacles et la souffrance. Lorsque vous serez capable de discerner entre ce qui est éternel et ce qui est transitoire, vous verrez clairement qu'il s'agit d'une illusion. Nous déclarons que l'univers est maya. Mais si nous choisissons de ne voir que le bien dans notre vie, cette illusion ne nous liera pas. Cette attitude nous aidera à progresser dans la voie juste.

Imaginons que tu marches sur un muret boueux entre deux rizières. Tu glisses et tu tombes dans la boue ; tu en es couvert. Pour toi c'est de la saleté dont tu veux te laver. Mais un potier qui passe au même endroit remarque qu'il s'agit d'une excellente sorte d'argile et il se met à l'utiliser pour son travail ; il y voit quelque chose d'utile. Pour le potier, ce n'est pas de la saleté.

Une femme qui ramasse du bois dans la forêt découvre une pierre. Elle s'en sert comme mortier, songeant qu'elle a juste la forme adéquate. Un spécialiste, voyant la même pierre, lui reconnaît des qualités très particulières. Il l'installe dans un temple en tant qu'image du Divin. Il offre des fruits et des pierres précieuses à la divinité et la vénère. Mais pour ceux qui ne comprennent pas sa grandeur, il ne s'agit que d'une pierre ordinaire.

Le feu peut servir à cuisiner ou bien à brûler la maison. Une aiguille nous permet de coudre, mais on peut aussi se blesser à l'œil avec. Un chirurgien se sert d'un scalpel comme d'un instrument pour opérer un patient et lui sauver la vie. Entre les mains d'un assassin, il s'agit d'une arme mortelle. En conséquence, plutôt que de tout rejeter comme étant *maya*, examinons quelle est la place adéquate de chaque objet et utilisons-le comme il convient. Rejetons le mauvais côté des choses. Les grands sages ne voyaient que le bien dans tout ce qui existe dans l'univers.

Ceux qui ont pleinement conscience de *maya* n'y succombent pas. Ils protègent le monde. En revanche, ceux qui n'ont aucune compréhension de *maya* non seulement se détruisent mais deviennent un fardeau pour autrui. Ils commettent une forme de suicide. Si vous vivez en ne voyant que le bon côté de chaque chose, rien ne vous apparaîtra comme une illusion. Le pouvoir potentiel de nous guider vers le bien demeure en tout.

Un chien aperçoit le reflet de la lune dans une mare et saute dans l'eau en aboyant. Le chien ne regarde pas la vraie lune, qui brille dans le ciel. Un enfant saute dans un puits pour attraper la lune et se noie. Ni le chien ni l'enfant n'ont conscience de la réalité. L'éternel et l'éphémère existent tous deux, mais il faut discerner entre les deux. A quoi bon s'efforcer d'attraper une ombre en négligeant la réalité ? L'ombre, *maya*, existe aussi longtemps que dure l'ego. Quand il n'y a plus d'ego, il n'y a plus d'univers, plus d'illusion.

Parce que notre connaissance est incomplète, nous prenons l'illusion pour réelle. Lorsque le soleil est à son zénith, à midi, il n'y a pas d'ombre. Lorsque nous aurons atteint le zénith de la connaissance (l'illumination), nous ne verrons plus que la réalité.

Question : On dit que nous ne percevons l'existence de l'univers qu'à cause de maya (l'illusion). Alors pourquoi nous semble-t-il si totalement réel ?

Amma : La création n'existe que quand la notion du « moi » est présente. Sans cette notion, il n'y a pas de création, il n'y a pas d'êtres vivants. Seul Brahman demeure éternellement Brahman.

Une petite fille désire une poupée au point de pleurer pendant des heures. On finit par lui en offrir une, avec laquelle elle joue un certain temps, sans permettre que personne d'autre y touche. Elle s'endort en serrant la poupée contre son cœur. Mais une fois endormie, l'enfant laisse échapper la poupée qui glisse sur le sol sans qu'elle s'en aperçoive.

Un homme s'est assoupi, la tête sur l'oreiller. Avant de se coucher, il a dissimulé son or sous cet oreiller. Mais pendant son sommeil, un voleur le lui dérobe. Dans l'état de veille, l'homme ne pensait à rien d'autre qu'à son or, et il n'avait en conséquence aucune paix. Mais le sommeil lui fait tout oublier ; il n'a plus conscience de lui-même, de sa famille ni de ses biens. Il n'y a que la béatitude. La béatitude que nous éprouvons dans le sommeil profond nous procure l'énergie que nous ressentons au réveil. Quand nous nous réveillons, « ma poupée », « mon collier » et « ma famille », tout réapparaît. La notion du « moi » revenue, tout revient avec elle.

Brahman existe en tant que Brahman, éternellement. Mais nous ne ferons l'expérience de Brahman que quand nos pensées s'évanouiront.

Question : Amma, si tout le monde menait une vie spirituelle et se faisait sannyasi, comment le monde continuerait-il ? Quelle est l'utilité de sannyasa ?

Amma : Tout le monde ne peut pas devenir sannyasi. Sur un million de personnes qui essayent, seuls quelques-uns réussissent. Mais le fait que peu de gens décrochent un diplôme de docteur en médecine ou une fonction élevée n'est pas une raison pour que personne ne s'efforce plus d'y parvenir.

Amma ne dit pas que tout le monde devrait se faire *sannyasi*, mais si vous comprenez les principes sur lesquels se fonde *sannyasa* et que vous y conformez votre vie, vous pouvez éviter de souffrir. Vous serez capable de surmonter tous les obstacles avec détachement.

Ce qu'Amma entend par-là, c'est qu'il nous faut abandonner la notion du « moi » et du « mien ». Quel que soit l'objet de notre désir, comprenons quelle fonction lui revient dans notre vie. Accomplissons en outre nos actions sans en attendre de fruits car toute attente est cause de souffrance.

Un homme participait à une campagne de collecte de fonds. Frappant à la porte d'une certaine demeure, il s'attendait à recevoir au moins mille roupies, mais cette famille ne lui en donna que cinq ! Furieux, il refusa le don. Un an après, il était encore en colère ! Il entretenait sa colère intérieure. N'ayant pas reçu ce qu'il attendait, il ne put même pas accepter ce qu'on lui offrait. Si grande était sa déception qu'il refusa le don. S'il n'avait eu aucune attente, il n'aurait éprouvé ni colère, ni souffrance. Il aurait été satisfait du peu qu'il recevait. Dans ce voyage qu'est la vie, si nous adoptons l'attitude d'un mendiant, nous pouvons éviter cette sorte de souffrance. Un mendiant sait qu'il est un mendiant, il ne s'afflige donc pas s'il ne reçoit rien quand il frappe à une porte ; il n'est pas triste, parce qu'il sait qu'on lui donnera peut-être quelque chose à la maison suivante. Qu'il reçoive quantité de nourriture ou qu'il reparte les mains vides, cela fait partie de ce qu'il doit vivre au cours du voyage qu'est sa vie, et il le sait. Il n'a donc pas de colère envers qui que ce soit. Quand vous êtes un vrai mendiant, vous considérez tout comme étant la volonté de

Dieu. Soyez lié seulement à Dieu, voilà ce qu'Amma veut dire. Les êtres vraiment spirituels ne connaissent pas le chagrin.

De nos jours, les gens s'attachent à des objets extérieurs. « Ces êtres constituent *ma* famille », c'est ainsi qu'ils vivent et c'est pour leur famille qu'ils triment jour et nuit, sans jamais prendre de repos. Mais ainsi, ils s'oublient, sans pouvoir découvrir leur *dharma* et y conformer leur vie. Ils oublient Dieu. En vivant ainsi, il est impossible de trouver la paix, ni avant ni après la mort. Cela ne signifie pas qu'il ne faut pas travailler. Agissons, mais sans attente ni désir.

Le bonheur ne se trouve pas dans les objets extérieurs ; il demeure à l'intérieur de nous. Une fois que vous avez mangé une grande quantité de votre dessert favori, vous n'en avez plus envie. Si vous en mangiez encore, vous haïriez ensuite ce plat. Si quelqu'un en mettait une autre portion devant vous, vous la repousseriez, écœuré. Si votre bonheur provenait vraiment de ce dessert, auriez-vous la moindre raison de le repousser ? N'en mangeriez-vous pas encore un peu plus ? C'est donc bien le mental qui est la cause de tout. Quand le mental est rassasié, nous éprouvons de l'aversion envers l'objet qui nous rendait heureux. Tout dépend du mental. Le bonheur ne se trouve pas quelque part à l'extérieur de vous ; il est à l'intérieur. C'est donc là qu'il faut chercher ! En cherchant le bonheur à l'extérieur de vous-même, dans vos relations avec les autres et dans les objets extérieurs, vous gâcherez votre vie. Cela ne signifie pas que vous devez rester les bras croisés à ne rien faire. Dès que vous en avez l'occasion, servez autrui. Servez ceux qui sont dans le besoin. Répétez un mantra. Consacrez votre vie au but de la spiritualité.

Question : Amma, comment est-il possible d'éliminer les vasanas (tendances latentes) qui nous tirent vers le monde ?

Amma : Il est aussi impossible d'attraper une vasana et de l'enlever que d'attraper une bulle sur l'eau. La bulle se brise si vous essayez de l'enlever. Les bulles se forment à cause des vagues qui agitent l'eau. Pour éviter leur formation, il s'agit d'être attentif et de veiller à ce qu'il n'y ait pas de vagues. Grâce à des pensées positives et à la contemplation, nous réduisons les vagues que les vasanas soulèvent dans le mental. Dans un mental apaisé grâce aux pensées spirituelles, il n'y a pas de place pour les vasanas qui nous tirent vers le monde.

Question : Il est dit que les plaisirs des sens ne peuvent

nous apporter le bonheur. Et pourtant, ce sont bien les objets matériels qui me procurent du bonheur, n'est-ce pas ?

Amma : Le bonheur ne vient pas de l'extérieur. Certains adorent le chocolat, mais aussi délicieux qu'il soit, une fois que nous en avons mangé une tablette entière, nous resssentons une certaine aversion envers le chocolat. Le morceau suivant ne nous donnera pas le même plaisir que le premier morceau. Il y a des gens qui n'aiment pas le chocolat. L'odeur du chocolat suffit à leur donner la nausée. Mais que nous l'aimions ou pas, le chocolat reste le même. Si c'était vraiment lui qui nous apportait le bonheur, peu importerait la quantité, nous serions toujours heureux d'en manger, n'est-ce pas ? Et tout le monde n'éprouverait-il pas la même satisfaction ? Ce n'est donc pas du chocolat lui-même que dépend notre contentement, mais de notre mental. Les gens s'imaginent que ce sont les objets extérieurs qui leur apportent le bonheur et ils passent leur vie à essayer de combler leurs désirs. Mais à la fin les sens meurent, et nous demeurons affaiblis au point de nous effondrer.

Le bonheur réside en nous, et non à l'extérieur de nous. Nous ne connaîtrons la béatitude et le contentement en toutes circonstances que si nous nous appuyons sur ce bonheur intérieur. Les objets du monde comme les sens qui les perçoivent sont limités. Il ne s'agit pas de fuir l'aspect matériel de la vie. Il s'agit simplement de comprendre l'usage adéquat de chaque objet et de ne pas lui accorder plus d'importance qu'il n'en mérite. Les pensées et les attentes inutiles, voilà le problème.

Pour beaucoup de gens, rien ne compte plus que leur propre bonheur. Ils n'aiment personne au-delà de cela. Aux États-Unis, un homme est venu voir Amma. Sa femme venait de mourir. Elle était sa vie même. Quand ils étaient séparés, incapable de dormir, il veillait toute la nuit. Il ne mangeait pas tant qu'elle n'avait pas mangé. Si elle allait quelque part, il l'attendait. Bref, il adorait sa femme mais leur vie commune fut de courte durée. Elle contracta soudain une maladie et mourut en l'espace d'une semaine. De nombreux parents et amis arrivèrent. L'enterrement était prévu une fois que tout le monde aurait défilé devant le corps. Mais cela prit beaucoup de temps et le veuf éprouva tout-à-coup une grande faim. « Oh, vivement que cela soit fini ! » songea-t-il. Il avait hâte que tout soit terminé pour pouvoir aller manger.

Il attendit encore une heure ou deux. Mais rien n'indiquait la fin des condoléances et il avait tellement faim qu'il alla dans un restaurant du coin commander un repas. C'est lui-même qui a raconté cet incident à Amma. « J'étais prêt à donner ma vie pour ma femme, tant je l'aimais. Mais la faim m'a fait tout oublier ! »

Cela s'est passé aux États-Unis. Écoutez maintenant ce qui est arrivé en Inde. Une femme est venue à l'ashram et a raconté cette histoire à Amma. Son mari a été tué par une voiture pendant qu'il roulait à bicyclette. Cette femme était sa seconde épouse, la première étant décédée quelques années plus tôt. De ce premier mariage, notre homme avait deux enfants adultes. Quand cette femme apprit la nouvelle du décès de son mari, la première chose qu'elle fit fut d'aller prendre possession de la clé du coffre de son mari, non d'aller voir le corps ou de le faire ramener à la maison. Le temps qu'elle trouve la clé, des gens arrivèrent, apportant le corps du défunt. Et les enfants issus du premier mariage arrivèrent eux-aussi. Mais au lieu d'aller voir le corps, ils allèrent aussitôt à l'endroit où il gardait la clé du coffre. Craignant que leur belle-mère ne garde toute la fortune de leur père, ils voulaient trouver la clé avant elle. Mais ils arrivèrent trop tard. Leur belle-mère avait déjà trouvé la clé et l'avait cachée. Ces enfants avaient été élevés avec tant d'amour ! Où était maintenant leur amour ? Cette femme avait l'habitude de dire qu'elle aimait son mari plus que sa propre vie. Où était maintenant cet amour ? Ils ne pensaient qu'à l'argent. Mes enfants, le monde est ainsi fait. Les gens n'aiment que pour des motifs égoïstes.

Il y a des hommes qui jurent de tuer leur femme si elle parle à un autre homme. Quand le père est sur son lit de mort, ses fils attendent avec impatience de diviser la propriété. Dans certains cas, convoitant un bel héritage, un fils n'hésitera pas à tuer son père. Est-ce de l'amour ?

Il ne s'agit pourtant pas d'abandonner et de rester oisif, simplement parce que telle est la nature du monde. Mais gardons-nous d'entretenir des idées telles que « Ma femme (mon mari) et mes enfants seront toujours avec moi. »

Connaissez votre *dharma* et tâchez d'y conformer votre vie. Agissez sans rien attendre. N'attendez ni amour, ni richesse, ni gloire ou quoi que ce soit d'autre. Le but de toutes nos actions devrait être de nous purifier intérieurement. Ne soyez attachés qu'à ce qui est spirituel, car c'est seulement ainsi que vous trouverez le vrai bonheur. Si vous agissez en espérant recevoir quelque chose des autres, la souffrance sera votre seule compagne. Mais si vous vivez en harmonie avec les principes spirituels, vous connaîtrez le paradis sur terre et après votre mort. Vos actions seront bénéfiques pour vous-mêmes et pour le monde.

Question : Le Soi est sans forme. Comment alors reconnaître son influence ?

Amma : L'air n'a pas de forme mais si vous gonflez un ballon, vous pouvez jouer avec et le lancer en l'air ou bien d'un endroit à un autre. De même, le Soi est sans-forme et omniprésent. Il est possible de comprendre son influence à l'aide d'un upadhi (Le moyen grâce auquel l'Infini s'exprime dans le monde manifesté).

Question : Est-il possible de demeurer constamment dans l'état de non-dualité ? Cela n'est-il pas possible uniquement quand la personne se trouve en samadhi ? Lorsque la personne s'éveille du samadhi, ne retourne-t-elle pas dans le monde de la dualité ?

Amma : De votre point de vue, la personne existe dans un état de dualité, mais elle est encore dans cet état de non-dualité où elle a l'expérience directe de la Réalité. Une fois que vous avez mélangé la farine de riz et le sucre, il est impossible de les séparer et tout est sucré. Ainsi, une fois que vous avez atteint l'état de non-dualité – au niveau de l'expérience directe – vous êtes cela. Dès lors, la dualité n'existe plus dans votre monde ; vous voyez tout à la lumière de votre expérience non-duelle.

Un être pleinement illuminé est comparable à une écorce de citron brûlée ou à une corde brûlée : il paraît avoir une certaine forme, mais elle s'évanouit dès qu'on y touche. Les actions d'un être illuminé semblent pareilles à celles des gens ordinaires, mais un tel être demeure constamment dans le Soi. Il ou elle est en vérité le Soi.

Question : Amma, pourrais-tu nous décrire un peu l'expérience de la non-dualité ?

Amma : Cela est au-delà des mots. Il est impossible de goûter le sucre et d'expliquer exactement sa douceur. Elle est indescriptible. Quand vous absorbez de la nourriture, c'est ensuite que vous en percevez les bienfaits, n'est-ce pas ? C'est également au réveil que vous ressentez les bienfaits du sommeil, l'énergie et la paix que vous y puisez. La paix profonde, ineffable, que l'on ressent en samadhi demeure une fois que l'on est sorti de cet état.

Question : Certains naissent riches et grandissent dans l'abondance. D'autres naissent dans des huttes, trop pauvres pour faire même un repas par jour. Quelle est la raison de cette différence ?

Amma : Chacun renaît en fonction des actions accomplies dans les vies antérieures. Les enfants nés avec un kesari yoga[21] sont prospères où qu'ils aillent. La déesse de la Fortune demeure en eux. En accord avec les actions accomplies dans leurs vies antérieures, cette divinité les accompagne maintenant. Ils ont vénéré Dieu avec concentration et ont donné généreusement aux autres. Ceux qui ont accompli de mauvaises actions sont ceux qui souffrent aujourd'hui.

Question : Mais nous n'avons aucune conscience de tout cela.

---

[21] En astrologie, le *kesari yoga* est une position spéciale de la lune et de Jupiter au moment de la naissance. Elle indique un avenir prospère et favorable.

Amma : Te rappelles-tu tout ce que tu as fait quand tu étais enfant ? Les élèves n'oublient-ils pas bien souvent le jour de l'examen ce qu'ils ont étudié la veille ? Ainsi, nous avons tout oublié. Et cependant, il est possible de voir tout cela avec l'œil de la sagesse.

Question : Comment peut-on être délivré de la souffrance ?

Amma : Ceux qui assimilent vraiment la spiritualité et vivent conformément au dharma ne souffrent pas. A quoi sert de rester assis à pleurer si tu te fais une coupure à la main ? Il faut mettre un baume sur la blessure. Si tu te contentes de pleurer, la blessure pourrait s'infecter et tu pourrais même en mourir.

Imagine que quelqu'un t'insulte et que tu réagisses en allant pleurer dans un coin. Tu es malheureux parce que tu as accepté l'insulte. Si tu ne l'acceptes pas, eh bien c'est le problème de cette personne, pas le tien. Il faut donc que tu rejettes l'insulte. Si tu agis ainsi, avec discernement, tu seras libéré de la souffrance.

Ou bien encore, dans le cas d'une coupure à la main, à quoi bon faire une pause et réfléchir à la manière dont cela s'est produit, quelle sorte de couteau a provoqué la blessure etc., sans soigner la plaie ?

Si celui qui a été mordu par un serpent venimeux reste assis à méditer sur le serpent, il est sûr de mourir. Ou bien imaginons que la personne se précipite chez elle, ouvre une encyclopédie et s'efforce de trouver quel remède elle doit prendre. Elle mourra avant de découvrir enfin qu'elle a besoin d'un sérum. Pour parer à une morsure de serpent, il faut faire une piqûre de sérum le plus vite possible.

Lorsque nous sommes confrontés à la souffrance, essayons de la surmonter au lieu de nous affaiblir en y songeant. Certains sages des temps anciens apprirent les vérités essentielles et les mirent en pratique dans leur vie. Si nous prêtons attention à leurs paroles et vivons en accord avec les instructions des Ecritures, nous pouvons traverser n'importe quelle situation sans chanceler. La connaissance spirituelle est infiniment plus importante que le reste du savoir, car elle nous enseigne comment vivre en ce monde. Tant que nous n'appliquons pas cette sagesse dans notre vie, nous nous dirigeons vers l'enfer, aussi bien dans cette vie que dans l'au-delà.

Les *gurukulas* enseignent la sagesse spirituelle : comment trouver la paix en ce monde, comment mener une vie sans difficultés. Les maîtres spirituels sont les médecins du mental.

Question : Les médecins du mental ne sont-ils pas les psychiatres ?

Amma : Ils ne soignent le mental que quand il perd son équilibre. Un maître spirituel nous enseigne comment éviter cela. Telle est la fonction des gurukulas.

Question : On dit que les désirs sont la cause de la souffrance. Quelle méthode permet de s'en libérer ?

Amma : Autoriserions-nous de notre plein gré quelqu'un qui veut nous blesser à vivre avec nous ? Serions-nous prêts à dormir à côté d'un fou dangereux ? Non, parce que nous savons que le mental du fou est instable et qu'il pourrait nous faire du mal. De même, si nous élevons un serpent, peu importe ce que nous lui donnons à manger, il finira par montrer sa véritable nature, c'est inévitable. Et personne ne souhaite garder un chien enragé. Si notre chien a la rage, nous n'hésiterons pas à lui faire faire une piqûre pour l'endormir, même si nous l'aimons beaucoup. Nous nous efforçons d'éviter de telles créatures, sachant que leur compagnie est cause de souffrance.

Si nous étudions ainsi la nature de toute chose, pour n'accepter que ce qui est bénéfique, nous ne souffrirons pas.

Le désir ne peut pas nous mener à la perfection. Incapables de comprendre cette vérité, les humains cultivent leurs désirs néfastes. En conséquence, ils sont confrontés à de nombreux problèmes et font en outre souffrir les autres. Boirais-tu délibérément du poison ? Même si tu as très faim, si une araignée venimeuse tombe dans ta nourriture, tu n'y toucheras pas. Ainsi, quand tu auras parfaitement compris que ton désir pour les objets matériels engendre la souffrance, ton mental ne sera plus attiré par eux. En vivant ainsi avec beaucoup de vigilance, il est possible d'être libre de tout désir. C'est très difficile. C'est cependant possible si nous possédons suffisamment de vigilance, de discernement et de détachement, alliés à la contemplation et à la pratique.

Question : On nous dit que de nombreux mahatmas dotés de pouvoirs divins vivent actuellement en Inde. La croyance dit que rien ne leur est impossible. Alors pourquoi, quand il se produit des catastrophes telles que les inondations, les sécheresses et les tremblements de terre, les mahatmas ne sauvent-ils pas les gens de la mort et de la souffrance ?

Amma : Mes enfants, dans le monde d'un mahatma, il n'y a ni naissance ni mort, ni bonheur ni malheur. Si les gens souffrent, c'est dû à leur prarabdha (le fruit d'actions accomplies dans cette vie ou dans des vies antérieures). Ils récoltent les fruits de leurs karmas et ils doivent les épuiser. Il est vrai que la quantité de notre prarabdha peut être réduite par la grâce d'un mahatma. Mais encore faut-il être apte à recevoir cette grâce. Les mahatmas existent, mais les gens ne tirent pas avantage de leur présence comme ils le devraient. Une flèche ne peut atteindre la cible que si vous bandez l'arc avant de tirer. Les mahatmas nous enseignent la voie juste. A quoi bon les blâmer si nous ne suivons pas leur avis ?

Tant de gens naissent sur cette terre. Il leur faut donc aussi mourir, n'est-ce pas ? Mais la mort ne concerne que le corps, pas l'âme. Poussière, nous retournons à la poussière. L'argile dit au potier : « Tu m'emploies pour fabriquer des pots, mais demain, c'est moi qui ferai des pots avec toi ! » Chacun récolte les fruits de son *karma*.

Mes enfants, la mort n'existe que tant que nous avons la notion du « moi ». Ceux qui ont cette notion ne peuvent vivre que pendant un nombre d'années limité. Mais il existe un monde qu'il est possible d'atteindre, un monde où seule règne la béatitude. Pour l'atteindre, faisons le meilleur usage possible de la vie qui nous est donnée maintenant.

Pour la plupart des gens, il vaut mieux éviter de considérer le monde comme irréel. Qu'ils s'efforcent de cultiver de bonnes qualités en accomplissant de bonnes actions. C'est là-dessus qu'il leur faut se concentrer. Ils arriveront ainsi au « bazar de la béatitude » (abondance de béatitude) et y resteront pour l'éternité.

Question : Pourquoi Dieu a-t-Il créé une planète comme celle-ci, peuplée d'êtres vivants ?

Amma : Dieu n'a créé personne. Ceci est notre création. Un gardien veillait sur une pièce remplie d'or et de joyaux. Mais une nuit, par mégarde, il s'endormit. Des voleurs saisirent l'occasion et dérobèrent tout le contenu de la pièce. A son réveil, le gardien découvrit le vol. Dans les affres de l'angoisse, il gémit : « Oh non ! Qu'ai-je fait ? Je vais perdre mon travail ! Je ne pourrai plus nourrir mes enfants ! » Mais de telles pensées n'existaient pas dans son sommeil. Il n'y avait alors dans sa conscience ni or, ni voleurs ni employeurs. Tout est apparu à son réveil. Tout cela était donc sa propre création.

La création est apparue à cause de notre ignorance. Si quelqu'un commet une erreur, faut-il que tout le monde l'imite ?

Si un individu devient un voleur, faut-il que tout le monde vole ? Dans tous les cas, si vous volez, vous serez puni.

Essayons de sortir de notre ignorance le plus vite possible. Cette vie humaine est une bénédiction qui nous a été accordée dans ce but. Si une plante de cardamome pousse là où nous avions semé des graines de sésame, que faut-il garder, le sésame ou la cardamome ? La cardamome est beaucoup plus précieuse que les graines de sésame.

Donc, à partir d'aujourd'hui au moins, faisons une place dans notre mental au Soi éternel. Alors certaines circonstances favorables à la connaissance du Soi apparaîtront. Nous goûterons la béatitude et nous serons remplis d'énergie. Sinon, si nous persistons à semer les graines de moindre valeur, nous resterons pauvres à jamais.

Question : Est-il juste que des jeunes viennent vivre à l'ashram alors qu'ils ont des parents dont il faudra un jour s'occuper ? N'est-ce pas de l'égoïsme ? Qui s'occupera de leurs parents quand ils seront âgés ?

Amma : Bien des gens n'ont pas d'enfants. Qui s'occupe d'eux quand ils sont âgés ? Si un jeune vient vivre à l'ashram, c'est pour pouvoir ensuite aider d'innombrables personnes. Qu'est-ce qui est égoïste, sacrifier sa vie à ses parents ou bien consacrer sa vie au monde entier ? Il se peut qu'un jeune doive quitter sa famille et aller dans un autre état de l'Inde pour obtenir son diplôme en médecine. Mais à son retour, il pourra soigner beaucoup de gens. Qu'arrivera-t-il s'il ne part pas parce qu'il a le sentiment qu'il ne devrait pas quitter ses parents ? De toutes façons, il ne pourra pas les sauver de la mort quand leur heure sera venue. S'il rentre avec un diplôme en médecine, il pourra au moins les aider quand ils seront malades. Les jeunes viennent à l'ashram pour acquérir la force de servir le monde, grâce aux pratiques spirituelles. Ils montrent la voie juste non seulement à leurs parents, mais au monde entier. La voie qu'ils indiquent par leur exemple est celle qui mène à la délivrance absolue de la souffrance. Mais pour réussir, ils doivent maîtriser leur mental ; ils doivent renoncer à tout attachement. Ils seront ensuite capables d'aimer et de servir tous les êtres. Chacune de leurs respirations sera pour le bien du monde.

Question : Pourquoi dit-on qu'il faut taire une vérité si elle est blessante ?

Amma : Deux sujets sont abordés dans la spiritualité : la vérité et le secret. Il n'y a rien de supérieur à la vérité ; il ne faut jamais l'abandonner. Mais toutes les vérités ne sont pas bonnes à dire ouvertement à tous. Il s'agit d'examiner les circonstances et de déterminer ensuite s'il est oui ou non nécessaire de révéler quelque chose. En certaines occasions, mieux vaut garder le secret, même si nous connaissons la vérité. Prenons l'exemple d'une femme qui a commis un faux-pas dans un moment de faiblesse. Si sa faute est connue, son avenir sera ruiné et sa vie sera peut-être en danger. Mais si son erreur reste secrète, elle évitera peut-être de la répéter et mènera une vie juste. Dans ce cas, mieux vaut garder la vérité secrète, plutôt que de la révéler. Cela permet de sauver la vie de cette personne et de protéger sa famille. Mais avant de prendre une telle décision, il faut examiner attentivement la situation.

Cependant, cela ne devrait jamais encourager qui que ce soit à répéter une erreur. L'important est que nos paroles bénéficient à tous. Si nous risquons de blesser quelqu'un par nos paroles, alors il faut garder le silence, même si ce que nous allions dire est la vérité.

Amma va vous donner un exemple. Un enfant meurt dans un accident de voiture, à cent kilomètres de son domicile. C'est un enfant unique et il s'agit d'une perte terrible pour la mère. Si quelqu'un lui téléphonait pour lui annoncer que son enfant est mort, cela lui briserait le cœur et le choc pourrait être mortel. On lui laisse donc le message téléphonique suivant : « Votre enfant a été victime d'un accident de voiture sans gravité. Il est hospitalisé ici, venez vite ! » Ce n'est pas la vérité, mais cela lui permettra de faire les cent kilomètres sans s'effondrer. La poignante douleur lui sera épargnée au moins le temps du voyage. Une fois arrivée, elle découvrira ce qui s'est passé en réalité.

Si elle apprend la vérité plus tard, une fois qu'elle est au courant de l'accident et qu'elle a eu le temps d'absorber ce premier choc, les effets en seront peut-être un peu atténués. Dans ce cas, en cachant la vérité dans un premier temps, nous sauvons peut-être la vie de la mère. L'enfant mort est perdu de toutes façons. Y a-t-il aucune raison d'envoyer une personne de plus à la mort ? Voilà le genre de situations auxquelles Amma fait allusion. Elle ne veut pas dire qu'il faut mentir.

Un homme qui a une faiblesse au cœur contracte une grave maladie. S'il l'apprend brutalement, il risque d'avoir une crise cardiaque. Le médecin ne lui annonce donc pas la nouvelle brutalement. Il dit seulement : « Ce n'est rien de sérieux. Reposez-vous et prenez ce médicament. » Il ne s'agit pas d'un mensonge ordinaire. Ce n'est pas pour un motif égoïste que le docteur dit cela ; c'est pour le bien d'une autre personne qu'il dissimule momentanément un fait.

Amma se rappelle une histoire. Il était une fois, dans un village, un homme fortuné qui avait l'habitude de distribuer la plus grande partie de ses profits aux pauvres. Beaucoup de gens venaient lui demander de l'aide. Il avait pas mal de connaissances en matière de spiritualité. Il déclarait souvent : « Je ne peux pas faire tout le temps des pratiques spirituelles ; j'ai très peu de

temps pour faire *japa* (la répétition d'un mantra) et pour méditer. Je distribue donc les bénéfices que je retire de mes affaires aux pauvres, pour qu'ils en profitent. Servir les pauvres est ma manière d'adorer Dieu. Cela m'apporte la joie et le contentement dont j'ai besoin. Et de plus, mes affaires prospèrent. »

A quelque distance de là, dans un autre village, vivait un homme très pauvre. Il partit un jour demander l'aide du riche. Sa famille n'avait rien mangé depuis des jours et il avait désespérément besoin d'aide. Mais il était si affaibli par la faim qu'il pouvait à peine marcher. Il n'avait parcouru qu'une courte distance quand il fut pris de vertige et s'effondra sur la route. Très malheureux, il songea : « Mon Dieu, je suis parti espérant recevoir un peu d'aide, et vois, je suis allongé sur la route et je vais sans doute mourir ici ! » Il aperçut une rivière à côté de la route. Il réussit tant bien que mal à se lever et à atteindre la rivière. Il but l'eau de la rivière et remarqua qu'elle était particulièrement délicieuse. Il but à grands traits et éprouva une sensation de fraîcheur. L'eau était excellente. Avec une grande feuille, il fabriqua un bol et en recueillit un peu. Ayant recouvré quelques forces, il reprit lentement son voyage, portant le petit bol. Il atteignit enfin la maison du riche et se joignit à la longue queue de gens venus recevoir les cadeaux qu'on leur distribuait. La plupart d'entre eux avaient apporté en échange un présent pour leur bienfaiteur. Notre homme songea : « Oh non ! Je suis le seul à ne rien avoir apporté. Eh bien, cela ne fait rien, je vais lui offrir cette eau si merveilleuse. »

Quand son tour arriva, il offrit à l'homme riche le bol en feuille contenant de l'eau. Celui-ci en but une gorgée et s'exclama : « Oh que cette eau est délicieuse ! Comme elle est bénie ! » pour montrer son plaisir. Le pauvre homme en fut très heureux. Ceux qui entouraient le riche manifestèrent le désir de goûter eux aussi un peu de cette eau, mais il ne le leur permit pas. Il mit l'eau de côté en disant : « Ceci est très sacré. » Il donna au pauvre tout ce dont il avait besoin et le renvoya chez lui. Les autres dirent alors : « Jamais vous n'hésitez à partager ce qui est vôtre. Alors pourquoi avez-vous refusé de nous laisser goûter cette eau sacrée ? » L'homme riche répondit : « S'il-vous-plaît, pardonnez-moi. Cet homme était épuisé et il a bu de l'eau qu'il a trouvée en cours de route. Il était tellement épuisé que cette eau lui a semblé très bonne. Il a pensé qu'elle était très spéciale. C'est pourquoi il l'a apportée ici. En réalité, elle n'était pas buvable. Mais quand je l'ai goûtée, si j'avais dit devant lui que cette eau était mauvaise, le pauvre homme aurait été blessé. Il en aurait été si malheureux, que rien de ce que j'aurais pu lui donner ensuite ne l'aurait vraiment contenté. C'est pour ne pas le blesser que j'ai loué l'eau en sa présence. »

Mes enfants, c'est dans de telles situations qu'il vaut mieux taire une vérité qui risque de blesser. Mais cela ne signifie pas qu'il faille mentir, insistons là-dessus. Un être spirituel ne devrait jamais mentir dans son intérêt personnel. Nos paroles et nos actes ne devraient faire souffrir personne. Il n'y a qu'une chose qui ne s'efface jamais et qui apporte la lumière dans notre vie, c'est l'amour. Mes enfants, cet amour, c'est Dieu.

Question : Si Dieu et le gourou demeurent en nous, quel besoin avons-nous d'un gourou extérieur ?

Amma : Dans chaque pierre, il y a une statue en puissance. Mais la statue ne peut prendre forme que quand un sculpteur cisèle la pierre, ôtant les parties inutiles. Ainsi, le maître spirituel révèle la véritable nature du disciple qui, pris dans l'illusion, est dans un état d'oubli profond. Tant que nous sommes incapables de nous éveiller par nous-mêmes de cette illusion, un maître extérieur est nécessaire. Le maître nous fera retrouver la mémoire.

Une élève a appris sa leçon avec beaucoup d'application. Mais quand le maître l'interroge, elle est si anxieuse qu'elle a un trou de mémoire ; elle est incapable de se rappeler quoi que ce soit. Une camarade assise à côté d'elle lui rappelle le premier vers du poème et soudain, tout le poème lui revient en mémoire. Elle le récite sans erreur devant toute la classe. Ainsi, la connaissance de la vérité est latente en nous. Les paroles du maître ont le pouvoir d'éveiller cette connaissance.

En tant que disciple, quand vous faites des pratiques spirituelles auprès d'un maître, ce qui est irréel en vous se dissout et votre être réel se révèle. Si on approche du feu une statue recouverte de cire, la cire fond, laissant apparaître la statue. Le fait que quelques individus extrêmement rares aient réalisé la vérité sans l'aide d'un maître spirituel ne nous autorise pas à déclarer que personne n'a besoin d'un maître.

Dieu et le maître spirituel demeurent en nous sous la forme d'une graine. Pour que la graine se développe et devienne un arbre, il lui faut un climat favorable ; elle ne poussera pas n'importe où. Ainsi, pour que notre divinité innée se manifeste et brille en nous, nous avons besoin d'un climat approprié. Le maître est celui qui crée cet environnement.

Les pommiers poussent en abondance au Cachemire. Le climat de cette région convient particulièrement aux pommiers. Il est possible de faire pousser des pommiers au Kérala, mais il faut les cultiver avec beaucoup de soin. Malgré cela, la plupart des arbustes dépérissent. Le climat du Kérala n'étant pas favorable aux pommiers, les arbres qui réussissent à survivre ne donnent qu'une maigre récolte. La présence du maître spirituel favorise la croissance spirituelle du disciple, exactement comme le climat du Cachemire convient aux pommiers. Le maître crée une atmosphère propice à l'éveil du gourou intérieur latent dans le disciple, afin que celui-ci réalise son véritable Soi.

Le sens pratique a sa place dans la spiritualité comme dans tous les autres domaines. C'est la mère qui donne le biberon au bébé et qui l'habille. Peu à peu, l'enfant apprend à se nourrir et à s'habiller tout seul. Tant que les gens ne sont pas autonomes, ils ont besoin de l'aide d'autrui.

Il arrive que des voyageurs munis d'une carte se perdent et errent. Mais s'ils sont accompagnés d'un guide, ils ne se perdront pas. Si vous avez avec vous quelqu'un qui connaît le chemin, votre voyage sera facile, sans heurts. Bien que l'Etre suprême demeure en chacun de nous, tant que nous sommes prisonniers de la conscience du corps, nous avons besoin d'un maître spirituel. Une fois que le chercheur spirituel a abandonné son identification avec les instruments que sont le corps et le mental, il n'a plus besoin de guide extérieur, car alors Dieu et le gourou en lui se sont éveillés.

Un maître spirituel est un *tapasvi* (quelqu'un qui s'est livré à d'intenses austérités). Si on compare un être ordinaire à une bougie, le *tapasvi* est pareil au soleil.

Nous aurons beau creuser le sol, nous ne trouverons pas forcément de l'eau. Mais si nous creusons près d'une rivière, nous en obtiendrons facilement, sans avoir besoin de creuser profondément. Ainsi, la proximité du maître facilite la tâche du disciple. Vous goûterez les fruits de vos pratiques spirituelles sans avoir beaucoup d'efforts à faire. En présence d'un maître, le poids de votre *prarabdha* est réduit et l'effort à fournir est moindre.

La science moderne admet que si nous fixons le mental sur un point unique, nous acquérons de la force mentale. Si cela est vrai, quelle puissance de volonté possède un *yogi* ayant passé des années à pratiquer la concentration grâce à la méditation et à d'autres pratiques spirituelles ! C'est sur cette logique que se fonde l'affirmation selon laquelle il suffit qu'un *yogi* touche quelqu'un pour lui transmettre du pouvoir spirituel, comme s'il s'agissait de courant électrique. Non seulement le maître spirituel est capable de créer une atmosphère propice au progrès spirituel du disciple, mais il peut aussi lui transmettre du pouvoir spirituel.

Seul celui qui est passé par les différentes étapes des pratiques spirituelles peut guider un chercheur correctement.

En lisant, les élèves peuvent apprendre la théorie par eux-mêmes. Mais pour réussir à l'examen pratique, ils ont besoin de l'aide du maître. Dans une certaine mesure, il est possible d'étudier la spiritualité dans les livres, mais pour mettre ces enseignements en pratique, il nous faut l'aide d'un maître vivant. Sur le chemin spirituel, les chercheurs rencontrent d'innombrables obstacles et affrontent de nombreux problèmes. Si ces problèmes ne sont pas traités correctement, le chercheur court le risque de perdre son équilibre mental. Lorsqu'on donne des instructions à un chercheur, il faut tenir compte de sa constitution physique, mentale et intellectuelle. Seul un maître authentique en est capable. Un tonique est conçu pour nourrir notre corps. Mais si on le consomme sans discernement, il se peut qu'il fasse plus de mal que de bien. Ceci est valable aussi pour les pratiques spirituelles. Les conseils d'un maître spirituel sont donc absolument essentiels pour un chercheur.

Question : Est-il possible d'atteindre le but uniquement en étudiant des textes spirituels, sans l'aide des yamas et des niyamas (les devoirs et les interdits sur la voie spirituelle), de la méditation, du service désintéressé etc. ?

Amma : Etudier les Ecritures nous permet de comprendre le chemin qui mène à Dieu et d'apprendre les principes du Soi. Mais le simple fait de connaître la voie et les moyens ne nous mènera pas au but. Pour atteindre le but, il faut suivre la voie indiquée.

Admettons que quelqu'un ait besoin d'un objet précis. Il en entend parler et apprend qu'on peut se le procurer dans un endroit éloigné. Il étudie une carte et détermine ainsi la situation géographique exacte du lieu et la route qui y conduit. Mais il n'obtiendra l'objet désiré que s'il se rend dans cet endroit pour le chercher.

Ou bien admettons que quelqu'un veuille acheter un médicament. La pharmacie se trouve sur l'autre rive d'un lac. Il monte dans le bateau, mais une fois arrivé sur l'autre rive, il refuse d'en sortir. Il reste assis là, au lieu d'aller à la pharmacie chercher le médicament. Certaines personnes sont ainsi. Elles ne veulent pas dépasser une certaine étape sur la voie. Arrivées sur l'autre rive, elles s'accrochent encore au bateau ! Si au lieu d'avancer sur le chemin nous nous y accrochons aveuglément, cela ne fera que nous lier.

Si nous voulons atteindre le but, notre devoir est de suivre la voie indiquée par les Ecritures, de respecter la discipline et les pratiques spirituelles requises. Il ne suffit pas d'étudier les Ecritures. Il faut en outre développer l'humilité nécessaire pour se prosterner devant toute chose. Actuellement, c'est l'ego qui domine. Nous devons apprendre à nous prosterner. Quand le grain de riz devient une plante, celle-ci se prosterne naturellement. Quand le bouquet de noix de coco est mûr, la branche du cocotier ploie et s'incline naturellement. Ces exemples nous enseignent que quand nous atteignons la sagesse parfaite, nous devenons naturellement humbles.

On peut comparer l'étude des Ecritures à la construction d'un mur autour d'un verger, tandis que les pratiques spirituelles représentent la culture des arbres fruitiers dans le clos. Le mur protège les arbres ; mais pour obtenir les fruits, il faut planter les arbres et les cultiver. Les pratiques spirituelles sont absolument nécessaires.

Si les Ecritures sont pareilles au mur protecteur, remplaçons l'image du verger par celle d'une maison ; les pratiques spirituelles sont comparables à la construction d'une maison qui nous abrite du soleil et de la pluie. Donc, il ne suffit pas d'étudier les Ecritures. Observer les devoirs et les interdits prescrits sur la voie spirituelle, méditer, répéter un mantra ou accomplir d'autres formes de pratiques spirituelles, tout cela est également nécessaire.

Une fois que l'amour suprême pour Dieu s'est éveillé dans le cœur du chercheur, les différentes restrictions et observances ne sont plus essentielles. Devant l'amour divin, les limitations et les barrières se dissolvent. Pour un vrai dévot, qui possède cet amour, rien d'autre que Dieu n'existe. Dans l'univers entier, un tel chercheur ne voit que Dieu. Comme le papillon de nuit se jette dans le feu et s'unit aux flammes, le dévot, consumé d'amour pour Dieu, devient Dieu en essence. Le dévot, l'univers lui-même, tout est Dieu. Quelles règles, quelles restrictions pourraient s'appliquer à une telle âme ?

Grâce à la méditation, vous pouvez obtenir une puissance immense. De même que toute l'eau d'un réservoir s'écoule par un seul tuyau, la puissance suprême se manifeste au travers d'un *tapasvi*. Le sage ne se contente pas de rester assis, proclamant qu'il est Brahman. Grâce à la compassion du sage, la puissance qui le traverse bénéficie au monde entier.

Question : Amma, pourquoi accordes-tu tant d'importance au service désintéressé ?

Amma : La méditation et l'étude des Ecritures sont les deux faces d'une même pièce. Le service désintéressé est la gravure, qui lui donne sa véritable valeur. Un étudiant qui vient de terminer ses études de médecine n'est pas encore assez compétent pour soigner des malades. Il doit d'abord travailler comme interne pendant un certain temps. C'est l'expérience que le jeune docteur gagne pendant son internat qui lui apporte les connaissances pratiques nécessaires et lui permet d'appliquer sur le terrain ce qu'il a étudié. Le savoir théorique, s'il ne sert qu'à nourrir l'intellect, est insuffisant : il faut le traduire en actions.

Vous aurez beau étudier les Ecritures, quel que soit votre niveau d'érudition dans le domaine spirituel, il vous faudra en outre entraîner le mental à surmonter les situations difficiles ; et le meilleur moyen pour cela c'est le *karma yoga*. C'est en étant dans le monde, en travaillant dans des circonstances variées, que vous verrez comment votre mental réagit aux différentes situations. Nous ne pouvons pas nous connaître nous-mêmes sans être contraints d'affronter certaines situations. Dans les circonstances adéquates, nos *vasanas* redressent la tête, comme un serpent déploie son capuchon. En voyant les *vasanas* se lever, l'une après l'autre, nous pouvons nous en libérer. Le service désintéressé renforce le mental, nous permettant ainsi de surmonter n'importe quelle situation.

Notre compassion, nos actes désintéressés, nous rapprochent des vérités les plus profondes. Grâce à des actions altruistes, nous pouvons supprimer l'ego qui voile le Soi. Agir de manière désintéressée, avec détachement, nous mène à la libération. Agir ainsi, ce n'est pas travailler, c'est faire du *karma yoga*. Sri Krishna déclare à Arjouna : « Je n'ai rien à obtenir dans les trois mondes, je n'ai aucun besoin de faire quoi que ce soit. Et cependant, jamais je ne cesse d'agir. »

Le Seigneur agissait sans attachement, de manière désintéressée. Telle est la voie que Sri Krishna a conseillée à Arjouna.

Un fidèle cherche une pierre ronde et polie dont il a besoin pour accomplir un rite religieux précis. Dans sa quête, notre chercheur finit par grimper en haut d'une montagne, espérant trouver une pierre adéquate au sommet. Quand il arrive enfin au sommet, il est très déçu de constater qu'il n'y a pas de belles pierres polies à cet endroit. Frustré, il prend une pierre et la lance vers le bas de la montagne. Il redescend et quand il arrive au pied de la montagne, il découvre sur le sol une belle pierre ronde et polie, à la forme parfaite, bref exactement ce qu'il cherche depuis le début ! Et il comprend que c'est la même pierre qu'il a jetée du haut de la montagne ! En tombant, elle a heurté d'autres pierres brutes et a ainsi perdu toutes ses arêtes et ses aspérités. Si elle était restée au sommet de la montagne, elle n'aurait jamais été polie, elle n'aurait jamais été transformée.

Ainsi, quand nous descendons du sommet de la montagne, c'est-à-dire du plan de l'ego vers celui de l'humilité, les arêtes tranchantes de notre ego disparaissent et le mental prend une attitude d'adoration.

Si nous persistons à cultiver l'ego, nous n'obtiendrons rien. En étant humbles, nous obtenons tout.

Une attitude désintéressée, sans désir, nous aide à vaincre l'ego. C'est pourquoi on accorde tant d'importance aux actes désintéressés.

Tant que l'ego existe, il est nécessaire de suivre les instructions d'un maître spirituel. Un disciple qui vit en accord avec la volonté de son maître considère toute action comme un moyen de polir les arêtes aiguisées de l'ego.

Il n'y a aucun égoïsme chez un *satguru*. Le maître vit pour le disciple. Celui-ci devrait prendre totalement refuge aux pieds du maître. Comme un malade s'allonge sans résister, permettant au médecin de l'opérer, le disciple devrait s'abandonner complètement à la volonté du maître.

Amma ne veut pas dire que l'action seule nous mène au but. *Karma* (l'action), *jnana* (la connaissance) et *bhakti* (la dévotion), les trois sont essentiels. Si les deux ailes d'un oiseau sont la dévotion et l'action, la connaissance est la queue. L'oiseau ne peut s'élever dans les airs que s'il possède les trois.

Pour être capable d'affronter les différentes situations de la vie avec présence d'esprit et équanimité, il faut d'abord entraîner le mental. Le champ de l'action offre un terrain idéal pour cet entraînement. Ce que le chercheur accomplit pendant que son mental est fixé sur le but n'est pas un simple travail, c'est une pratique spirituelle, c'est du *karma yoga*. Un chercheur spirituel considère toute action comme une pratique spirituelle ; en tant que disciple, c'est sa manière de servir le maître (*guru seva*) ; en tant que dévot, c'est pour lui une forme d'adoration. Le maître n'est pas une personne, il est l'incarnation de toutes les vertus divines. Le maître est la Lumière. Il est comme le musc qui un moment a une forme et un parfum pour s'évanouir l'instant d'après. Le maître a une forme, et pourtant il est sans forme. Il est au-delà de toutes les formes et de tous les attributs. Le maître vit pour le disciple, jamais pour lui-même. Toute action accomplie par le disciple avec cette conscience est du *karma yoga* et le conduit vers la libération. En servant ainsi un maître, le disciple atteint l'état de la conscience suprême.

Question : Quelle est la condition essentielle pour progresser spirituellement ?

Amma : Quand une fleur est encore en bouton, nous ne pouvons pas voir sa beauté ni respirer son parfum. Il faut d'abord que la fleur s'épanouisse. Il serait vain d'essayer de l'ouvrir de force. Il faut attendre patiemment que le bouton éclose. C'est alors seulement que nous pourrons jouir de sa beauté et de son parfum. Ce qui est nécessaire, c'est la patience.

Il y a une sculpture latente dans chaque pierre. Quand le sculpteur cisèle la pierre, enlevant tout ce dont il n'a pas besoin, l'image apparaît. Cette forme si belle naît parce que la pierre s'offre à l'artiste, immobile et patiente, pendant longtemps.

Une pierre gisant au pied de la colline de Sabarimala[22] se plaignit à la statue du Seigneur : « Tu es une pierre comme moi et pourtant tout le monde te vénère, alors qu'on me marche dessus. Où est la justice dans tout cela ? » La statue répondit : « Tu vois maintenant que tout le monde me rend hommage et rien d'autre. Mais avant que j'arrive ici, un sculpteur m'a travaillée au ciseau des centaines de milliers de fois. Pendant tout ce temps, je suis restée patiemment devant lui, sans offrir la moindre résistance. En conséquence, je suis maintenant ici, où des millions de personnes me vénèrent. » La patience de la pierre avait fait d'elle une statue vénérée.

L'histoire de Kunti et de Gandhari est très connue. Cette histoire illustre les bienfaits de la patience et les effets néfastes de l'impatience. Lorsque Kunti donna naissance à un enfant, Gandhari, qui était enceinte, fut très fâchée. Elle désirait ardemment un enfant et aurait voulu que le sien naisse le premier, pour qu'il devienne roi. Dans son impatience extrême, elle se frappa le ventre si fort qu'elle fit une fausse-couche et donna naissance à une masse de chair. Suivant les instructions du sage Vyasa, cette masse fut divisée en cent morceaux et placée dans cent urnes. L'histoire raconte que cent fils naquirent de ces cent urnes. Telle fut l'origine des Kauravas, qui allaient causer la mort de millions de personnes. Gandhari n'avait aucune patience et il en résulta

---

[22] Sabarimala est une montagne sacrée du Kérala. Il y a un temple au sommet.

beaucoup de souffrance et de destruction. Le fruit de la patience triomphe en revanche. Dans la vie spirituelle, la patience est d'une importance vitale.

Nous devrions toujours avoir l'attitude d'un débutant, l'attitude d'un enfant innocent. Seul un débutant possède la patience et la vigilance nécessaires pour apprendre réellement. Il y a un enfant en chacun de nous. A présent, il est endormi. A nous de l'éveiller. Le sentiment du « moi » qui existe en nous actuellement est une création de l'ego. Quand l'enfant qui sommeille en nous s'éveillera, notre nature innocente émergera spontanément. Nous désirerons apprendre de tout ce qui existe. La patience, la vigilance et l'attention suivront alors d'elles-mêmes. Quand l'enfant intérieur s'éveillera, ces qualités s'épanouiront en nous. L'ancien « moi », création de l'ego, n'aura plus de place. Si nous avons toujours l'attitude d'un débutant, toute situation nous offrira l'occasion d'apprendre. Tout ce dont nous avons besoin viendra à nous. Si nous sommes capables de garder cette attitude toute notre vie, jusqu'à la fin, nous ne perdrons rien. Nous obtiendrons tout.

La plupart des gens ne connaissent que le rire superficiel, celui qui découvre les dents. Le vrai rire vient du cœur. Seul un cœur innocent peut goûter la véritable joie et la donner aux autres. Pour cela, nous devons éveiller le cœur de l'enfant innocent en nous. Nous devons nourrir cet enfant, en prendre soin. Le proverbe qui affirme que celui qui devient un zéro devient un héros se réfère à la disparition du « moi » né de l'ego.

Question : Amma, tu sembles accorder plus d'importance à la dévotion (bhakti) qu'à toute autre voie. Pourquoi donc ?

Amma : Mes enfants, quand vous dites « dévotion », parlez-vous de la répétition du mantra et de la pratique des chants dévotionnels ? La véritable dévotion, c'est de discerner entre ce qui est éternel et ce qui est transitoire ; c'est de s'abandonner à l'Infini. Ce qu'Amma conseille, c'est le côté pratique de la dévotion.

Les enfants qui vivent ici (les *brahmacharis* et les *brahmacharinis* qui vivent à l'ashram d'Amma) lisent beaucoup de livres spirituels et posent des questions à Amma. Amma leur donne généralement des réponses dans la ligne du Védanta. Mais quand elle s'adresse à un public plus large, elle accorde plus d'importance à la dévotion parce que quatre-vingt-dix pour cent des gens ne sont pas des intellectuels. Ils n'ont pas la moindre notion de science spirituelle avant de venir ici. Il est impossible de leur enseigner les principes spirituels en un jour, ou pendant leur *darshan*. Il est donc plus sage de leur donner des conseils qu'ils peuvent mettre en pratique. Amma leur conseille également de lire des livres spirituels.

L'*advaïta* est la base de tout. Ce qu'Amma enseigne est une dévotion pratique, fondée sur l'*advaïta*.

La plupart des gens qui viennent ici ignorent tout de la spiritualité. Ils ont l'habitude de fréquenter les temples, voilà tout. Il y en a peut-être dix pour cent qui accordent également une place à la connaissance et à l'intellect, qui suivent une voie différente. Mais il est impossible de négliger les autres. Il faut bien qu'ils progressent. Amma conseille chacun à son niveau.

Les prières et les chants dévotionnels à l'ashram ne sont pas de simples prières. Ce sont des pratiques spirituelles destinées à éveiller en nous le véritable « je » (le Soi). C'est un processus qui consiste à régler la conscience individuelle sur la fréquence de la Conscience universelle, partant du niveau du corps, du mental et de l'intellect pour arriver au niveau du Soi universel.

Inutile de partir en quête d'un Dieu trônant quelque part dans les cieux. Dieu est la Conscience universelle omniprésente. Nous conseillons pourtant aux gens de méditer sur une forme parce qu'il faut un support pour concentrer le mental. Pour fabriquer une dalle de béton, il faut d'abord construire un cadre en bois, et c'est dans ce cadre que l'on coule le béton. Une fois que le béton a pris, nous enlevons le cadre. On peut comparer cela à la vénération d'une forme divine. La forme est nécessaire au début, tant que les principes ne sont pas totalement assimilés. Une fois que le mental est fermement établi dans le Soi universel, ces outils ne sont plus nécessaires.

Seuls les humbles peuvent recevoir la grâce de Dieu. En celui qui perçoit partout la Présence divine, il n'y a plus de place pour l'ego. La première vertu qu'il s'agit de développer est donc l'humilité. Tel est le but de nos prières, des chants dévotionnels que nous chantons à l'ashram. Chacun de nos regards, chacune de nos paroles et de nos actions devrait témoigner de notre humilité.

Quand un menuisier prend un ciseau pour commencer son travail, il le touche avec respect et se prosterne pour invoquer la bénédiction divine. Le ciseau n'est qu'un instrument qu'il utilise pour son travail et pourtant, il se prosterne devant lui. Nous ne prenons l'harmonium qu'après l'avoir touché avec respect et nous être prosterné devant lui. Rendre hommage à un objet avant de s'en servir fait partie de notre culture. Pourquoi faisons-nous montre d'un tel respect envers les objets que nous utilisons ? C'est dans le but de voir Dieu en toute chose. Au travers de cette pratique, nos ancêtres s'efforçaient d'arriver à l'absence d'ego. Ainsi, la prière est une expression d'humilité ; c'est une manière d'éliminer l'ego.

Certains demanderont peut-être s'il n'est pas possible de prier en silence. Certains ont peut-être besoin de lire en silence tandis que d'autres assimilent mieux s'ils lisent à voix haute. Certains ne comprennent que quand ils lisent à voix haute. Nous ne pouvons pas dire à celui qui étudie en lisant tout fort : « Ne lis pas si fort !

Lis en silence, comme moi ! » Certains se concentrent mieux s'ils prient à voix haute, tandis que d'autres préfèrent la prière silencieuse. Ainsi, des voies spirituelles différentes conviennent aux différents types de personnes. Toutes les voies mènent au silence ultime.

De nombreux dévots déclarent : « Amma, quand je médite les yeux fermés de nombreuses pensées se lèvent dans le mental. Mais quand je chante les *bhajans* et que je prie, je suis totalement concentré. » Le but des pratiques spirituelles est de concentrer le mental. Quand nous affirmons : « Je ne suis ni le corps, ni le mental ni l'intellect », suivant ainsi la voie du « *neti, neti* » (ni ceci, ni cela), nous adoptons une autre voie pour atteindre l'Etre suprême. Le but des *bhajans* et des prières est le même.

Existe-t-il une religion qui ne fasse pas de place à la dévotion et à la prière ? On trouve les deux dans le Bouddhisme, le Christianisme et l'Islam. La relation entre maître et disciple existe aussi dans toutes ces religions. On la trouve même dans la voie de la non-dualité. Même dans cette voie, dans la relation maître-disciple, la dualité existe. La dévotion envers le maître n'est-elle pas la dévotion en soi ?

Grâce à nos prières, nous essayons de développer des vertus divines, de réaliser l'Absolu. La prière n'est pas la voie de la faiblesse ; c'est un pas puissant vers Dieu.

Question : La méditation peut-elle avoir un effet néfaste ? Certains disent qu'ils éprouvent une sensation de chaleur à la tête pendant la méditation.

Amma : Il vaut toujours mieux apprendre à méditer directement d'un maître. On peut comparer la méditation à un tonique pour la santé. La bouteille est toujours accompagnée d'un papier expliquant la posologie. Si vous négligez les instructions données et avalez d'un coup tout le contenu, cela pourrait vous faire du mal. De même, vous devriez méditer en suivant les instructions d'un maître spirituel. Avant de prescrire la forme de pratique spirituelle qui vous convient, le maître évalue d'abord vos dispositions mentales et physiques. Certains peuvent méditer sans problème pendant une durée illimitée. Mais ce n'est pas le cas de tout le monde. Dans un élan d'enthousiasme, certains méditent continuellement pendant longtemps, sans suivre aucune règle. Ils ne se soucient même pas de dormir. Leur pratique ne se fonde ni sur la compréhension des textes spirituels, ni sur les instructions d'un maître. Ils agissent simplement avec la fougue de l'enthousiasme. Incapables de dormir suffisamment, ils éprouveront une sensation de chaleur dans la tête. Cela se produit parce qu'ils méditent plus que leur corps ne peut tolérer. Chacun est doté d'une certaine capacité, qui dépend de l'état de son corps et de son mental. Si l'on entasse cinq cents personnes dans un véhicule fait pour en transporter cent, celui-ci ne pourra pas se déplacer normalement. Si vous mettez dans un petit moulin électrique le double de la quantité de grain prévue, il se produira une surchauffe dans le moteur, qui risque même de griller. Ainsi, si dans un élan d'enthousiasme initial vous faites japa et méditez pendant de longues heures, sans faire preuve de discernement, vous aurez peut-être une sensation de chaleur dans la tête et d'autres problèmes risquent de surgir. C'est pourquoi il est conseillé de faire ces pratiques sous la direction d'un satguru.

Certains déclarent : « Tout est en moi. Je suis moi-même Dieu. » Mais ce ne sont que des mots. Il ne s'agit pas d'une expérience. La capacité de chaque instrument est limitée. Une ampoule de dix Watts ne peut pas donner autant de lumière qu'une ampoule de cent Watts. Un générateur produit de l'électricité, mais si on le surcharge, il grille. La quantité de pratiques spirituelles que chacun peut faire est limitée. Elle dépend de la capacité du mental et du corps. Il faut faire attention à ne pas dépasser les limites.

Si vous achetez une voiture neuve, il ne faut pas conduire trop vite au début. Pour que le moteur dure longtemps et fonctionne sans problème, il faut le traiter avec douceur. C'est ainsi qu'un chercheur doit procéder avec ses pratiques spirituelles. Le *japa* et la méditation ne doivent pas être pratiqués de manière excessive et jamais à l'exclusion totale du sommeil. La méditation, le *japa*, l'étude des Ecritures et le travail physique, tout doit être fait de manière réglée. Certains ont une tendance au déséquilibre mental ou bien sont la proie d'illusions mentales. S'ils méditent trop, leur corps s'échauffe et cela aggrave leur état mental. Pour de telles personnes, le travail physique est essentiel. S'y consacrer les aidera à réduire leur déséquilibre mental. Pendant qu'elles travaillent, leur mental est moins dispersé et peu à peu, elles acquièrent la capacité de le maîtriser. Si on les laisse rester assises, sans faire aucun travail physique, leur état ne fera qu'empirer. Elles peuvent méditer dix à quinze minutes par jour, si elles ne sont pas trop tendues ; c'est suffisant pour elles.

Il existe ainsi de nombreuses catégories de gens. Chaque individu doit recevoir des instructions différentes. Si vous apprenez à faire des pratiques spirituelles telles que la méditation uniquement par la lecture, vous ne saurez pas quelles restrictions sont nécessaires pour vous et cela peut engendrer des problèmes.

Si vous allez rendre visite à quelqu'un qui habite dans une maison gardée par un chien très agressif, vous appelez d'abord la propriétaire de l'extérieur et attendez qu'elle ait attaché le chien, afin qu'il ne puisse pas vous faire de mal. Vous ne rentrez qu'ensuite. Si vous manquez de patience et que vous poussez la barrière aussitôt pour entrer, il est probable que le chien vous mordra. De même, si vous vous lancez dans les pratiques spirituelles sans prendre l'avis d'une personne sage et expérimentée, cela peut être dangereux.

Le chercheur est un voyageur qui traverse une forêt pleine de dangers, infestée de bêtes sauvages et féroces. Il a besoin d'un guide qui connaisse le chemin traversant la forêt. Ne vaut-il pas mieux être accompagné de quelqu'un qui puisse dire : « Il y a un danger juste là, devant toi. Fais attention ! Ne prends pas cette direction ! Va plutôt de ce côté ! » ?

Si nous ignorons les directives pleines de sagesse qui nous ont été données pour agir à notre guise, il est inutile de blâmer Dieu lorsque nous en subissons ensuite les conséquences. Si nous accusons Dieu alors que nous recueillons les fruits de notre propre manque de vigilance, nous sommes pareils à un ivrogne qui prend la voiture pour sortir. Perdant le contrôle du véhicule, il percute une autre voiture. Quand la police l'arrête pour conduite en état d'ivresse, il proteste en disant : « Monsieur le gendarme, ce n'est pas ma faute si ma voiture est rentrée dans l'autre voiture ! C'est l'essence qui est cause de tout ! » Nous faisons à peu près la même chose quand nous incriminons Dieu des dangers qu'il nous faut affronter à cause de notre imprudence.

Tout possède son propre *dharma*, ses codes, ses règles et sa nature intrinsèque et nous devons respecter ce *dharma*. La méditation, elle aussi, a sa propre méthodologie. Les maîtres ont établi des règles et des méthodes pour chaque type de pratique spirituelle. Prenant en compte les dispositions physiques et mentales du chercheur, il faut adopter une méthode de pratique spirituelle appropriée. La même méthode ne convient pas à tous.

N'importe qui peut étudier la théorie dans les livres. Mais pour réussir dans le domaine pratique, l'aide d'un instructeur qualifié est nécessaire, car il est difficile de maîtriser seul le côté pratique d'un sujet. Ainsi, le chercheur a besoin d'un maître compétent, capable de le guider sur la voie spirituelle.

Question : Si la non-dualité est la vérité ultime, à quoi sert le Dévi Bhava ?

Amma : Amma n'est limitée par aucun bhava (humeur ou attitude divine). Elle est au-delà de tous les bhavas. L'advaïta n'est-il pas une expérience ? Quand la dualité n'existe pas, tout est l'essence du Soi, tout est Dieu, Dieu seul. Tel est le message qu'Amma donne au travers du Dévi Bhava. Pour Amma, les distinctions n'existent pas. Elle sait que tout est le Soi unique. Amma est venue pour le monde. Sa vie est dédiée au monde.

Quel que soit le rôle qu'un acteur joue, il connaît son identité. Peu lui importe le rôle qu'il incarne. Ainsi, quel que soit le rôle qu'Amma joue, elle sait qui elle est et rien ne la lie. Ce n'est pas elle qui a choisi d'assumer ce rôle. Elle a cédé au désir des dévots. Ils se sont ensuite abandonnés à ce *bhava*, qui leur apportait beaucoup de joie.

Quand Amma voyage dans le Nord de l'Inde, des dévots de Krishna viennent la voir. Ils lui posent sur la tête une couronne ornée d'une plume de paon, lui mettent une flûte entre les mains et la parent de soie jaune ; ils lui donnent du beurre et accomplissent l'*arati*. Ils sont ravis, c'est pourquoi Amma se prête à tout cela : parce que cela les rend heureux. Jamais elle ne leur dirait : « Je suis une adepte du Védanta, tout cela est inacceptable pour moi. »

Dieu est sans forme et sans attribut. Et en même temps, Il possède également des formes et des attributs. Dieu est la Conscience présente en tout lieu, en toute chose. C'est pour cette raison qu'il est possible de contempler Dieu dans n'importe quel *bhava*.

Lors des premiers *darshans*, Amma ne revêtait aucun costume spécial. Ce sont les dévots qui ont apporté un par un vêtements et objets. C'est pour leur bonheur et leur contentement qu'Amma s'est mise à les porter et c'est ainsi devenu un rituel.

Un temple contient toujours la statue d'une divinité, mais c'est surtout au moment du rituel quotidien de *deepa-aradhana* que les fidèles lui rendent hommage. A cette occasion, la statue est revêtue d'un costume spécial et parée de bijoux. Cette vue augmente la joie et la concentration des dévots. De nombreuses personnes fréquentent les temples quotidiennement, mais lors des festivals, les foules sont beaucoup plus nombreuses. Le village entier participe à la fête. De même, des visiteurs viennent chaque jour ici pour voir Amma, mais le *Devi bhava* est pour eux une fête spéciale.

Si nous vénérons Dieu dans les temples, ce n'est pas pour le bien de Dieu mais pour le bonheur et la satisfaction des dévots. Ainsi, si Amma porte tous ces costumes, c'est pour ses enfants, pour les aider à enlever leurs « costumes ». Peu à peu, Amma élève leur niveau de conscience, pour qu'ils parviennent à faire l'expérience de leur véritable nature.

Dans le monde d'aujourd'hui, chacun porte un costume. Les gens se coiffent de différentes manières, ils portent des marques religieuses sur le front et des habillements divers. Impossible de séparer le costume de la vie, parce qu'il en fait partie intégrante. Chaque tenue a une signification différente. Les habits d'un moine, d'un avocat et d'un policier suscitent en nous des réactions différentes.

Un homme était en train de couper illégalement du bois de construction dans une forêt. Un policier en civil l'aborda et essaya de l'en empêcher, mais l'homme l'ignora. Le policier partit et revint en uniforme. Dès qu'il l'aperçut de loin, l'homme détala. Telle est l'importance du vêtement.

C'était une grande surprise-partie, où tous les invités portaient des vêtements de prix et des bijoux. Un des invités arriva, portant des vêtements ordinaires. Le portier refusa de le laisser entrer. L'homme rentra chez lui en revint en habits huppés. Cette fois, on le laissa entrer. Arrivé à la table du dîner, il ôta son veston et le mit devant un plat. Il enleva son chapeau et le posa à côté d'une assiette et il mit sa cravate à côté d'une tasse de thé. Les autres invités crurent qu'il était fou. Se tournant vers eux, il déclara : « Quand je suis venu vêtu de manière ordinaire, on ne m'a pas laissé entrer. J'ai enfilé ce costume et j'ai pu entrer aussitôt. Je conclus donc que ce n'était pas moi qui étais invité à ce dîner, mais mes vêtements.

Voilà à quoi ressemble le monde d'aujourd'hui. Les gens n'ont foi que dans les apparences extérieures. Ils s'efforcent d'attirer les autres par leurs vêtements. Rares sont ceux qui recherchent la beauté intérieure. Si Amma porte ce costume, c'est dans le but de faire disparaître toutes les formes de costumes ; c'est pour aider les gens à prendre conscience de leur nature réelle. Quand vous vous plantez une épine dans le pied, vous utilisez une autre épine pour l'enlever.

Les adeptes du Védanta qui parlent d'*advaïta* ne se promènent pas dénudés. Ils portent des vêtements, ils mangent et dorment comme tout le monde. Ils savent que tout cela est nécessaire à l'existence du corps et ils s'habillent en respectant les coutumes de la société dans laquelle ils vivent.

Les *mahatmas* naissent pour répondre aux besoins de leur époque. Sri Rama et Sri Krishna sont venus à des moments différents. Ils ont agi en fonction des besoins de leur temps. Il est absurde de dire que Krishna devrait être exactement comme Rama. Chaque incarnation divine est unique.

Un médecin a généralement de nombreux patients. Il ne prescrit pas le même remède à tous. Une fois qu'il a diagnostiqué la maladie et le tempérament du malade, il peut déterminer quel est le traitement nécessaire, pas avant. Pour certains, il suffit d'administrer un traitement par voie orale, pour d'autres, il faut une piqûre. De même, sur la voie spirituelle, les besoins de chacun varient. Pour permettre à chacun de ceux qui viennent ici de progresser, il faut se mettre à son niveau.

Les mêmes bonbons sont enveloppés de papiers différents. Extérieurement, ils paraissent différents, mais le contenu est le même. Ainsi, c'est la même Conscience qui est présente en toute chose. Il est impossible d'enseigner ce principe aux gens sans se mettre à leur niveau. Mais au lieu de rester en bas avec eux, notre but est de les amener à prendre conscience de cette unité. C'est ce que fait Amma.

Il est impossible de parler d'*advaïta* à tous. Tout le monde ne peut pas comprendre la notion de « sans-forme et sans-attribut ». Quelques individus fort rares sont capables d'avancer sur la voie de l'*advaïta* une fois qu'on leur a expliqué ce principe. Ils sont nés avec les dispositions mentales nécessaires. Mais la plupart des gens sont incapables de comprendre l'*advaïta* en profondeur.

Certains dévots aiment Radha-Krishna (Krishna en tant que Bien-Aimé de la *gopi* Radha) ; d'autres préfèrent Yashoda-Krishna (Krishna, l'enfant de Yashoda) ; d'autres encore aiment Murali-Krishna (Krishna joueur de flûte). Chacun a ses préférences, un aspect du Divin où il trouve la joie. Amma également est perçue de bien des façons différentes. Amma ne dit pas que tous les dévots doivent aimer un aspect précis.

Amma assume certains *bhavas* pour se mettre au niveau des gens, pour leur faire prendre conscience de l'unité qui est au-delà de tous les *bhavas*. Dans tout ce qu'elle fait, Amma doit s'adapter à leur nature. Son but est de les guider vers la Vérité, par n'importe quel moyen. Ce qui permet aux gens de progresser, cela seul est vraiment rationnel. Amma ne se préoccupe que d'élever le niveau de conscience des gens. Elle ne désire rien d'autre. Amma n'a pas besoin que le monde lui décerne un certificat d'approbation.

Imaginez quelqu'un debout sur un balcon, qui aperçoit en bas une personne allongée par terre, incapable de se relever. De là où il se trouve, l'observateur ne peut pas secourir la personne en lui tendant la main. Il doit descendre, lui prendre la main et l'aider à se relever. Ainsi, pour élever les gens spirituellement, il faut descendre à leur niveau.

Pour arriver à la route principale, il faut passer par de petites rues latérales. Une fois que nous sommes sur la grand'route, les bus express sont nombreux et nous emmènent directement à notre destination. Mais d'une manière ou d'une autre, il faut rejoindre la grand'route, au besoin à bicyclette ou en rickshaw. De même, il faut adopter différents moyens pour guider les humains le long des voies étroites de la servitude, pour les aider à rejoindre la grand'route du Védanta.

Question : Amma, est-il vrai que nous ne pouvons goûter la béatitude spirituelle que si nous percevons ce monde comme irréel et y renonçons ?

Amma : Amma ne dit pas que nous devrions rejeter ce monde comme étant totalement irréel. Le mot « irréel » désigne ici quelque chose qui change constamment. Si nous dépendons de tels objets, si nous nous y attachons, nous n'en retirerons que de la souffrance. Voilà ce que veut dire Amma. Le corps change, lui aussi. Ne soyez pas trop attaché au corps. Chaque cellule du corps change à chaque instant. La vie elle-même passe par différentes étapes : la petite enfance, l'enfance, la jeunesse, l'âge mûr et la vieillesse. Ne considérez pas le corps comme réel, ne lui consacrez pas votre vie. Au fur et à mesure que vous avancez dans la vie, essayez de comprendre la nature de chaque chose. Ainsi, vous n'aurez pas à souffrir.

Imaginez que vous possédiez un diamant très précieux. Vous pouvez en faire un bijou magnifique. Mais si vous l'avalez, vous pouvez en mourir. Ainsi, tout est conçu pour un certain usage. Si nous le comprenons, nous n'aurons aucune raison de souffrir. C'est pourquoi il est conseillé d'apprendre la spiritualité. Ne vaut-il pas mieux prévenir une chute plutôt que de chercher une solution une fois que nous sommes tombés ? Acquérir la compréhension des principes spirituels, c'est acquérir la connaissance essentielle.

Un chien mordille un os. Il savoure le goût du sang et continue à mâcher. C'est seulement quand les gencives lui font mal que le chien se rend compte que le sang qu'il goûte est le sien, qu'il provient de ses gencives blessées. Notre quête du bonheur dans les objets extérieurs ressemble à cela. Elle nous fait perdre toute notre force. En vérité, le bonheur ne se trouve pas dans les objets extérieurs, il se trouve en nous-mêmes. Vivons en comprenant ce principe.

Question : La vaste majorité des gens ne s'intéresse aujourd'hui qu'aux choses matérielles. Pratiquement personne ne souhaite regarder à l'intérieur. Quel message Amma souhaite-t-elle adresser à la société ?

Amma : Notre vie ne devrait pas ressembler à celle d'un chien qui aboie devant son reflet dans le miroir. Au lieu de poursuivre des ombres, tournons-nous vers l'intérieur. Amma a un message à donner et il est fondé sur son expérience, puisqu'elle a rencontré plusieurs millions de personnes, aussi bien tournées vers le monde que vers la vie spirituelle : vous ne connaîtrez jamais la paix tant que vous ne renoncerez pas à votre fascination excessive pour le monde extérieur.

Question : Est-il possible de goûter la béatitude spirituelle tant que nous sommes encore en ce monde ?

Amma : Certainement. Cette béatitude n'est pas un but à atteindre après la mort ; c'est quand nous sommes encore dans ce monde, dans le corps, que nous devons en faire l'expérience.

Comme le mental et le corps, la spiritualité et le monde sont les deux aspects de la vie. Il est impossible de les séparer totalement. La spiritualité est la science qui nous enseigne comment vivre joyeusement dans le monde matériel.

Il existe deux sortes d'éducation. L'une d'entre elles vous permet de trouver un travail convenable. L'autre vous enseigne comment mener une vie remplie de paix et de joie. C'est la spiritualité, c'est-à-dire la connaissance du mental.

Si vous allez dans un lieu inconnu, si vous êtes muni d'une carte fiable, inutile de vous inquiéter. Ainsi, si vous prenez comme guide les principes de la spiritualité et les appliquez dans votre vie, vous ne serez jamais submergé par aucune crise. Vous saurez comment prévoir n'importe quelle situation et y faire face. La spiritualité est la science pratique de la vie. Elle nous enseigne la nature du monde, comment comprendre la vie et vivre pleinement, de la meilleure manière possible.

Nous entrons dans l'eau pour en ressortir propres et frais. Nous n'avons pas l'intention d'y rester éternellement. Ainsi, mener une vie de famille est une manière d'ôter les obstacles sur le chemin vers Dieu. Une fois que nous avons choisi la vie de chef de famille, ayons conscience du but réel de la vie et avançons. Notre vie ne devrait pas finir là où nous avons commencé. Nous sommes faits pour nous libérer de tous les liens et réaliser Dieu.

La notion du « mien » est la cause de notre servitude. Nous devrions considérer la vie de famille comme une occasion de nous en libérer. Vous dites « ma femme, mon mari, mes enfants, mes parents, etc. » mais vous appartiennent-ils réellement ? S'ils étaient vraiment vôtres, ils seraient avec vous pour toujours. Nous ne pouvons nous éveiller spirituellement que si nous vivons en ayant conscience de cette vérité. Cela ne signifie pas que nous devons abandonner nos responsabilités. Faites joyeusement le nécessaire, considérant que c'est votre devoir. Mais soyons attentifs à ne pas nous y attacher.

L'attitude d'une personne qui se présente à un entretien pour obtenir un travail est différente de celle qui prend son travail à un poste qu'elle a déjà obtenu. Le candidat qui va passer l'entretien s'inquiète et se demande : « Quelles questions va-t-on me poser ? Serai-je capable d'y répondre convenablement? Obtiendrai-je finalement cet emploi ? » Le mental du candidat est forcément tendu. Quant à la personne qui débute, ses sentiments sont différents parce qu'elle a déjà été choisie pour occuper le poste ; elle éprouve une certaine joie. Ainsi, une fois que nous aurons compris les principes de la spiritualité, nous éprouverons une certaine joie, parce que, comme la personne qui a été embauchée, nous n'avons plus de raison de nous faire du souci.

Supposons que vous ayez besoin d'argent et que vous envisagiez de demander à une amie de vous aider. Il se peut qu'elle vous donne l'argent mais il y a aussi des chances pour qu'elle ne le fasse pas et vous le savez. Si elle est d'humeur généreuse et décide de vous aider, vous obtiendrez peut-être plus que la somme attendue ; mais elle peut aussi vous tourner le dos ou même prétendre qu'elle ne vous connaît pas. Si vous envisagez au départ toutes les tournures que peut prendre la situation, alors quelle que soit l'issue, vous ne serez ni surpris, ni déçu.

Un nageur expérimenté prend grand plaisir à jouer avec les vagues de la mer tandis que celui qui ne sait pas nager se noierait au milieu des vagues démontées. Ainsi, ceux qui comprennent les principes de la spiritualité savourent chaque instant de la vie. Ils accueillent n'importe quelle situation avec un sourire ; rien ne les trouble. Voyez la vie de Sri Krishna. Même quand il vit sa famille et les gens de son clan, les Yadavas, se battre entre eux, le sourire ne quitta pas ses lèvres. Et ce sourire ne s'évanouit pas non plus quand Il négocia avec les Kauravas en tant qu'envoyé des Pandavas. Et pendant qu'Il conduisait le char d'Arjouna sur le champ de bataille, un merveilleux sourire éclairait son visage. Il garda le même sourire quand Gandhari Le maudit. La vie entière de Sri Krishna fut un grand sourire. Si nous faisons place à la spiritualité dans notre vie, nous connaîtrons la vraie joie.

La vie devrait ressembler à une excursion. Quand nous voyons un beau paysage, une belle maison ou bien une fleur sur le chemin, nous les regardons avec plaisir. Nous savourons leur beauté, mais nous ne restons pas à cet endroit, nous continuons notre route. Quand il est temps de rentrer, quelle que soit la beauté de ce qui nous entoure, nous partons pour rentrer chez nous parce qu'il n'y a rien de plus important. Ainsi, quelle que soit la manière dont nous vivons en ce monde, n'oublions pas notre vrai foyer, vers lequel nous devons retourner, n'oublions jamais notre but. Dans cette vie, quels que soient les paysages magnifiques que nous voyons sur le chemin, il n'y a qu'un endroit au monde que nous pouvons vraiment appeler nôtre, où nous pouvons nous reposer et qui est notre source, c'est le Soi.

Un père avait quatre enfants. Quand il atteignit la vieillesse, ses fils et ses filles adultes le pressèrent de diviser sa propriété entre eux, afin qu'ils aient chacun un terrain. Ils voulaient avoir chacun leur maison. « Nous nous occuperons de toi. Nous sommes quatre, tu pourras donc passer trois mois de l'année avec chacun de nous. Tu seras heureux ainsi. » Le père, content de la suggestion de ses quatre enfants, agréa et divisa la propriété. La maison de famille et le terrain adjacent revinrent au fils aîné et les trois autres reçurent leur part du terrain, où ils construisirent leur maison. Après le partage, le père alla vivre avec son fils aîné. Les premiers jours, on le traita avec beaucoup de chaleur et de respect. Mais l'enthousiasme que la famille mettait à s'occuper du vieil homme diminua bientôt. A mesure que les jours passaient, le visage de son fils et celui de sa belle-fille s'assombrissaient. C'était une situation difficile pour le père, mais il se força à rester un mois. Quand il eut le sentiment qu'ils s'apprêtaient à le mettre dehors, il partit et alla habiter chez son second enfant, une fille. Cette fille et son mari montrèrent eux-aussi quelque enthousiasme au début, mais ils changèrent rapidement et il fut contraint de partir au bout de deux semaines seulement. Il alla alors vivre dans la maison de son troisième enfant mais ne resta que dix jours parce qu'on ne voulait vraiment pas de lui. Il alla donc chez son dernier enfant mais il découvrit au bout de cinq jours qu'ils s'apprêtaient à le mettre à la porte. Alors il partit et il passa le reste de ses jours à errer, sans avoir un endroit pour vivre.

Quand le père divisa sa propriété entre ses enfants, il espérait qu'ils prendraient soin de lui à la fin de ses jours. Mais ce n'était qu'un rêve. Au bout de moins de deux mois, toute sa famille l'avait abandonné.

Comprenons que l'amour humain ressemble souvent à cela. Si nous attendons de certaines personnes qu'elles s'occupent un jour de nous, nous allons souffrir. Remplissons donc joyeusement nos devoirs, sans rien attendre, et le moment venu, tournons-nous vers le vrai chemin, vers la voie spirituelle.

Il ne s'agit pas d'abandonner nos responsabilités. Accomplissons notre *dharma*. Par exemple, c'est le devoir des parents de s'occuper de leurs enfants ; mais une fois que les enfants sont adultes et peuvent s'assumer, les parents ne devraient pas continuer à être attachés et attendre des enfants qu'ils prennent soin d'eux. Ayons conscience du but réel de la vie et continuons notre voyage. Ne nous limitons pas en nous concentrant uniquement sur nos enfants et petits enfants.

L'oiseau perché sur une branche sèche est toujours vigilant, prêt à s'envoler, parce qu'il sait que la branche peut casser à tout moment. Ainsi, tout en vivant dans le monde et en agissant, soyons toujours vigilants, prêts à nous envoler vers le monde du Soi, sachant que rien en ce monde n'est éternel. Rien ne pourra alors nous lier ou nous plonger dans le chagrin.

Question : Amma, tu dis souvent que si nous faisons un pas vers Dieu, Dieu en fera cent vers nous. Cela veut-il dire que Dieu est loin de nous ?

Amma : Non. Cela signifie que si nous faisons l'effort de cultiver une seule vertu, les autres vertus se développent naturellement en nous.

Une femme gagna le premier prix d'un concours artistique et reçut un magnifique chandelier de cristal qu'elle accrocha dans son salon. Appréciant sa beauté, elle découvrit que la peinture des murs s'écaillait en certains endroits et décida de repeindre la pièce. Ce travail terminé, elle examina le salon et remarqua un rideau sale. Aussitôt, elle lava tous les rideaux. Elle nota alors que le vieux tapis était usé jusqu'à la trame, l'enleva et le remplaça par un tapis neuf. Le résultat, c'est que la pièce entière fut rénovée. Tout commença par un lustre neuf mais c'est ensuite le salon entier qui fut transformé et devint propre et beau. Ainsi, si vous commencez à faire une seule bonne chose régulièrement, beaucoup d'autres s'ensuivront ; ce sera comme une renaissance. Dieu est la source de toutes les vertus. Si nous développons une seule d'entre elles, toutes les autres suivront. C'est la seule manière possible de se transformer.

On accorde souvent gracieusement des points supplémentaires aux élèves pour les aider à passer leurs examens. Tous peuvent en bénéficier, mais à condition d'avoir atteint un niveau minimum. Cela implique donc des efforts de la part des élèves. Ainsi, Dieu ne cesse de répandre Sa grâce sur nous. Mais pour que nous puissions en bénéficier, il nous faut également fournir des efforts. Si notre mental n'a pas la réceptivité requise, Dieu aura beau verser sur nous une pluie torrentielle de grâce, nous n'en retirerons aucun bienfait. A quoi bon se plaindre que le soleil ne nous apporte pas de lumière quand nous avons nous-mêmes fermé les portes et les volets de notre chambre ? Le soleil répand partout sa lumière. Il nous suffit d'ouvrir les portes et les fenêtres pour en profiter. De même, Dieu répand constamment Sa grâce sur nous, mais pour la recevoir, il nous faut ouvrir les portes de notre cœur. C'est-à-dire que pour recevoir la grâce de Dieu, il nous faut d'abord recevoir la grâce de notre mental. La compassion de Dieu est infinie. C'est notre propre mental qui manque de compassion envers nous et qui constitue un obstacle, nous empêchant ainsi de recevoir la grâce de Dieu.

Si quelqu'un nous tend la main en nous offrant un cadeau mais que nous nous montrons arrogants envers cette personne, elle retirera sa main en songeant : « Quel ego ! Je ne crois pas que je vais lui donner ce cadeau après tout. Je préfère le donner à quelqu'un d'autre. » Nous nous sommes ainsi refusé la grâce nécessaire pour recevoir ce cadeau. C'est notre ego qui en est la cause. Nous n'avons pas pu recevoir ce qui nous était offert parce que notre mental n'a pas eu de compassion pour nous.

Notre faculté de discernement nous souffle parfois d'agir d'une certaine manière. Mais notre mental refuse d'accepter. L'intellect nous dit : « Sois humble » tandis que le mental rétorque : « Non ! Je ne vais pas me montrer humble devant ces gens ! » En conséquence, nous perdons ainsi beaucoup de ce que nous aurions pu obtenir. Ce que nous aurions pu accomplir reste hors de notre portée.

Pour recevoir la grâce de Dieu, nous avons besoin de notre propre grâce. C''est pourquoi Amma dit toujours : « Mes enfants, ayez toujours l'attitude d'un débutant ! » En cultivant cette attitude, nous empêcherons l'ego de dresser la tête, comme un serpent dresse son capuchon.

« Si je reste un débutant, cela ne signifie-t-il pas que je ne ferai jamais aucun progrès ? » demanderez-vous. Pas du tout. Cultiver l'attitude d'un débutant signifie rester totalement ouvert, attentif et réceptif, comme le sont les débutants. C'est la seule manière d'assimiler réellement la connaissance et la sagesse.

Vous vous demanderez peut-être comment il est possible de fonctionner dans la société et de travailler tout en étant innocent comme un enfant. Mais garder son innocence enfantine n'est pas synonyme de faiblesse, loin de là ! Si la situation l'exige, il faut se montrer fort et déterminé. Cependant, autant que possible, restez toujours aussi ouvert et réceptif qu'un enfant.

Tout possède son propre *dharma*, qu'il s'agit de respecter. Si une vache mange des plantes précieuses et que nous lui demandons poliment : « Chère vache, est-ce que cela ne te dérangerait pas d'aller ailleurs ? » elle ne bougera pas d'un centimètre. Mais si nous crions : « Allez, va-t'en manger ailleurs ! » elle partira. Nous ne pouvons pas considérer qu'une telle action vient de l'ego. C'est un rôle que nous adoptons pour corriger l'ignorance d'un autre être et il n'y a rien de mal à cela. Au fond de nous-mêmes, nous devrions cependant toujours garder l'attitude d'un débutant, l'innocence d'un enfant.

De nos jours, le corps seul grandit, le mental reste étriqué. Pour qu'il s'élargisse et englobe l'univers, il faut d'abord devenir comme un enfant. Seul un enfant peut grandir. Mais le mental des gens d'aujourd'hui est rempli de vanité. Notre effort devrait viser à détruire l'ego en nous. Cela signifie être parfaitement réceptifs aux autres. Imaginons deux voitures qui se retrouvent nez à nez sur une route étroite. Si les deux conducteurs refusent de céder le passage, aucun d'entre eux ne peut avancer. Mais si l'un d'entre eux est prêt à reculer un peu, tous deux peuvent continuer leur route.

Dans ce cas, celui qui est prêt à céder, à faire un compromis, et celui qui reçoit ce geste peuvent tous deux avancer. C'est pourquoi on dit que céder, c'est en vérité avancer. Cela élève aussi bien la personne qui cède que celle qui reçoit cette courtoisie. Considérons toujours l'aspect pratique des choses ; l'ego constitue toujours un obstacle à notre progrès.

Dieu est toujours miséricordieux envers nous. Il répand constamment Sa grâce sur nous, plus que nous ne le méritons par nos actions. Dieu n'est pas un juge qui nous récompense pour nos bonnes actions et nous punit pour nos péchés. Dieu est la compassion même, la fontaine infinie de grâce. Il nous pardonne nos erreurs et répand Sa grâce sur nous. Mais Dieu ne peut nous sauver que si nous faisons au moins un petit effort. Si nous n'en faisons aucun, nous ne pouvons pas recevoir la grâce offerte par Dieu, l'océan de compassion. Il est donc impossible de considérer que Dieu est coupable de quoi que ce soit. La faute est toujours uniquement nôtre.

Si Krishna a pu enlever la princesse Roukmini[23] au moment où elle allait être donnée en mariage, c'est parce qu'elle Lui a tendu les bras. Il a pu alors la soulever et la déposer dans son char avant de s'enfuir. Ainsi, il nous faut faire un effort, tendre les bras.

Lorsque des candidats se présentent à une interview, espérant obtenir un poste, certains sont choisis alors qu'ils n'ont pas répondu correctement à toutes les questions. C'est la compassion de l'interrogateur qui en est cause et c'est un effet de la grâce divine. Par contre, de nombreux candidats ne sont pas choisis alors qu'ils ont parfaitement répondu aux questions, qu'ils possèdent toutes les qualifications nécessaires et ont de nombreuses références. La grâce divine qui se manifestait au travers de l'interrogateur ne leur est pas parvenue. Cela indique que quand nous faisons un effort, nous avons également besoin de la grâce divine. Cette grâce dépend de nos actions précédentes. Notre ego nous empêche de recevoir la grâce.

Nous ne sommes pas des îles isolées. Nos vies sont reliées comme les maillons d'une chaîne. Nous faisons partie de la chaîne de la vie. Que nous en ayons conscience ou non, chacune de nos actions a un effet sur les autres.

Il n'est pas juste de penser que nous nous améliorerons une fois que tout le monde aura changé. Soyons prêt à évoluer même si personne d'autre ne change. Si nous attendons que tout notre entourage se transforme pour nous améliorer, c'est comme si

---

[23] La princesse Roukmini de Vidarba aimait Krishna et voulait qu'Il soit son époux. Elle envoya un messager à Krishna en Lui demandant de venir la chercher le jour où elle devait être donnée en mariage au roi Sishoupala. Krishna vint à la cérémonie et l'enleva sur Son char, combattant tous ceux qui essayaient de L'arrêter.

nous décidions de nous baigner dans la mer une fois que toutes les vagues auront disparu. Au lieu d'attendre que les autres s'améliorent, faisons un effort pour changer. Nous observerons alors également des changements chez les autres. Si nous cultivons uniquement le bien en nous-mêmes, nous ne verrons que le bien chez les autres. Faisons donc attention à chacune de nos pensées et de nos actions.

La compassion doit remplir notre vie ; soyons prêts à aider les pauvres. Nul n'est exempt de défauts. Si nous observons un défaut chez quelqu'un, examinons-nous aussitôt. Nous verrons alors que nous avons le même défaut.

Même si quelqu'un se met en colère, comprenons qu'il s'agit de son *samskara* (la totalité des impressions et des tendances profondes accumulées au cours d'innombrables vies). Nous serons alors capables de pardonner, nous en aurons la force. Grâce à cette attitude de pardon, nos pensées, nos paroles et nos actions seront bonnes. Nos bonnes actions attireront la grâce de Dieu. De bonnes actions engendrent de bons fruits, de mauvaises actions en engendrent de mauvais. Les mauvaises actions sont la cause de la souffrance. Faisons donc attention à ce que nos actions soient toujours bonnes ; alors la grâce divine se répandra sur nous. Une fois que nous l'aurons reçue, nous n'aurons plus de raison de nous plaindre en disant que cette vie est pleine de souffrance.

La vie est comparable au balancier d'une horloge, allant constamment d'un côté, puis de l'autre, du chagrin au bonheur avant de revenir au chagrin. Pour être capable d'accepter aussi bien la douleur que la joie et de progresser spirituellement, nous avons besoin de comprendre la spiritualité. Il nous sera ainsi facile de ne pas nous laisser emporter dans l'une ou dans l'autre direction. Nous comprendrons la véritable nature de toute chose. La méditation est la méthode que nous utilisons à cette fin.

La possibilité de devenir bon existe même chez un être mauvais. Il n'existe aucun être humain qui ne possède pas au moins une vertu divine. Grâce à la patience, il est possible d'éveiller la divinité innée chez un être humain. Efforçons-nous de cultiver cette attitude. Lorsque nous verrons le bien en tout, nous serons remplis de la grâce divine. Cette grâce est la source de toute réussite.

Si nous tournons le dos à quelqu'un en songeant seulement aux erreurs que cette personne a commises, quel avenir a-t-elle donc ? En revanche, si nous voyons le bien qui existe encore en elle et que nous l'encourageons à développer cette vertu, elle progressera. L'effet sera peut-être tel qu'elle en sera transformée et deviendra un être plein de grandeur. Sri Rama était prêt à se prosterner devant la reine Kaikeyi, responsable de son bannissement dans la forêt. Le Christ lava les pieds de Judas, alors qu'Il savait que celui-ci s'apprêtait à Le trahir. Quand la femme qui avait un jour lancé de la boue contre le prophète Mahomet tomba malade, il prit soin d'elle sans que personne le Lui ait demandé. Tel est l'exemple que nous donnent les grandes âmes. Le meilleur moyen de connaître la paix et le bonheur est de suivre la voie que ces êtres nous ont montrée.

Le Divin est présent en chacun, à l'état latent. En essayant d'éveiller le Divin en autrui, nous l'éveillons en nous-mêmes.

Il était une fois un maître qui souhaitait aller s'installer dans un certain village. Il envoya deux de ses disciples se renseigner sur ses habitants. L'un d'eux s'y rendit et revint bien vite. « Les gens de ce village sont les pires que l'on puisse imaginer ! Ce sont des voleurs, des assassins et des prostituées ! Vous ne trouverez nulle part des âmes aussi mauvaises. »

Quand le second disciple revint, il dit au maître : « Les habitants de ce village sont très bons. Je n'ai jamais rencontré des gens aussi bons. » Le maître demanda à ses disciples d'expliquer comment ils pouvaient avoir des opinions aussi contradictoires au sujet de ce village. Le premier dit : « Dans la première maison où je suis entré, j'ai été accueilli par un assassin ; dans la seconde vivait un voleur et dans la troisième une prostituée. Découragé, je n'ai pas voulu aller plus loin. Je suis parti rapidement pour rentrer ici. Comment pourrais-je dire le moindre bien d'un village peuplé de gens aussi mauvais ? »

Le maître se tourna alors vers le second disciple et lui demanda de décrire ce qu'il avait vu.

Celui-ci dit : « J'ai visité les mêmes maisons que lui. Dans la première maison, j'ai rencontré un voleur. Quand je suis arrivé, il s'occupait de nourrir les pauvres. Il a pour habitude d'aller chercher les malheureux qui ont faim dans le village et de leur donner à manger. Je me suis réjoui énormément de voir en lui ce trait de caractère vertueux.

Dans la deuxième maison où je suis entré vivait un assassin. A mon arrivée, il était dehors en train de s'occuper d'un pauvre homme allongé sur la route. Je fus frappé par le fait que bien qu'il fût un assassin, il avait malgré tout de la compassion, son cœur n'était pas entièrement sec. Voyant cela, j'ai ressenti beaucoup d'amour pour lui. Je suis allé ensuite dans la troisième maison, qui appartenait à une prostituée. Il y avait quatre enfants dans la maison. En me renseignant, j'ai appris qu'il s'agissait d'orphelins que la prostituée avait pris sous son aile et qu'elle élevait. En découvrant de telles vertus chez ceux qui étaient considérés comme les pires du village, je pouvais à peine imaginer la noblesse des autres villageois ! Ayant ainsi visité ces trois maisons, j'ai retiré une excellente impression des villageois. »

Tourner le dos aux autres en proclamant qu'il n'y a que le mal partout, c'est de la paresse. Si au lieu de parler du mal que nous voyons chez autrui, nous faisions tout ce que nous pouvons pour éveiller la bonté qui est en nous, nous pourrions apporter de la lumière aux autres. C'est le moyen le plus facile de nous améliorer, ainsi que l'ensemble de la société. Au lieu de critiquer les ténèbres qui vous entourent, allumez votre propre petite chandelle. Ne soyez pas découragés à l'idée de dissiper les ténèbres du monde avec la petite lumière qui est en vous. Si vous allumez simplement votre chandelle et avancez, elle vous éclairera à chaque pas et ceux qui vous entourent en profiteront également.

Mes enfants, allumons donc la flamme de l'amour en nous et avançons. Si nous faisons chaque pas en gardant une attitude positive et le sourire, toutes les vertus viendront remplir notre être. Alors Dieu ne pourra pas rester loin de nous. Il nous prendra dans Ses bras et nous y gardera. Chaque instant de notre vie sera rempli de paix et d'harmonie.

Glossaire

Advaita : Non-dualité. La philosophie qui enseigne que la Réalité suprême est « Un sans second. »

Ahimsa : La non-violence. S'abstenir de blesser aucun être vivant, que ce soit en pensée, en parole ou en acte. .

Arati : Le rituel d'adoration qui consiste à offrir la lumière sous la forme du camphre enflammé tout en sonnant la cloche devant une divinité dans un temple ou devant une personne sainte. Lorsqu'il brûle, le camphre ne laisse aucun résidu ; cela symbolise l'anéantissement total de l'ego.

Ardhanarisvara : Une forme mi-masculine, mi féminine du Divin, symbolisant l'union de Shiva et de Shakti, du dieu et de la déesse.

Arjouna : Le troisième des cinq frères Pandava. Un des héros du *Mahabharata,* célèbre pour ses talents d'archer, ami et disciple de Krishna. C'est avec Arjouna que Krishna dialogue quand Il donne l'enseignement contenu dans la *Bhagavad Gita.*

Ashram : « Lieu consacré à l'effort. » Un lieu où vivent des chercheurs spirituels qui mènent une vie de renoncement et accomplissent des pratiques spirituelles.

Asura : Démon.

Atman : Le véritable Soi. Un des enseignements fondamentaux du *Sanatana Dharma* est que nous ne sommes ni le corps physique, ni le mental, ni la personnalité. Nous sommes le Soi pur et éternel.

Bhagavad Gita : « Le chant du Seigneur.» *Bhagavad* = du Seigneur; *gita* = chant, ici conseil. Enseignement donné par Sri Krishna à Arjouna sur le chant de bataille de Kouroukshetra au début de la guerre du Mahabharata . C'est un guide pratique pour la vie quotidienne, il contient l'essence du Védanta.

Bhajan : Chant dévotionnel.

Bhakti : Dévotion et amour pour Dieu.

Bhava : « Humeur » ou « attitude » divine.

Devi Bhava darshan : Les moments où Amma reçoit les dévots dans le *bhava* de la Mère divine, Dévi.

Bhishma : L'ancêtre des Pandavas et des Kauravas. Bien qu'il combattît du côté des Kauravas au cours de la guerre du Mahabharata, c'était un champion du *dharma* et sa sympathie allait aux Pandavas.

Brahma : L'aspect de Dieu associé à la création.

Brahmasthanam : « La demeure de Brahman », nom des temples créés et consacrés par Amma. L'idole est une pierre à quatre côtés sur lesquels sont représentés Dévi, Ganesh (le dieu à tête d'éléphant), Siva et Rahu (le serpent qui symbolise l'énergie de la Kundalini). Ceci symbolise l'unité du Divin malgré la diversité des formes qu'Il peut prendre.

Brahmachari : Un disciple qui observe la chasteté et qui effectue des pratiques spirituelles sous la conduite d'un maître spirituel.

Brahmacharya : Chasteté et discipline du mental et des sens.

Brahman : La Réalité absolue , l'Etre suprême ; le Tout ; l'Un indivisible.

Darshan : Audience ou vision du Divin ou d'un saint.

Deva : Un être céleste

Dharma : Le mot sanskrit *dharma* signifie : « Ce qui supporte (la création) », c'est-à-dire ce qui est à l'origine de l'harmonie de l'univers. *Dharma* possède de nombreux sens, entre autres : la Loi divine, la Loi de l'existence, la justice, la religion, le devoir, la responsabilité, la vertu, l'honnêteté, la bonté et la vérité. Ce qui est contraire au *dharma* est *adharma*.

Dipa aradhana : « Adoration avec une lampe », offrande de la lumière à la divinité en décrivant des cercles devant sa représentation avec une lampe dans laquelle brûle du camphre.

Gopi : Les *gopis* étaient les vachères, les laitières qui habitaient Vrindavan et aimaient l'enfant Krishna ; elles incarnent l'amour et la dévotion suprêmes pour Dieu.

Grihasthashrama : Une vie de famille orientée vers la spiritualité, traditionnellement la seconde étape de la vie. Les quatre étapes sont : *brahmacharya* (la période d'éducation), *grihasthashrama* (la vie de famille), *vanaprastha* (on quitte le monde pour se consacrer entièrement aux pratiques spirituelles) et *sannyasa* (on renonce à tous les liens avec le monde).

Grihasthashrami : Une personne qui mène une vie spirituelle tout en assumant ses responsabilités de père ou de mère de famille.

Guna : Qualité, attribut. La Nature (*prakriti*) est composée de trois *gunas*, i.e. qualités fondamentales ou tendances, qui sont à la base de toute manifestation : *tamas, rajas* et *sattva*. Ces trois *gunas* sont en interaction constante. Le monde phénoménal est composé des différentes combinaisons des trois *gunas*.

Guru : « Celui qui détruit les ténèbres de l'ignorance. » Maître spirituel, guide.

Gurukula : Une *gurukula* est traditionellement un ashram où des élèves et des disciples vivent et étudient auprès d'un maître spirituel.

Japa : Répétition d'un mantra, d'une prière ou d'un des noms de Dieu.

Jivatman : L'âme individuelle

Jnana : La connaissance spirituelle et la sagesse. Connaissance de la véritable nature du monde et de la réalité qui en est le fondement. Il s'agit d'une expérience directe, qui transcende toute perception du mental, de l'intellect ou des sens. Il est possible de l'obtenir grâce à des pratiques spirituelles et à la grâce de Dieu ou du *guru*.

Kali : « Celle qui est sombre », un des aspects de la Mère divine. Elle est la destructrice de *kala* (le temps) et de l'ego. D'apparence effrayante, c'est pourtant mue par une compassion infinie qu'elle détruit l'ego et nous transforme. Un dévot sait que derrière son aspect cruel se cache la Mère aimante qui protège ses enfants et accorde la libération.

Karma : Action.

Karma yoga : « Union grâce l'action » La voie spirituelle du service détaché et désintéressé ; les fruits de toutes les actions sont dédiés à Dieu.

Kauravas : Les cent enfants de Dhritharasthra et de Gandhari ; Douryodhana était l'aîné. Les Kauravas étaient les ennemis de leurs cousins, les Pandavas, contre lesquels ils combattirent au cours de la guerre du Mahabharata.

Kshatriya : La caste des guerriers.

Mahabharata : Une des deux grandes épopées historiques de l'Inde (*Itihasa*), l'autre étant le *Ramayana*. Il s'agit d'un grand traité concernant le *dharma* et la spiritualité. L'histoire raconte essentiellement le conflit entre les Pandavas et les Kauravas, et la grande guerre de Kouroukshetra. Le *Mahabharata*, le plus long poème épique du monde, fut rédigé environ 3200 ans avant notre ère par le sage Vyasa.

Mahatma : « Grande âme » ; quand Amma emploie le terme *mahatma*, elle se réfère toujours à un être réalisé.

Mantra : Formule sacrée ou prière dont la répétition procure pureté et puissance spirituelle. Pour une efficacité maximum, il doit être obtenu d'un maître spirituel réalisé.

Manou : Considéré comme le père du genre humain et le souverain de la Terre. Les Ecritures décrivent quatorze Manous successifs. Le *Manusmriti*, le code des lois rédigé par Manou, est attribué à Svayambhouva Manou, le premier des quatorze Manous. La déclaration concernant la protection des femmes qui est citée ici se trouve dans le *Manusmriti*.

Maya : « L'illusion », la puissance divine qui voile la Réalité et nous fait croire à l'existence de la pluralité, créant l'illusion de la séparation. Elle nous fait croire que la perfection et la plénitude se trouvent dans le monde extérieur.

Moksha : La libération.

Nirguna : Sans-attribut.

Pada puja : La vénération des pieds de Dieu, du *guru* ou d'un saint. De même que les pieds portent le corps, le principe du *guru* supporte la vérité suprême. Les pieds du *guru* symbolisent donc la vérité suprême.

Pandavas : Les cinq frères Youdhisthira, Bhishma, Arjouna, Nakoula et Sahadeva. C'étaient les fils du roi Pandou et de Kunti. Ils sont les héros du *Mahabharata*.

Parabhakti : La forme suprême de la dévotion.

Paramatman : L'Etre suprême, Brahman.

Prahlada : Quand la femme du roi démon Hiranyakashipou était enceinte, les *devas* (êtres célestes) attaquèrent les démons. Hiranyakashipou se livrait alors à de sévères austérités. Les *devas* voulaient tuer l'enfant que Kayadhou portait en son sein. Ils craignaient que cet enfant soit dans le futur une menace pour eux. Mais au moment où Devendra enlevait Kayadhou, le sage Narada intervint et l'arrêta. Narada savait que l'enfant à naître était destiné à être son disciple et qu'il deviendrait un grand dévot de Vishnou. Narada emmena donc Kayadhu dans son ermitage et il lui parla chaque jour de Vishnou, lui racontant les histoires merveilleuses qui traitent de Lui et de Ses incarnations divines. L'enfant dans son ventre assimila cet enseignement. Même quand Kayadhou, épuisée, s'endormait, l'enfant écoutait encore les histoires du sage ! Prahlada passa également une partie de son enfance dans l'ashram de Narada.

Prarabdha : « Responsabilités, fardeau », le fruit des actions de cette vie et des vies passées qui se manifeste dans cette vie.

Puja : Rituel ou cérémonie d'adoration.

Purana : Il existe dix-huit *Puranas* majeures et dix-huit mineures. Ces textes anciens racontent des histoires qui mettent en scène des dieux et leurs incarnations.

Purna : Plein, complet, parfait, entier.

Purnavatar : Descente sur terre de Dieu ; Dieu qui est sans nom, sans forme et immuable prend une forme humaine. L'intention d'une incarnation divine est de restaurer et de préserver le *dharma* et d'élever l'humanité en lui faisant prendre conscience de l'existence du Soi.

Rama : « Celui qui donne la Joie », le héros divin de l'épopée du *Ramayana*, incarnation de Vishnou ; Il est considéré comme l'idéal du *dharma* et de la vertu.

Rasa-lila : « Jeu extatique » ; Krishna et les *gopis* de Vrindavan dansèrent la rasa-lila quand Il apparut individuellement à chacune des *gopis* et dansa avec toutes à la fois.

Ravana : Le roi démon de Sri Lanka, le méchant dans le *Ramayana*. Il enlève Sita, l'épouse divine de Rama.

Rishi : *Rsi* = connaître. Un être ayant réalisé le Soi ; on désigne généralement par ce terme les sept *rishis* de l'Inde ancienne.

Samadhi : *Sam* = avec ; *adi* = le Seigneur. Union avec Dieu. Un état de concentration profonde dans lequel toutes les pensées s'évanouissent ; le mental est alors parfaitement calme, seule la pure Conscience demeure et la personne est absorbée dans le Soi (*atman*).

Samsara : Cycle des morts et des renaissances.

Samskara : Samskara a deux sens : 1) La totalité des impresssions gravées dans le mental par les expériences faites dans cette existence ou dans les vies précédentes. Ces impresssions influencent la vie d'un être humain, sa nature, ses actions, son état d'esprit etc. 2) L'éveil de la compréhension (connaissance) en chaque personne, qui conduit au raffinement de son caractère.

Sankalpa : Puissance créatrice de l'esprit sous forme de pensée, vœu, détermination; résolution, etc.

Sanatana Dharma : « La Loi éternelle » expliquée dans les Védas, nom traditionnel de l' Hindouisme.

Sannyasi : Moine hindou. Un *sannyasi* porte traditionnellement un vêtement de couleur ocre symbolisant le fait qu'il a brûlé tous ses attachements.

Satguru : Un maître spirituel réalisé.

Satsang : *Sat* = la Vérité, être; *sanga* = association avec. La compagnie des êtres sages et vertueux ; par extension, les discours d'un sage ou d'un érudit.

Shakti : Energie essentielle, fondamentale, de l'univers. Shakti est un des noms de la Mère universelle, l'aspect dynamique de Brahman.

Shiva : « Celui qui est favorable, Celui qui est plein de grâce, Celui qui est bon. » L'aspect de Dieu qui préside à la destruction de l'univers ; le Principe masculin ; l'aspect statique de Brahman.

Sita : Epouse de Rama. Elle est considérée en Inde comme l'idéal de la féminité.

Tamas : Ténèbres, inertie, apathie, ignorance ; une des trois *gunas* (qualités fondamentales) de la Nature.

Tapas : « Chaleur » ; ascèse, austérités, pénitences, discipline, sacrifice de Soi ; pratiques spirituelles qui brûlent les impuretés du mental.

Tapasvi : Une personne qui pratique *tapas*

Tattva : Principe.

Upadhi : Un moyen, un médium, un instrument.

Vasana : « vas » = vivre, demeurer. Les *vasanas* sont les tendances latentes, les désirs subtils qui existent dans le mental et qui se manifestent à travers nos actions et nos habitudes si nous ne les contrôlons pas.

Védas : « Connaissance, sagesse » ; les Ecritures sacrées de l'Hindouisme. Recueil de textes sacrés en sanscrit, divisé en quatre parties : *Rig, Yajur, Sama* et *Atharva*.

Védanta : « Fin des Védas » ; la philosophie des *Upanishads*, textes qui se trouvent à la fin de chaque *Veda* et qui déclarent que la Vérité ultime est l'Un sans second.

Yoga : « unir » ; une série de méthodes grâce auxquelles il est possible d'atteindre l'union avec le Divin. Une voie menant à la réalisation du Soi.

Yogi : Celui qui est établi dans l'union avec le Divin.

www.ingramcontent.com/pod-product-compliance
Lightning Source LLC
LaVergne TN
LVHW051544080426
835510LV00020B/2850